सामाजिक विमर्श के आईने में 'चाक'

सामाजिक विमर्श के आईने में 'चाक'

सम्पादक

विजय बहादुर सिंह

राधाकृष्ण

नयी दिल्ली पटना इलाहाबाद कोलकाता

ISBN : 978-81-8361-658-4

सामाजिक विमर्श के आईने में 'चाक'

पहला संस्करण : 2104

मूल्य : ₹ 350

प्रकाशक

राधाकृष्ण प्रकाशन प्राइवेट लिमिटेड
7/31, अंसारी मार्ग, दरियागंज, नई दिल्ली–110 002

शाखाएँ : अशोक राजपथ, साइंस कॉलेज के सामने, पटना–800 006
पहली मंजिल, दरबारी बिल्डिंग, महात्मा गांधी मार्ग, इलाहाबाद–211 001
36 ए, शेक्सपियर सरणी, कोलकाता–700 017

वेबसाइट : www.radhakrishnaprakashan.com
ई-मेल : info@radhakrishnaprakashan.com

मुद्रक : बी.के. ऑफसेट
नवीन शाहदरा, दिल्ली–110 032

SAMAJIK VIMARSH KE AAINE MEIN 'CHAAK'
Edited by Vijay Bahadur Singh

सम्पादकीय

क्यों कर रहूँ खिलाफ भला अपनी रूह के

आहों के आसमान सी कब तक पड़ी रहूँ,
सदियों के इम्तहान सी कब तक पड़ी रहूँ।

उजड़े हुए दयार को वीरानगी के साथ,
ख्वाबों के इक जहान सी कब तक पड़ी रहूँ।

थर्रा रहा है जिस से सुबह का यह धुँधलका,
उठती हुई अजान सी कब तक पड़ी रहूँ।

जिसको कुचलकर बढ़ गए तहजीब के कदम
माजी की उस जुबान सी कब तक पड़ी रहूँ।
अपना होकर शिकार रह गया जश्ने–चिराग का
ऐसे किसी मकान सी कैसे पड़ी रहूँ?

क्योंकर रहूँ खिलाफ भला अपना रूह के,
दुनिया पै मेहरबान सी कब तक पड़ी रहूँ?

अश्कों की दास्तान शराफत की सादगी,
इज्जत के इम्तहान सी कब तक पड़ी रहूँ?

नन्हा सा एक तीर भी जिससे नहीं छुटा
उस टूटती कमान सी कब तक पड़ी रहूँ

शायर हो! मेरी बात भी गर कह सको, कहो,
फरियादे बे जुबान–सी कब तक पड़ी रहूँ?

शायर की इस गजल/नज्म को पढ़ते हुए मुझे ''चाक'' की ये पंक्तियाँ दहकती मिलती हैं–

रेशम विधवा थी–जमाने के लिए, रीति-रिवाजों के लिए, शास्त्र-पुराणों के चलते घर और गाँव के लिए। विधवा सिर्फ विधवा होती है, वह औरत नहीं रहती फिर–

यह बात पता नहीं उसे किसी ने समझाई कि नहीं?

किसी ने कहा नहीं कि इच्छाओं के रेशमी तारों में आग लगा दे रेशम।

उसने तो केवल इतना माना कि पेड़ हरा-भरा रहे तो फूल क्यों नहीं लगेंगे? ऐसा हो सकता है कि ऋतु आए और बल्लरी लता फूले नहीं? औरत ऋतुमती हो और आग दहके नहीं?

और रेशम ने, विधवा रेशम ने गर्भ धारण कर लिया। मगर जब सास ने कौड़ी-सी आँखें निकाल कर उसे देखा, यह कहते हुए–मेरे बेटा की मौत से दगा करनेवाली, हरजाई, बदकार तेरा मुँह देखने से नरक मिलेगा रेशम ने कहा–

आज को तुम्हारा बेटा मेरी जगह होता तो पूछतीं कि तू किसके संग सोया था...

तुम खुश हो रही होतीं कि पूत की उजड़ी जिन्दगी बस गई। पर मेरा फजीता करने पर तुली हो।

मैं जो पुन्न कर रही हूँ अम्माँ, उसे पाप न कहो। बिना बाप के बालक को भगवान पाप मानता तो कुआँरी और विधवा की कोख सुख डालता।''

उपन्यास के शुरुआती पृष्ठों पर ही सास और गर्भवती विधवा बहू के बीच यह दृश्य खड़ा कर मैत्रेयी ने पहली बार स्त्री की निगाह से देखने की पहल की है।

यह और बात है कि सामंतवादी हिन्दी आलोचना को मैत्रेयी की यह पहल, पहल से अधिक हिमाकत लगी है।

अंततः हिन्दी आलोचना का चला आता सामाजिक व्याकरण यहाँ अचकचा उठता है और आलोचकों को अपना परम्परागत सामाजिक ऑनर याद आने लगता है, जिन्होंने घर परिवार के घिसे-पिटे और सामाजिक जीवन में लाई जानेवाली फौर्मूलाई तरकीबों और क्रान्तिभ्रष्ट क्रान्तियों के यथार्थ को अपने किसी साफ-सुथरे और दिखावटी सच की तरह अब तक पाल पोश रखा था।

मैत्रेयी यहाँ उस अतिप्रचलन में आए चालू यथार्थ के ऐसी-तैसी पर उतर आई हैं। इसलिए सिर्फ पुरुष ही नहीं, महिला आलोचकों के कान जरूरत से ज्यादा खड़े हो गए और उनकी भी त्यौरियाँ रेशम की बूढ़ी सास की तरह चढ़ आई हैं, उनकी भी आँखें फटी-की-फटी रह गई हैं। वे सब आपस में मिल-जुलकर यह ''विमर्श'' करने में लगे हैं कि अगर ऐसा हुआ तो क्या हिन्दी आलोचना का वह ढाँचा ढह नहीं पड़ेगा जो अब तक एक सुविधाजीवी यथार्थ पर टिका हुआ था और दशकों से उन बुनियादी परिवर्तनों को रोके हुए था, जिनसे वे सारे ऐतिहासिक अभिशप्त त्रस्त थे और जिन्हें अब मैत्रेयी सरीखी कुछ लेखिकाओं ने असली और मुख्य बहस का

हिस्सा बना दिया है।

असल बात तो यह है कि मैत्रेयी उपन्यास में एक क्रान्तिकारी एक्टिविस्ट के रूप में क्यों काम कर रही हैं। क्यों नहीं वे बँधी-बँधाई क्रान्तिकारी (?) राहों पर चलती हुई उस भीड़ का हिस्सा बनने को तैयार हैं जो संगठित सामाजिक अपराधियों और उनके पालतू लेखकों तथा बुद्धिजीवियों की जानी-पहचानी भीड़ है। क्यों वे अपनी स्वतन्त्र दृष्टि और स्वाधीन सोच एवं पृथक् राह अपनाने का दुस्साहस प्रदर्शित कर रही हैं? क्यों वह उस सनातन (?) सामाजिक स्त्री के उसके नैसर्गिक रूप में देखने और इस पाखंडपूर्ण दोगली सामाजिकता को नंगी करने पर उतारू हो आई हैं, जिससे न केवल रेशम और सारंग को बल्कि सीता और द्रौपदी यहाँ तक कि कुन्ती को भी नए सिरे से न्याय मिलने की सम्भावना है।

नि:सन्देह इस दुस्साहस से बहुत कुछ टूटेगा। न सही प्रत्यक्ष सामाजिक जीवन में चेतना के स्तर पर तो यह शुरुआत हो ही उठेगी। मुझे इस समय महादेवी वर्मा, अमृता प्रीतम, कमला दास, चन्द्रकिरण सोनाराक्सा ही नहीं 'साहब बीबी गुलाम' की वे बहुएँ भी सम्भवत: याद आ रही हैं। कृष्णा सोबती भी क्यों नहीं।

मैत्रेयी का लेखन इन सबको नए सिरे से पढ़ने की जमीन तैयार करता है। यह भी पूछने का मन बनाता है कि महादेवी, तुम नीर और भरी दुख की बदली क्यों हो? क्यों इस विस्तृत नभ का कोई एक कोना भी तुम्हारा अपना नहीं है? क्या किसी आलोचक ने इसके सामाजिक आर्थिक आशयों और आधारभूत जमीनी सच्चाइयों पर बात करना जरूरी माना? इन्हीं महादेवी ने तो लिखा था-"पन्थ होने दो अपरिचित, प्राण रहने दो अकेला।" इधर मुझे गौहाटी निवासिनी कवयित्री हरकीरत कौर हीर का एक कविता-संग्रह देखने को मिला जो अब भी अमृता प्रीतम को ही लगातार दोहराने में लगी है। उसके संग्रह "दर्द की महक" के फ्लैप पर लिखीं ये पंक्तियाँ मुझे कोफ्त से भर रही हैं। प्रेम की तृष्णा, उपेक्षा, एकाकीपन जनित नैराश्य, संघर्ष का सातत्य, टूटन, बिखराव, दर्द, आँसू, आहें, कराहें...हरकीरत कौर हीर के कव्योत्पाद के आधारभूत अवयव हैं।

इन पंक्तियों से गुजर चुकने के बाद जब मैं फिर मैत्रेयी की तरफ लौटता हूँ तो वे मुझे सवालों के एक भरे हुए तरकश के साथ खड़ी मिलती हैं, अपने हिस्से का आसमान पाने के लिए।

मैत्रेयी इस अर्थ में एक समर्पणशील विनयी लेखिका नहीं हैं। उनकी बनावट में यह है ही नहीं। किसी भी कदम पर वे गुड़िया बनने को तैयार नहीं हैं। 'चाक' इस सम्बन्ध में उनके लेखन का घोषणा-पत्र भी है और ऐतिहासिक सांस्कृतिक दस्तावेज भी। यही इसका अन्तरंग चरित्र और औपन्यासिक शील भी है।

हिन्दी की बुढ़ा चुकी आलोचना को अब यह जरूर समझ में आ जाना चाहिए कि यह "निगाह" जो चाक में है उसे ढेर सारे युवा आलोचक और युवा लेखिकाएँ

अपनी निगाह भी मानने लगे हैं। इसलिए नहीं कि वे सब प्रायोजित विद्रोहियों की जमात में अपना भी नाम लिखने की मंशाओं से भरे हुए हैं, इसलिए भी नहीं कि कल वे उद्धारक माने जाएँगे, बल्कि इसलिए वे मनुष्य को मनुष्य की निगाह से देखने को ही साहित्य की प्राथमिक नैतिकता मानते हैं। मनुष्यों का एक समूह दूसरे समूहों का मानसिक तौर पर सदियों-सदियों गुलाम बनाकर रखे और एक सर्वथा पतित और अमानवीयता का शास्त्र हो चुकी व्यवस्था का चलता चला आ रहा कारोबार चलता रहे, उन्हें मान्य नहीं है।

मैत्रेयी किसी भी प्रकार के, कैसे भी वर्चस्व और वर्चस्ववाद की विरोधिनी लेखिका हैं। उन्हें किसी अन्य का चाँद नहीं चाहिए, बस अपने हिस्से का संसार चाहिए। यह साबित करने की इसलिए जरूरत नहीं है क्योंकि महादेवी पहले ही उद्धृत की जा चुकी हैं।

मैत्रेयी का लेखन मेरे लिए इसी कारण स्वागत योग्य है क्योंकि वह नए सामाजिक न्याय की माँग करता है और उस कागज की भी जहाँ एक-दूसरे के दासी या गुलाम न हों। शायद मैत्रेयी का यही सबसे बड़ा अपराध है।

अंततः मैं यहाँ उन सारे साथी लेखकों के प्रति आभार प्रकट करता हूँ, जिन्होंने इस नई सामाजिक माँग और मूल्य संरचना की पहल पर अपना विश्वास जताते हुए यहाँ अपनी उपस्थित दर्ज की है।

—विजय बहादुर सिंह

अनुक्रम

चाक का घोषणा-पत्र

मैत्रेयी पुष्पा

मैंने खास-तौर पर 'चाक' लिखने की योजना कभी नहीं बनाई थी। याद करती हूँ तो सन् 1995 का समय याद आता है। इन दिनों मेरे उपन्यस 'इदन्नमम' के कारण मेरे नाम को हिन्दी साहित्य में कुछ पहचान मिल चुकी थी और मैं उस पर खुश थी। तभी एक दिन राजेन्द्र यादव ने कहा-"हल्दी की एक गाँठ पर पंसारी कौन बन सकता है? दूसरी रचना क्या होगी?"

अगले पड़ाव का मुझे कोई पता न था। मैं तो अपने गाँव और रिश्तेदारों के गाँवों में आते-जाते वहाँ की स्त्रियों की बातों को सुनती, जिनमें अक्सर बच्चों को लेकर प्राइमरी पाठशाला का रोना रहता। बच्चों की माताएँ अपने कराहते दुखों और कलेजों को खोंटती चिन्ताओं को व्यक्त कुछ इस रूप में करतीं-देख लो यहाँ तो बालक बरबाद हो रहे हैं। स्कूल जाते हैं, वहाँ मास्टर आता नहीं। आए कहाँ से, प्रधान की गुलामी करने से फुरसत तो मिले। बस चापलूसी करो, मुफ्त की तनख्वाह पाओ। प्रधान और अफसरों पर चढ़ावा चढ़ाओ। बीबी और अमीर घरों के बालक तो यहाँ के दलदल से निकलर शहरों के अँगरेजी स्कूलों में दाखिल हो जाते हैं, हम जैसे मामूली और गरीब घरों के बालक कहाँ जाएँ? अनपढ़ रह जाएँ या स्कूल के रहते पढ़ने को तरसें। बताओ यह कहाँ का इंसाफ है?

प्रायमरी पाठशाला के जरिये होनेवाले भ्रष्याचार, रिश्वतखोरी, धोखाधड़ी को लेकर रचनात्मक रूप से मैंने एक युवा माँ को प्रतिरोध में प्रस्तुत करके उपन्यासिका लिख डाली। नाम दिया-'कलम'। माँओं का कहना था, पंचायती राज में मास्टर जब से प्रधान का मातहत हुआ है, दबंग लोग स्कूलों की दुर्दशा करने पर उतारू हैं। उनका मानना था कि इन दबंगों से लोहा लेनेवाला मास्टर ही बहादुर विद्यार्थी भी तैयार करेगा। मगर ऐसा अध्यापक आए कहाँ से?

मेरी लिखावट में अध्यापक का चरित्र भी उभर आया कि तभी मैं उस जाट बहुल गाँव में जा पहुँची जिसके बारे में बहुत कुछ जानती थी। हर एक द्वार दरवाजा और आँगन मेरा पहचाना हुआ था। लेकिन यह अवान्तर कथा मैं आपको क्यों बता रही

हूँ? इसलिए कि यहाँ रेशम ने मेरे जेहन में दरवाजा दिया। रेशम से जुड़े सवाल उपन्यास में कदम-कदम पर उभरते हैं। लगभग शूलों की तरह और मैं आपसे फूलों के मौसम के बारे में बातें करना चाहती हूँ क्योंकि बसंत ऋतु के रंगीन माहौल में जब सरसों और अलसी अपने बसंती और नीले फूलों को लेकर एक साथ धरती पर उतरी थीं, तभी गाँव के हरे-भरे ऊसर में बसंती रंग की साड़ी पहने एक स्त्री अपनी भरी पूरी तरुणाई के साथ दूधिया रंगत की छवि में प्रकट हुई। माँ ने पहचाना-करमवीर की बहू, रेशम। रेशम पास आ गई उसने पाँव छूकर माँ को प्रणाम किया और औपचारिकता निभाते हुए बोली-'राजी खुसी रहीं चाची? बड़े दिन्न में दर्सन भये।'

माँ का ध्यान एकाएक रेशम के पाँवों पर चला गया। न महावर, न बिछिया।

''अरे रेसमिया, बिछिया कहाँ है? सास असगुन नहीं मानेगी?''

वह चुप थी। चेहरा कुम्हलाया सा लगा मुझे। आवाज भी धीमी सी-''सो चाची तुम्हें पतौ नाँय? वो तो कब कौ मर गयौ।''

''रेसमिया!''

''हाँ, तिहारौ बेटा ज्यादा सराप पी गयो हो, सो बस।''

दो पल खड़ी रही फिर ''अच्छा चाची'' कहकर चली गई। उसके पास समय न था, क्योंकि उसकी दो भैंसे ऊसर पार करके हरी फसल भरे खेतों की ओर जा रही थीं। मैं देखती रही, रेशम दूर तक देर तक बसन्ती बिन्दु सी दिखती रही।

गाँव जाने पर रेशम की दास्तान खुलने लगी। रेशम विधवा और गर्भवती। गर्भवती औरत बदचलन। उसकी सास दिन-रात कोस रही है। बिरादरी और खानदान के चलते अब रेशम ज्यादा दिनों की नहीं। मेरा दिल धक्-धक् करने लगा, मगर मेरी हिम्मत भी क्या कि मैं इस बन्द और जड़ समाज से जिन्दगी का हक माँगूँ? इतना तो जरूर कहा-बच्चे और माँ का सम्बन्ध दुनिया का अटूट रिश्ता है। अगर वह अपने बच्चे को जन्म देना चाहती है तो रोकने का अधिकार किसी को नहीं।

'बिना बाप का बच्चा पैदा करेगी? बाप का नाम देकर अपना पाप क्यों नहीं ढकती? परिवार कह रहा है घर में किसी जेठ-देवर की बाँह पकड़ ले।' का तर्क न रेशम की समझ में आया और न मुझे ही। स्त्री की अपनी इच्छा और अपनी कोख के अधिकार का रक्षात्मक पहलू लगा। रेशम उपन्यास की कड़ी...

रेशम मारी गई। उसकी हत्या कर दी गई।

इधर जब उपन्यास छपकर आया तो आने के बाद रेशम का साहित्यिक संहार शुरू हो गया-'चाक' की रेशम और सारंग कल्पित और अविश्वसनीय। पारम्परिक पिछड़े अर्द्धसामंती ग्रामीण समाज में विधवा जाट पुत्री रेशम द्वारा गर्भधारण करने के बाद दिलेरी से यह उद्घोषणा-''हाँ मैं पेट से हूँ, बच्चा मेरे पेट से होगा।'' अति नाटकीय है क्योंकि रेशम की इस उद्घोषणा के पीछे व्यक्तित्वान्तरण की जो प्रक्रिया होनी चाहिए थी, वह औपन्यासिक कथ्य में नदारद है। रेशम न तो पुरुषों द्वारा

बलात्कृत है और न उत्पीड़ित फिर उसकी इस विद्रोही मुद्रा का तर्क क्या है?

इस प्रश्न पर मेरे मन में भी प्रश्न ही उठता–क्या बलात्कृत या उत्पीड़ित होने पर ही औरत अपने गर्भ की बात कर सकती है? क्या वह बलात्कार से मिले गर्भ को रखना चाहेगी? क्या हमारे समीक्षक उस गर्भ को जायज ठहराएँगे? औचित्य तो रेशम ने खुद ही जाहिर कर दिया कि विधवा का तमगा जिसे दिया गया है और उस तमगे के नीचे सारी नैसर्गिक इच्छाएँ घोंट दी गई हैं, विद्रोह इसी नीति रीति पर है। यह गर्भ रखना अपनी इच्छामयी कोख की उर्वरता का सम्मान करना है क्योंकि अब तक स्त्री अपने गर्भाशय पर जुल्म ही झेलकर सती और पवित्र नारी बनी रही है।

"प्रेम और मुक्त यौनाचरण की पहल इन नारी पात्रों द्वारा कुछ–कुछ प्रतिशोध की पहलकदमी के भाव से होती है और इस प्रक्रिया में वे मर्दों के बनाए सभी कठघरों (?) घर समाज और परिवार को तोड़ना चाहती हैं लेकिन किसी विकल्प की रचना नहीं करतीं। सच तो यह है कि वे किसी विकल्प की रचना कर भी नहीं सकतीं क्योंकि आर्थिक स्वतन्त्रता के बिना पितृसत्तात्मक समाज के कठघरों से मुक्ति कहाँ? आखिर क्यों चाक के नारी पात्र आश्चर्यजनक रूप से आर्थिक मुक्ति की इस चाह से मुक्त हैं?" यह सवाल भी मेरे सामने खड़ा किया गया।

जो मुक्ति की आकांक्षा करेगा, निश्चित ही वह बन्दी रहा होगा। फिर कसावट जितनी गहरी होगी, छटपटाहट उतनी ही तीव्र होगी। स्प्रिंग को जितनी ज्यादा दबाओ वह उतनी ही तेजी से ऊपर उछलती है। 'घर समाज और परिवार' ये तीनों नाम औरत की हदबन्दियों के हैं और मर्दों की सुविधा के लिए निर्मित किए गए हैं क्योंकि इसी समाज में मर्दों के मुक्त यौनाचरण के लिए वेश्याओं की बस्तियाँ बसाई गई हैं। प्राचीन काल से यह महान परम्परा आज तक चली आ रही है और आजादी के पैंसठ साल बाद इक्कीसवीं सदी में मर्दवाद के इस आनन्दक्षेत्र को कानूनी लायसन्स दिए जाने का विचार बन रहा है। यहाँ घर परिवार और समाज की परिभाषाएँ और व्याख्याएँ क्या कहती हैं? यही कि स्त्री इस समाज में पुरुष के लिए है, पुरुष स्त्री के लिए नहीं।

ग्रामीण स्त्रियों की आर्थिक मुक्ति की बात भी बार–बार उठती है। क्या महीने में पगार ले आना ही आर्थिक मुक्ति है? खेतिहर परिवारों में औरतें मेहनतकश होती हैं उनकी आर्थिक स्थिति वहीं तय होनी चाहिए। बड़ी–से–बड़ी पगार पाने वाली महिला क्या देहमुक्ति का सवाल उठा सकती है? क्या मरदाना समाज उसको ऐसी छूट देगा? असल मुद्दा है अपना फैसला खुद लेना, चाहे वह किसी भी तरह की मुक्ति का प्रसंग हो। इस मामले में जो भी औरत सदियों से चली आ रही गुलाम परम्परा को चुनौती देगी, वह सामन्ती समाज की नजर में गुनहगार और बदचलन मानी जाएगी। और मैंने किसी गफलत में नहीं, सोच–समझकर नई रोशनी में खुद को देखनेवाली स्त्रियों को यहाँ प्रस्तुत किया, भले ही वे किसी योद्धा की तरह खेत रहीं,

उनको सलामी की जगह बदनामी मिली, उन्होंने 'देहमुक्ति' में अपना नाम लिखाकर साहित्य समाज के लांछन झेले। भले ही समीक्षकों द्वारा जीवनकारा तोड़ने का कोई विकल्प नहीं सुझाया गया। मैं अब भी कहती हूँ–स्त्री की आत्मा प्रेम की आकांक्षा करती है और उसकी अपनी देह मनुष्य की जीती जागती देह होती है। आत्मा और देह के साथ वह चेतना भी समाहित होती है जो अपने लिए और दूसरे के लिए संवेदनापूर्ण निर्णयों का संकेत देती है। औरत न तो ठूँठ है और न मशीन, और यह फलसफा मर्दों की व्यवस्था को धक्का पहुँचाता है।

हाँ तो रेशम मारी गई। चाक के स्त्री पात्रों के चरित्र का ध्वंस हुआ।

मुझे इस सदमे के मौके पर अपने गाँव की खेरापतिन दादी बहुत याद आईं। दादी से मेरा रक्त सम्बन्ध नहीं था, गीतों और गीत-कथाओं की साझेदारी का रिश्ता रहा। उन्होंने मुझे लड़की से स्त्री बनने के संस्कार में चंदना गीत-कथा का गायन सिखाया। सोलह वर्ष की उम्र में चंदना अपने बाल सखा सकल के प्रेम में बदनाम हुई क्योंकि विवाहिता चंदना सकल को भूल नहीं पाई। बस, बदचलनी के इलजाम में पति ने उसे आसानी से कत्ल कर दिया। औरत को मोहब्बत का अधिकार नहीं मिला, इसलिए मृत्युदंड मिलता है, मिलता चला आ रहा है। दादी की ऐसी ही विभिन्न गीतकथाओं की खदबदाती धाराएँ ही मेरे रक्त में समाहित हैं, बहती हैं तो जलजले उठते हैं। कातिल समाज को आग लगा देने की हूक में मैंने चाक लिखा था सम्भवत:।

क्योंकि खेरापतिन दादी का तभी स्वर्गवास हुआ। मैं उनके शोक दिवस पर मौन ही रही। मैंने उनके अस्थि फूलों को छुआ था और आँखें बन्द करके शपथ ली–तुम्हारी गीतों की विरासत मैं अपने साथ ले जा रही हूँ। मेरी स्मृतियाँ ही इसका संग्रहालय नहीं रहेंगी, इबारत कागज पर उतरेगी और स्त्री जीवन के ये मौखिक दस्तावेज दर्ज होंगे ताकि सनद रहे।

इस तरह चंदना और रानी मंझा की गीत कथाएँ 'चाक' के आख्यान में तीसरी कड़ी के रूप में जुड़ीं। औरत के तन-मन को बंधक बनाने का आदर्श फॉर्मूला, छूट लेने पर सूली चढ़ा देने का जायज चलन और मरदाना समाज के मालिकाना हक का रिवाज जल्दी ही नष्ट होगा दादी, निजाम बदलेगा। अपनी तर्ज में ये गीतकथाएँ नया रूप और नूतन लय धारण करेंगी क्योंकि बदलाव की सख्त जरूरत है।

सारंग नैनी इस गाँव की बहू होने से पहले रेशम की सहोदरा मेरे बराबर आकर खड़ी हो गई, जिसने पर्व त्योहारों की मर्द-उपासना, सांस्कृतिक अनुष्ठानों में स्त्री की बेदखली और सामाजिक अन्यायों के खिलाफ राजनैतिक हस्तक्षेप की हिमाकत की। रेशम की हत्या के हिसाब की माँग करती हुई अपने आसपास के जेठ सुसर और देवरों को उन महाभारतकालीन नरपुंगवों के रूप में देखने लगी, जो औरत पर होते अत्याचार को देखकर भी अनदेखा करते हैं, चुप्पी साध जाते हैं। अपने पति रंजीत से आशा

जोड़ती हुई सारंग निराशा में डूबने लगी कि यह तो वही अर्जुन है जो पत्नी को जुए में हार जाता है, बेइज्जत होने देता है। सारंग की घबराहट का ठिकाना नहीं, उसके रथ को रास्ता मिलता न था।

तब सारंग ने चाहा श्रीधर जैसा अध्यापक–ज्ञान का प्रतीक, पाठशाला का रूप बदले, वह अपने शिष्यों को समय के चक्र (चाक) पर ऐसा गढ़े कि आगे इस गाँव में सत्यनिष्ठा के नुमाइन्दे रणबाँकुरे पैदा हों। 'गुरु कुम्हार शिष कुम्भ' की संकल्पना में वह मक्कारों और कायरों की दुनिया से निजात चाहती है। क्या तुम ऐसे ही मास्टर हो? उसका वाक्य श्रीधर को सम्बोधित था।

सारंग दस साल के बालक चन्दन की माँ है या कि गाँव-से-गाँवों तक सैकड़ों हजारों बच्चों की माँ के रूप में सामने आती है। वह बच्चों की शिक्षा के लिए, स्कूल को जीवित रखने के लिए अपना सर्वस्व दाँव पर लगा सकती है। वह रेशम की सहोदरा है या कि उन तमाम हत्या के घाट उतारी जानेवाली स्त्रियों की बहन जिनकी हिमायत में खड़े होने का नरपुंगवों में साहस नहीं। वह हर जोखिम उठाने के लिए जिन्दा है। उन संस्थाओं, व्यवस्थाओं और रूढ़ परम्पराओं को मिटाने काटने के लिए खड़ी हो जाती है जो इनसानों में मालिक और गुलाम का अन्तर पैदा करती हैं। क्रूरता, गैर बराबरी और संकीर्णताएँ उसके निशाने पर हैं, जिनमें हमारी दादी, नानियों का जीवन बीता है और हमारी जिन्दगी को जकड़ना चाहती हैं।

अब आप सोचें कि 'चाक' की नायिका सारंग विवाह संस्था के अधीन है, जिसके नियमों के हिसाब से समाज चलता है, इसलिए उसके निजी फैसले नाजायज हैं तो मैं आपकी इस मान्यता से सहमत नहीं। मेरे हिसाब से विवाह के तहत तन-मन का समर्पण नहीं, साहचर्य हो सकता है। कारण कि पति-पत्नी की जीवन-स्थितियाँ हमेशा एक जैसी नहीं रहतीं और जब तक हम क्रूर हमलवार स्थितियों में से निकलने के लिए अपने साथी को स्पेस नहीं देंगे, हमें जीवनसाथी कहलाने का अधिकार नहीं। सवाल मेरा भी है कि क्या पति हर समय पत्नी की अग्नि परीक्षा लेने का लाइसेंस विवाह संस्था से लिए रहता है? और पत्नी आग में से बिना जले साबुत निकल आने के लिए आजीवन प्रस्तुत रहनी चाहिए? यदि इन प्रश्नों का उत्तर हाँ में है तो लानत है हम स्त्रियों की लोकतान्त्रिक नागरिकता पर।

आश्चर्य यह भी रहा कि उपन्यास में खौफनाक प्रताड़नाओं, दिल दहला देनेवाले जुल्मों और कत्लों से गुजरते स्त्री-पुरुष, धार्मिक आडम्बरों की कसावट से त्रस्त लोग, राजनैतिक रुतबों से भरे षड्यंत्रों के शिकार और सताए हुए बच्चे, खून-खराबे को झेलनेवाले अतरपुर गाँव पर इतनी चिन्ताएँ नहीं जताई गईं, जितनी हाय तौबा सारंग और श्रीधर के संसर्ग पर मची। क्या साहित्य के संसार में आज की औरत की दैहिक पवित्रता, यौनशुचिता और असूर्यम्पश्या वाला मुहावरा अपनी जकड़ के साथ काबिज है? बेचारे युवा कुँआरे समीक्षक दहशत में आ गए। संस्कार थर्राने लगे

कि सारंग जैसी पत्नी को स्वीकार कैसे किया जाए? दूसरी ओर नवयुवतियाँ या स्त्रियाँ चाक को अपनी प्रिय पुस्तक और सारंग को अपनी शक्ति मान बैठी हैं। विश्वविद्यालयों और प्रोजेक्ट्स के शोध-पटल पर चाक अपनी उपस्थिति में बना ही रहता है।

सारंग ने पतिव्रत धर्म ध्वस्त किया, एक रूढ़ि तोड़ी। इस पर उसके ससुर बौखलाए नहीं, मगर गजाधरसिंह पर हमारे कुछ साहित्यकार बौखला रहे हैं? बूढ़ा जाट ऐसा कायर कैसे हो गया? स्त्री के मामले में उदारता कायरता ही मानी जाती रही है। परम्परावादी स्त्रीवध की पवित्र परम्परा के हिमायती हैं। मैं क्यों भूल जाती हूँ कि जब देवराला में रूपकुँवर सती हुई थी तो एक क्रान्तिकारी अखबार के ख्यातनाम सम्पादक के सती के यश में दुन्दुभी बजाई थी। ऐसे लोगों को पक्का पता रहता है कि उनकी रगों में विशुद्ध रक्त है उनके पिता का। और रेशम थी कि पिता के नाम को ही चुनौती दे रही थी। रानी मंझा की तरह उसे अपने बच्चे के बाप के नाम की मुनादी की दरकार न थी।

यह डाल-डाल और पात-पात का खेल था जो चाक के पृष्ठों पर जीवन्त हुआ कि घर परिवार और समाज के औरत को बदचलन कहकर पुरुष की इज्जत के नाम पर हलाक करने का बीड़ा उठाया है तो जब स्त्रियों ने हर हाल में जिन्दा रहने की ठानी है। आप यौनशुचिता की जय बोलकर, देहराग की बात खोलकर स्त्री चरित्र का खात्मा करिए, उसके खून से जमीन रंग दीजिए, रक्तरंजित धरती पवित्र पावन बनी रहे, हमारा प्रण है कि हम वहाँ से नहीं गुजरेंगे।

'नैतिकता' नष्ट होती है तो हो क्योंकि हमारी नई नैतिकता यही है। चाह के माध्यम से जो 'अनैतिक' प्रस्तुत हुआ, वह तो होना ही था क्योंकि मेरे लिखने का ढंग बड़ा बेढब है। बेढब सारंग, गाँव की पढ़ी-लिखी स्त्री, थोपे गए विश्वासों, कर्मकांडों और दिए गए नियमों को ईश्वर का आदेश मानकर स्वीकार नहीं करती क्योंकि वह शहरी स्त्रियों का किताबी-कागजी संस्करण नहीं है। अनुभवों में तपकर जाना कि हकों की लड़ाई अवैध नहीं होती। राजनीति औरत के लिए दूर का क्षेत्र नहीं है। स्थितियों का तकाजा है कि पति के खिलाफ खड़ी हो जाए। यहाँ वे पति-पत्नी नहीं, उम्मीदवार नागरिक की हैसियत से प्रस्तुत होंगे। वह नारे तो नहीं ही लगाती, सत्ता परिवर्तन उसके क्रिया-कलापों में झलकता है। यह झलक ही उसकी आवाज है।

सारंग की आवाज जिन्दा है, जिसमें औरत के पाँवों में बँधी बेड़ियों को काटने के लिए दानेदार आरी लगी हुई है। ऐसी सारंग के लिए मर्यादावादियों का फरमान है कि यदि इस औरत को पतिव्रत धर्म की पवित्र रीति को अपनाने में एतराज है तो यह अपनी करतूतों के चलते रंजीत (पति) का घर छोड़कर चली जाए। चले जाना चाहिए।

सारंग हतप्रभ! और मैं स्तब्ध।

सारंग अपना घर छोड़कर क्यों चली जाए? वह सीता तो है नहीं कि राम ने अपनी मर्यादा (इज्जत) की खातिर सीता को बदचलन ठहराया और सीता ने मान लिया। बदचलनी के लिए गृह निष्कासन की सजा दी, सीता ने स्वीकार कर ली। सारंग इसी स्वीकार के विरोध में ही तो है। वह अपनी अड़ियल प्रवृत्ति के चलते बदनामी और नेकनामी जैसे शब्दों पर विश्वास नहीं रखती। अपनी मान्यता में यह घर जितना रंजीत का है उतना ही उसका है। जब उसने रंजीत से कभी घर छोड़ने के लिए नहीं कहा, रंजीत कौन होते हैं। उससे घर छुड़ानेवाले? वह कहीं भी जाए, लौटकर यहीं आएगी। राम अच्छी मिसाल छोड़ गए, ऐसे तो कोई भी पति अपने घर से पत्नी को चाहे जब निकाल देगा।

सारंग का हौसला, तमाम मुश्किलों, दहशतों और आक्रमणों से भी विचलित नहीं होता। उसकी यही जिजीविषा चाक की पहचान बनी।

स्त्री की कथा : स्त्री की लड़ाई

शम्भुनाथ

तीसरी दुनिया के उपन्यास को 'राष्ट्रीय रूपककथा' कहा गया, मानों पश्चिमी देशों के उपन्यास 'अन्तर्राष्ट्रीय रूपककथाएँ' हों। 'यूलिसिस' के लेखक जेम्स ज्वायस का प्रसिद्ध कथन है, 'मेरा कोई परिवार, समाज और राष्ट्र नहीं है, मेरा कोई धार्मिक गिरजा नहीं है।' क्या उपन्यास इतिहास की तरह राष्ट्रवाद में भी हस्तक्षेप है? प्रेमचन्द के समय से उपन्यास राष्ट्रवाद में पैठे वर्चस्वों से टकराता आया है, भले उसमें 'राष्ट्र' के बनने की रूपककथा हो।

19वीं सदी में भारत 'मदर कल्ट' से जुड़ा था। भारत को 'भारतमाता' के रूप में, स्त्री रूप में देखा जा रहा था, हालाँकि राष्ट्रीय जागरण पर पितृसत्ता की छाया बनी हुई थी। पुरुष स्वयं को राष्ट्र और स्त्री दोनों का उद्धारकर्ता मानता था। हिन्दी पट्टी में पितृसत्ता का दबदबा ज्यादा था, क्योंकि सुधारवाद का ज्यादा असर नहीं था। इसलिए प्रेमचन्द ने अपने कथा साहित्य में स्त्री को जितना भी मुखर किया हो, महादेवी वर्मा का सीमन द बुआ के 'द सेकेंड सेक्स' से पहले 'शृंखला की कड़ियाँ' लिखना एक गहरा अर्थ रखता है। उन्होंने राष्ट्रवाद में लैंगिक वर्चस्व को चुनौती दी। यह काम उन्होंने उपनिवेशवाद और धार्मिक-सांस्कृतिक निर्बुद्धिपरकताओं दोनों से टकराते हुए किया।

हम सब राष्ट्रवाद के संदर्भ में उपन्यास पर चर्चा करते हैं, हमारा मकसद कुछ राष्ट्रवाद को खोलना होता है और कुछ उपन्यास को। यह एक ज्यादती होगी, यदि उपन्यासकार से माँग की जाए कि वह एक राजनीति को प्रतिबिम्बित करे। यह तब कुछ ऐसा होगा, जैसे संगीत के बीच कोई बम फट जाए। उपन्यासकार अपने काल्पनिक चरित्रों के रोज के जीवन, उसके चाय पीने से लेकर प्रेम करने, लड़ने, प्रकृति को निरखने और उनके साँस ऊँची-धीमी करने के बीच से ही राष्ट्र का बनना, राष्ट्रवाद के वर्चस्वों से टकराहट और इनका रूपान्तरण दिखाता है। वह दुनिया भर की घटनाओं में जाता है, तरह-तरह के अनुभव, स्मृति और कल्पना से गुजरता है, पर उसके लिए अच्छा यही होता है कि वह राष्ट्र की जमीन न छोड़े। हम हिन्दी सहित किसी भी भारतीय भाषा के उपन्यास में देख सकते हैं कि ये कभी उस तरह ग्लोबल नहीं हैं, जिस तरह

अँग्रेजी में लिखे उपन्यास होते जा रहे हैं। भारतीय भाषाओं के उपन्यास में राष्ट्र की जमीन बची हुई है।

स्त्री जब उपन्यास लिखती है, उपन्यास में स्त्री की आवाज होती है। वह अपनी नजर से राष्ट्र, आधुनिकता और बुद्धिवाद को देखती है। स्त्री के उपन्यास में बाहरी दुनिया के अलावा स्त्री का अपना श्वास वैयक्तिक परिवेश और अनुभव होता है। फिर भी क्या कोई उपन्यास इस हद तक स्त्री-केन्द्रिक हो सकता है कि उसे 'राष्ट्र' के 'काउंटर नैरेटिव' के रूप में देखा जाए? राष्ट्रवाद में पैठे पितृसत्तात्मक वर्चस्व से लड़ना एक बात है और राष्ट्रीय रूपक कथा होने से बचना एक अलग बात है। यह अधिक स्पष्ट करने की जरूरत नहीं है कि स्त्री राष्ट्र से बाहर राष्ट्र नहीं हो सकती।

देखा जा सकता है कि हिन्दी का स्त्री विमर्श महादेवी वर्मा की स्त्री चेतना से कितने बिन्दुओं पर आगे बढ़ा है और किन बिन्दुओं पर उसे अभी विकसित होना है। हिन्दी में स्त्री विमर्श के साथ वस्तुतः उस तरह का लगातार चलनेवाला 'एक्टिविज्म' दिखाई नहीं देता, जो महादेवी में था। यह भी सोचने की बात है कि महादेवी के बाद स्त्री साहित्यकारों की जितनी बड़ी कतार खड़ी होनी चाहिए थी, हो न सकी। पितृसत्ता स्त्री के लिए सामने खड़े पिता या पति का नाम नहीं है, यह एक बड़ा धार्मिक, सांस्कृतिक और बाजारवादी नेटवर्क है, यह समझ विकसित होने में काफी वक्त लग रहा है। '70 के दशक के आधुनिकतावादियों के साहित्य में स्त्री महज यौन-बिम्ब बना दी गई थी, जैसे देह की स्वतन्त्रता ही पितृसत्ता को चुनौती देता हो। हम अनजान नहीं हैं कि पिछले दो दशकों के स्त्री-कथा साहित्य पर भी पुराने अनुभववादियों की देह-छाया मँडराती रही है।

आधुनिक जीवन में प्रवेश के बाद स्त्री के मन में प्रश्न उठने शुरू हो गए थे। पहला प्रश्न यही था, आधुनिकता क्या है? क्या मन्नू भंडारी ने स्त्री की यौन-बिम्ब वाली छवि को तोड़ते हुए स्त्रियों के आधुनिक मन में झाँका था, हालाँकि उनकी रचनाओं में स्त्रियाँ अपनी पहचान को लेकर दुविधा में रहती हैं। एक दूसरी स्त्री कथाकार कृष्णा सोबती को स्त्री चेतना स्त्री देह की महत्ता के रूप में मिली। यह दार्शनिक महत्ता ज्यादा थी। 'मित्रो मरजानी' में मित्रो अपने दोनों हाथों से अपनी छातियां पकड़कर पूछती है, 'सच कहना, जिठानी सुहागवंती, क्या ऐसी छातियाँ किसी और की भी हैं?' हिन्दी कथा साहित्य में इस तरह का बोल्डनेस पहली बार आया था,इसी से कृष्णा सोबती ज्यादा ख्यात हुईं।

स्त्री के सामने एक बड़ा प्रश्न है-स्वतन्त्रता चाहिए या सुरक्षा? कृष्णा सोबती स्त्री की स्वतन्त्रता को देह की स्वतन्त्रता में सीमित करते हुए जीवन के आनन्द को महत्त्व देती हैं। उपन्यास खुद स्वतन्त्रता की सन्तान हैं। इसलिए उपन्यास लिखना जोखिम उठाना है। कृष्णा सोबती स्वाधीनता का लुत्फ लेते हुए 'परिवार' को बचाने के लिए प्रयत्नशील दिखती हैं। उनकी मध्यवर्गीय शहरी स्त्रियाँ स्वतन्त्रता और परिवार

के दो पाटों के बीच फँसी हैं। 'ऐ लड़की' में मृत्यु की तरफ बढ़ती अम्मू अपने साथ रहती बेटी से कहती है, 'संग-संग जीने में कुछ रह जाता है, कुछ बह जाता है। अकेले में न कुछ रहता है और न बहता है।' इसी तरह उपन्यास 'समय सरगम' में ईशान और आरण्या के बीच बहस इस मुद्दे के बाहर नहीं जा पाती कि स्त्री के लिए अकेलापन एक बेहतर चयन है या परिवार। एक प्रौढ़ स्त्री के महानगरीय अकेलेपन में छोटी-मोटी परेशानियों के बीच उसके समय का संगीत यही कहता है, ''अकेले, अकेलों की अपनी जीवन-शैली है। करते रहते हैं स्व-निर्माण और आराम। परिवार का कोलाहल, शोर, तनाव, ऊँच-नीच और तनातनी आसपास नहीं।'' यहाँ कोई राष्ट्र, इतिहास और स्त्री-समुदाय नहीं है। नई कहानी दौर के इस आधुनिक अकेलेपन में सिर्फ 'पुरखों की स्मृतियाँ' हैं, 'शाश्वत मूल्य' हैं और 'जे. कृष्णमूर्ति' जैसों के कैसेट हैं, 'अब कोई तारीखें न याद रखो! बस जीती रहो। जीती चलो।' यह उपन्यास बिम्बों में जैसे एक दर्शन है, जिसमें चाय, नमकीन और खाने-पीने की चीजें पता नहीं कृष्ण सोबती क्यों कुछ ज्यादा ले आती हैं।

अमेरिका में स्त्री अध्ययन का पहला केन्द्र 1970 के दशक में खुला था। भारत में अब यह केन्द्र हर बड़े नगर में है। स्त्रियाँ इतिहास, शाश्वत मूल्य और परिवार के पितृसत्तात्मक ढाँचे से विद्रोह करके दरअसल एक बुनियादी सवाल उठा रही हैं। इतिहास, संस्कृति और समाज में हमारी जगह कहाँ है? वे पुरखों की स्मृतियों, शहर के मोहक अकेलेपन और आधुनिकतावादी दुविधाओं से बाहर निकल कर स्त्री-अमिता और स्त्री-स्वाधीनता ही नहीं स्त्री-अधिकार के मुद्दे भी उठाने लगी हैं। यह स्त्रियों का संघर्ष था, जिसे दबाव में संयुक्त राष्ट्र ने 1975 को अन्तर्राष्ट्रीय महिला वर्ष घोषित किया था। यह धीरे-धीरे स्त्रियों के जागरण का पर्व हो गया।

भारत एक प्राचीन सभ्यता है, पर स्त्री को इसमें आज तक बराबरी हासिल नहीं हुई। हिन्दू धर्म में स्त्री कहते ही बार-बार एक पर-अधीन देह और बन्दी आत्मा ही दिखती है। भारत के एक 'राष्ट्र' के रूप में उदय, समाज सुधार के आन्दोलन और वैश्वीकरण के बावजूद यदि संयुक्त राष्ट्र की एक रिपोर्ट (2007) देखें, भारत में 2000 कन्या-भ्रूण की हत्या रोज हो रही है। आज भी परिवार में लड़की जन्मते ही एक प्रत्यक्ष छिपी उदासी क्यों छा जाती है? वैश्वीकरण की इससे बड़ी विडम्बना क्या होगी कि जो राज्य और शहर जितने अधिक विकसित हैं, मसलन पंजाब, गुजरात, हरियाणा, नई दिल्ली-वहीं कन्या-भ्रूण हत्या की दर उतनी ज्यादा है। वर्तमान सभ्यता ने स्त्री के बल पर ही अपने उपभोक्ता संसार का इतना विराट ग्लैमर खड़ा किया है और इसने स्त्री के ही खिलाफ अपने इतिहास का सबसे भयंकर युद्ध छेड़ रखा है।

आज भी परिवार स्त्री से यही चाहता है कि वह जितना पढ़े-लिखे, हुनरमन्द हो, बाहर जाकर नौकरी करे, पर अपना स्त्रीपन, कोमलता और शान्त स्वभाव न त्यागे। वह कभी भी भय और लज्जा से मुक्त न हो। छोटी उम्र में लड़के क्रिकेट या पजल्स

खेलें और लड़कियाँ बार्बी गुड़िया लें। पिता के लिए बेटे ब्लैंक चेक, जबकि बेटियाँ कर्ज ही पहाड़ियाँ। दहेज के बाद भी ससुराल में बहू को ताने और तरह-तरह से उत्पीड़न एक बड़ा भारतीय यथार्थ है। स्त्री बड़ों के सामने आँखें नीची रखे, जोर से न बोले। बाहर का काम करके सीधे घर आए और घर के काम करे। स्त्री चुनाव लड़े-पंचायत, विधानसभा या लोकसभा में जाए, पर पुरुषों की तरह छुट्टा न घूमे। वह अपना विवेक न चलाए, रिमोट बने। डांस देखे, पर नाचे नहीं। पुरुष कृष्ण बन कर घूमे, पर; स्त्री सीता बनी रहे। स्त्री और पुरुष के लिए दो प्रतिमानों का सिलसिला अभी थमने वाला नहीं है, क्योंकि मनुष्य जाति बहुतरफा दिमागी घेरेबन्दी की शिकार है।

वर्तमान स्थितियों में उपन्यास न ढेर सारे मानव चरित्रों का चित्र बन सकता है और न स्त्री के अकेलेपन की दार्शनिक बिम्बमाला। खासकर स्त्री रचनाकारों की जो नई कतार वैश्वीकरण के दौर में, पिछले 20 सालों में आई है, उसके इरादे भिन्न हैं, औपन्यासिक तकनीक भिन्न है और भाषा भी भिन्न है। स्त्री की भाषा अब न मौन और संकेतों की भाषा है, न सुरक्षात्मक भाषा। यह उस संस्कृति की चगड़ी उधेड़ने वाली भाषा है, जिसमें स्त्री कैद है। निःसन्देह पुरुष रचनाकारों द्वारा स्त्री पर लिखे उपन्यासों से स्त्री द्वारा स्त्री पर लिखे उपन्यासों से भिन्न प्रकृति के हैं। इनमें स्त्री प्रश्न तीखे ढंग से उठे हैं। यह स्वाभाविक है कि साहित्यिक भाषा जब विमर्श की भाषा होगी, उसमें स्थानीयता होगी, उत्तेजना होगी और भाषिक स्खलन भी होंगे-वह चाहे स्त्री-विमर्श हो या दलित-विमर्श हो। निश्चय ही विमर्श की भाषा से यह उम्मीद करना कि यह एक सुगठित राजनीति आन्दोलन की भाषा की तरह नपी-तुली हो या साहित्य की स्वायत्तता चाहनेवाले रचनाकारों की भाषा की तरह सम्भ्रान्त हो, गलत है।

इसमें कुछ भी आश्चर्यजनक नहीं है यदि स्त्री पुरुष-वर्चस्व वाले राष्ट्रवाद से जमकर टकरा रही है। राष्ट्रवाद को चुनौती झेलनी पड़ेगी, यदि इसमें स्त्री-पुरुष का उपनिवेश बनकर जी रही हो। भारत में राष्ट्रवाद दरारों से भरा रहा है, ऊपर से नव-औपनिवेशिक बदहजमी। इस बिन्दु पर कहा जा सकता है कि फैशन, फास्ट फूड और कामुकता के रूप में स्त्री-स्वाधीनता के जो चिह्न बन रहे हैं, वे पुरुष-वर्चस्व के ही रूप हैं। पुरुष द्वारा पुरुष से सत्ता छीनने के लिए स्त्री-देह का इस्तेमाल होता है और स्त्री को लगता है, वह स्वाधीन हो रही है।

दुनिया के नव-स्वतन्त्र देशों खासकर अफ्रीका और दक्षिण अमेरिका महादेशों में मौजूद पश्चिमी, औपनिवेशिक संस्कृति से टकराते हुए स्थानीयता, कहन-परम्परा, जादुई यथार्थवाद जैसी चीजें 1980 के दशक में ही प्रबलता से छा चुकी थीं। उनका असर भारत में भी फैला। उपन्यास बाजार से एक अलग जगह है। इसमें स्वाधीनता की धारणा सरलीकृत नहीं होती। इधर स्त्री कथाकारों की एक नई कतार सामने आई है। देखा जा सकता है कि यह उपन्यास की अन्तर्राष्ट्रीय प्रवृत्तियों से कितनी प्रभावित है और इसकी नजर में स्त्री स्वाधीनता का क्या अर्थ है।

मैत्रेयी पुष्पा के उपन्यास 'चाक' (1997) पर केन्द्रित होकर बात की जाए। इसमें स्त्री अस्मिता की चेतना के साथ स्थानीयता और कहन-परम्परा मुख्य रूप से है। इसमें स्त्री-परिवेश की संगीतात्मक छवियाँ भी भव्यता के साथ हैं। इस उपन्यास को पढ़ते समय सुना भी जा सकता है। यह कहन-परमपरा का उपन्यास है। ऐसे उपन्यास में लोक-संस्कृतियों को समेटती हुई कथा के भीतर कथा होती है, जो एकरेखीय समयबोध का निषेध है। इनका शिल्प यथार्थवादी और अन्त:चेतना-प्रवाही आधुनिकतावादी उपन्यासों के एक कथापरक शिल्प से भिन्न है। मैत्रेयी पुष्पों के उपन्यास में भी कथा लिखने वाली से अधिक महत्त्वपूर्ण है कहानी कहनेवाली, दास्तान सुनानेवाली। 'चाक' में यह शैली है, जो लोक शैली की याद दिलाती है।

भारत में कहानी कहने की एक लम्बी परम्परा है। 'रामचरितमानस' में कथा कहने की परम्परा का एक बड़ा अच्छा रूपक है। याज्ञवल्क्य भरद्वाज से कथा कहते हैं, शिव पार्वती से कथा कहते हैं, तुलसी भी एक घाट पर कथा सुनाते हैं। अचरज है कि सुमेरु पर्वत पर एक साधारण खग काकभुशुंडि खगों के राजा गरुड़ से कथा कहता है 'साधारण' कहता है, 'शक्तिशाली' सुनता है। गरुड़ को 'शक्ति' का घमंड हो गया था। उसे हाशिए के पक्षी से कथा सुननी पड़ी। मोर से नहीं, तोते-मैने से नहीं। कौवा ज्यादा उदात्त था। यह देवता, ऋषि यहाँ तक महाकवियों की परम्परा के साथ विशिष्टवर्गी सौन्दर्यबोध को भी एक झटका है। मानसरोवर का रूपक इसलिए तात्पर्यपूर्ण है कि इसके एक घाट पर कौवा कथा कह रहा है। अवमानना का शिकार 'साधारण' कथा कह रहा है। वह बता रहा है कि योग, ज्ञान, वैराग्य और तप बेकार है, यदि प्रेम नहीं है। 'समुझहिं खग खग ही कै भाषा' के आशय को हम थोड़ा ट्विस्ट करें,यही ध्वनित होगा कि स्त्री की पीड़ा को अच्छी तरह स्त्री ही कह सकती है, दलित की पीड़ा को अच्छी तरह दलित ही कह सकता है। स्त्री की तकलीफ कहने के लिए स्त्री की भाषा पुरुष की भाषा से अलग हो सकती है। इस तरह इधर के उपन्यासों में यदि कहानी लिखने की जगह कहने की शैली प्रधान है, यह एक विशेष बात है। सारामागो ने अपने उपन्यासों को 'लिखित मौखिकता' से जोड़ा था। वह कथावाचन के साथ लेखन शैली को भी महत्ता देना चाहते थे। ऐसे उपन्यासों ने 'लेखक की मृत्यु' की धारणा उलट दी, कथावाचक के साथ लेखक फिर जी उठा।

'चाक' अतरपुर के स्थानीय जीवन की कहानी है, 'गाँव की सहज सरल दिनचर्या में अचानक धमाका हुआ, धरती हिल उठी।' धमाका एक स्त्री सारंग ने किया। इतिहास के भीतर से इतिहास की नई पर्त सामने आई, 'इस गाँव के इतिहास में दर्ज दास्तानें बोलती हैं-रस्सी के फंदे पर झूलती रुक्मणी, कुएँ में कूदनेवाली रामदेई, करबन नदी में समाधिस्थ नारायणी...ये बेबस औरतें सीता मइया की तरह भूमि-प्रवेश कर अपने शील सतीत्व की खातिर कुरबान हो गईं। ये ही नहीं, और न जाने कितनी...।' बूढ़ी खेरापतिन लोककथाएँ-गीतकथाएँ सुनाती है। मैत्रेयी पुष्पा लिखती हैं। कहन और

लेखन का संयोग नया रंग यह लाता है कि इस बार सारंग की बहन रेशमा की मृत्यु-पूर्व दर्दनाक पुकार व्यर्थ नहीं जाती। वह एक जवान गर्भवती विधवा थी। उसमें देह की स्वाभाविक भूख थी, जिसे स्त्री विमर्श में स्त्री की इच्छा की स्वाधीनता का पर्याय माना गया। रेशमा के ससुरालवालों ने उसे मारकर जमीन में गाड़ दिया और सबूत मिटा दिए। वह परिवार की 'इज्जत' थी। उसके जेठ थान सिंह मास्टर; डोरिया, भूरा आदि नरपिशाच होते हुए भी 'इज्जतदार' थे। वे कानून-कायदे से ऊपर थे। सारंग पढ़ी-लिखी स्त्री थी। वह अपराधी को सजा दिलाने के लिए बावरी हो ई। उसने स्वतन्त्रता और सुरक्षा में स्पष्टत: स्वतन्त्रता को चुना। उसके पति रंजीत ने उसे बाँहों में भरकर कहा, 'संसार की लीला यही है। तुम गीता पढ़ा करो, धीरज बँधेगा।' यहीं से शुरू होती है उस धरती के हिलने की कथा, जिसमें सीता समाई हुई थी।

यह अस्वाभाविक नहीं है कि स्त्री विमर्श के बैनर तले स्त्रियों का जो लेखन इधर सामने आया है, वह भद्र बुद्धिजीवियों को पशोपेश में डालता है। वे कथाकार जो स्त्री, दलित या स्थानीयतावादी नहीं हैं, 'राष्ट्र', 'आधुनिकता', 'वामपन्थ' और 'धर्मनिरपेक्षता' के वृत्तान्तों से बँधे हैं, वे अपनी जमीन को लेकर चिन्तित हैं। यह सही है कि आधुनिकतावादी और प्रगतिशील साहित्य में, दोनों में जेंडर और जाति-पाँति को लेकर अलग से गहरी चिन्ता नहीं थी। आधुनिकतावादी साहित्य में आधुनिकीकरण का संकट झेलते हुए भी उसके प्रति एक गहरा सम्मोहन था। उसमें व्यक्ति की सच्चाइयाँ ही सबकुछ हो गईं। प्रगतिशील साहित्य यथार्थवाद वर्ग की सच्चाइयों के थोड़ा भीतर जाकर जेंडर, जाति-पाँति और स्थानीयता की सच्चाइयों को अपने दायरे में नहीं ला पाया। इसलिए आधुनिकता और प्रगतिशीलता के संदर्भ बदलने थे, इनमें विविधता आनी थी। आमतौर पर हर दौर की साहित्यिक संस्कृति विविधता से भरी रही है। आज के दौर में विविधता ज्यादा है। कई तरह के साहित्य एक साथ उपस्थित हैं। निश्चय ही यह दिख सकता है कि हमारे समय में साहित्यिक रूपों और अन्तर्वस्तु को प्रभावित करनेवाली ऐसी कई चीजें हैं, जो 'साहित्यिक' और 'शिष्ट' नहीं लग सकती हैं।

पुरुष सदियों से सम्पत्ति, धर्म और पारिवारिक सत्ता के बल पर स्त्री पर अपना प्रभुत्व जताता रहा है। स्त्री को दुलारते-मनुहारते हुए भी यह प्रभुत्व कई बार हिंसा की शक्ल धारण कर लेता है। मैत्रेयी पुष्पा 'चाक' में स्त्री पर पुरुष के अन्याय, जुल्म और बर्बर साम्राज्य की अनगिनत लोककथाओं और किन्वदन्तियों में जाती हैं। पुरुष स्त्री का स्वत्व सह नहीं पाता। स्त्री का काम अहंवाद से भरे उसके निर्देशों को ढोना रह जाता है। बेहतर है, स्त्री पहले ही समझ ले कि पुरुष क्या चाहता है। रानी मंझा के देस निकाले की कथा से लेकर पाँचन्ना बीबी की छातियाँ दागने तक के उदाहरण सामने आते हैं। इनसे उभरता है कि सदियों से किस तरह स्त्रियों का जीवन वर्जनाओं के पहाड़ के नीचे दबा हुआ है। बहू-बेटियों के सामाजिक नियम के बाहर प्रेम करने पर

मार देने की घटनाएँ इन दिनों भी कम नहीं हैं। स्त्रियों के सामने समस्या है कि वे उस तरह 'समुदाय' नहीं हैं, जिस तरह दलित, आदिवासी या किसान हैं। वे दलितों या आदिवासियों की तरह पुरुष से दूर एक साथ अलग समुदाय के रूप में नहीं रह सकतीं। स्त्रियों का अलग गाँव नहीं हो सकता। अत: उनका संघर्ष कठिन और जटिल हो जाता है। उनके सामने प्रश्न इस रूप में है कि पुरुष के साथ रहना उनकी नियति है, फिर भी वे दुनिया को अपनी नजरों से कैसे देखें और पुरुष के वर्चस्व का प्रतिरोध कैसे करे? स्त्री के प्रतिरोध के हजारों रूप हो सकते हैं और अनगिनत तरीके से उसकी कहानी कही जा सकती है। एक है राजनीति में घुसकर स्त्री के हस्तक्षेप को पहचानना, जो काम मन्नू भंडारी ने 'मोहभोज' में किया। एक है, लोकजीवन में पैठकर स्त्री के प्रतिरोध की पुनर्रचना,जो मैत्रेयी पुष्पों ने 'चाक' और 'अल्मा कबूतरी' जैसे उपन्यासों में किया। एक है इतिहास में जाकर स्त्री की बिडम्बना और लड़ाई को उत्तर-औपनिवेशिक सैद्धान्तिकी की संरचना में उभारना, जो काम अनामिका ने 'दस द्वारे का पींजरा' और 'तिनका तिनके पास' में किया। मैत्रेयी पुष्पा और अनामिका की खूबी यह है कि इन्होंने कहन शैली चुनी, स्त्री-स्थानीयता को महत्त्व किया और अपना लेखन स्त्री-ठसक से भरी ऐसी अलंकृत भाषा में किया, जो पितृसत्तात्मक मिजाज को खरोंचती है।

मैत्रेयी पुष्पा 'चाक' में भारतीय स्त्री की आन्तरिक पीड़ा, घृणा और गुस्से को प्रभावशाली ढंग से सामने लाती हैं। यह समाज रोने और अनुनय-विनय से कुछ भी नहीं सुनता। उसे तीखा जवाब चाहिए। पुलिस और न्याय व्यवस्था बहरी है। इसलिए सारंग ठानती है, पति से कुछ नहीं हुआ, गाँव से कुछ नहीं हुआ,कानून से कुछ नहीं हुआ, अब वह खुद से घिनौनी सूरत वाले डोरिया को पहलवान कैलासी सिंह से पिटवाएगी। उसे दंड देना है। कैलासी सिंह एक मनोग्रन्थि से पीड़ित निकले। उनका मनोबल टूट चुका था। वे कई दंगल हार चुके थे, किस ताकत से पीटते डोरिया को। स्त्री के काम स्त्री ही आती है। सारंग की खातिर कलावती चाची मन से कमजोर हुए पहलवान कैलासी सिंह को खुद अपने घर खिलाने-पिलाने और मालिश करने ले गई, ताकि उसमें डोरिया को ललकारने की ताकत आए। यह किसी आन्दोलन की तैयारी नहीं है, स्त्री का दुविधाहीन मन है, खुला मन है, प्रतिरोध से भरा मन है।

स्त्री को समाज में पुरुष की तरह एक पूर्ण व्यक्ति की हैसियत मिले, इसके लिए स्त्री को देह की स्वतन्त्रता चाहिए, यह स्त्रीवादी आन्दोलन की एक प्रमुख माँग थी। मैत्रेयी पुष्पा-पुरुष-वर्चस्व के विरुद्ध देह की स्वतन्त्रता का अनोखा रूपक रचती हैं। कलावती चाची पहलवान कैलासी सिंह के सम्बन्ध में सारंग से पूरी घटना कहती है, ''मैंने कही-लुगाई है रे तू? जबरदस्ती तैमद खोलकर फेंक दिया बंजमारे का। हाय सारंग। तीस-बत्तीस बरस का पूरा पाठा आदमी और आठ-नौ साल के बालक की सी चोचनी।...बोल दिया कि लल्लू कैलासी, भूल जाओ रिस्ते-नाते। इस घड़ी तुम मर्द और मैं बैयर। सारंग जो काम उस नाँसिया को करने थे, सो मैंने किए। मरी मरदानी

को हाथ फेर-फेरकर चेतन्त किया और तुरत ही अपने लत्ता खोल के एक ओर पटक दिए। जता दिया, समझा दिया कि मेरा कुछ नहीं बिगड़ा जाता। और फिर ये तो देह रहते के खेले हैं रे। पाप-पुन्न मत सोचना।...लल्लू बड़ी देर से निरदंद भए। पर जब निरदंद हो गए तो समझ ले कि मेरी आँखों के अगारी पूरे पुरिख होकर ढाड़े हो गए।...मैंने उस लल्लू को छाती से चिपकाकर; हार और जीत के आनन्द में डुबो लिया। रस ही रस फिर तो। ए मेरे भगवान, ऐसा दिन भी आना था मेरी जिन्दगानी में? सुरगनसैनी चढ़ गई मैं तो। अमीर में खुशी के मारे कैलासी सिंह ने मेरे पाँव पकड़ लिए।''

यह देह की स्वतन्त्रता है या देह की राजनीति, इस पर बहस हो सकती है। इतना स्पष्ट है कि हिन्दी में पहली बार एक स्त्री कथाकार ने निर्द्वन्द्व होकर 'सुरगनसैनी' का इतना लाइव, अलंकृत और स्थानीय ध्वनियों से सजा चित्र खींचा। कैलासी सिंह को जगाने का मूल मकसद प्रतिशोध लेना था। उससे दंगल में रेशमा के हत्यारे डोरिया की धुनाई करके सारंग का दिल बाग-बाग कर दिया। सवाल है, क्या स्त्री का प्रतिरोध देह के स्वराज तक सीमित रह जाना चाहिए? 'चाक' में मंझा की कथा है। गुरुकुल की 'खलनायिकाओं' में शकुन्तला और शारदा को दी गई यातना की कथा है। गाँव की रेशमा, बैकुण्ठी, गुलकन्दी, केका, राममूर्ति जैसी स्त्रियों पर अत्याचार के वृत्तान्त हैं। किसी ने जानना नहीं चाहा, स्त्री की इच्छा क्या है और उसे सजा दे दी। उस पर लांछन लगाए। कभी पंचायत में खड़ा कर दिया। कभी नंगा घुमाया। कभी 'ऑनर कीलिंग' किया, लड़की गाँव की इज्जत में शामिल हो गई। 'चाक' में कथा के भीतर कथा है, गुड़िया भीतर गुड़िया या चाइनीज बाक्स!

'चाक' में लोककथाओं और लोकगीतों को बड़ा महत्त्व दिया गया है, जो स्त्री द्वारा लिखे गए उपन्यास की एक खास बात कही जा सकती है। निश्चय ही ऐसी कथाएँ और गीत स्त्रियों की स्मृति में झनझनाते रहते हैं।

स्त्रियों के दमन के मामले में पुरुषों का आमतौर पर आपस में एक चुप्पा समझौता रहा है। 'चाक' में प्रश्न है, 'क्या इस दारुण कथा का अन्त सम्भव नहीं?' मैत्रेयी पुष्पा ने 'चाक' में सारंग को बेजुबान स्त्रियों की आवाज बनाकर उपस्थित किया, ''मैं वह रास्ता खोलने जा रही हूँ, जिसे खोलना औरत के लिए वर्जित है।...यह व्यभिचार नहीं आजादी है।'' वह लौंगसिरी बीबी की तरह अपना मन मारकर जीना नहीं चाहती। सारंग अत्याचार की मारी स्त्रियों के विक्षोभ की लपट बन गई, उसे देह का स्वराज चाहिए। सारंग अपने पति रंजीत से निराश होकर कहती है, ''जिस घर की मिट्टी का रेशा-रेशा मेरे हाथों सजा-सँवरा है, जिसके आँगन में मेरे पाँवों के निशान जीवित हैं, विश्वास नहीं होता रंजीत कि एक पल में ही वह मुझसे कैसे छिन गया। तुम्हारा कोई नया सूत्र खुलता है और मुझे कुम्हार के डोरे की तरह चाक से काट ले जाता है।'' चाक स्त्री की जिन्दगी है, जिसे पुरुष अपने मन-मुताबिक गढ़ता और वस्तुतः स्त्री के स्वत्व को मिटाता है। पुरुष अहंकार में स्त्री को उसकी अपनी आँखों से दुनिया देखने

नहीं देता। रंजीत सारंग से कहता है–" औरतों जैसे आचरण करो। अपनी सीमाएँ देखो, गहने–कपड़े माँगो, पीहर–प्यौसार जाने के लिए लड़ो–रूठो...तुमको कंचन की तरह अपने घर की हदों में सुरक्षित रखनेवाला मैं, चौखट के बाहर का खतरनाक दायरा कैसे नापने दूँ?" सारंग ने विद्रोह में सोचा, ऐसा घर उसका नहीं है। वह श्रीधर की बात सुनती है, " 'बराबरी' शब्द खतरों की ईंटों से बना है।" यह उल्लेखनीय है कि सारंग चुनाव की राजनीति में एक पुरुष द्वारा लाई जाती है। पुरुष–पुरुष में भेद है, पुरुष ही पितृसत्ता का वर्चस्व बनाता है और पुरुष ही स्त्री को मुक्ति का रास्ता दिखता है! 19वीं सदी के सुधारवादी आन्दोलनों के केन्द्र में स्त्री थी और नेतृत्व में पुरुष थे। स्त्री खुद भविष्य के किसी बड़े आन्दोलन के नेतृत्व में कभी आएगी या वह हमेशा पुरुष द्वारा ही सामने लाई जाएगी? इसके अलावा, यह भी प्रश्न उठता है कि आज चुनाव की राजनीति की जो यथार्थ दशा है, किस हद तक स्त्री मुक्ति का रास्ता इससे होकर गुजर सकता है?

सारंग गाँव के स्कूल में आए नए मास्टर श्रीधर की ओर आकर्षित हुई, "मैं बंधन में बँधी, रग–रग में दहशत लिए, पाँवों की बेड़ियाँ झनझनाती तुम्हारी ओर बढ़ रही हूँ।" सदियों पुराने कठोर धार्मिक अनुशासन, पति के मालिकाने और पुरुष–अत्याचारों को चुनौती इस रूप में है। दिलेर सारंग एक–दूसरे पुरुष श्रीधर के करीब जाती है। वह अपना घरबार छोड़कर श्रीधर की सेवा करती है, उसे शिशु का चोला देकर उस पर प्यार उड़ेलती है। वह कलावती चाची से कहती है, "चाची, तुमने कैलासी सिंह को जो संजीवनी बूटी चटा दी थी, वही मैं देना चाह रही थी श्रीधर को।" इसके लिए प्रत्यक्ष तर्क है उसके पति रंजीत का गाँव के बुरे व्यक्तियों से महत्त्व कांक्षावश समझौता कर लेना और श्रीधर का जोखिम उठाकर भी प्रतिपक्ष में खड़ा होन । इस जगह सवाल उठ सकता है कि स्त्री विमर्श स्त्री की लड़ाई को एक व्यापक प्रतिरोध की शक्ल देता है या प्रतिशोध की। क्या सारंग में प्रतिरोध की जगह प्रतिशोध की भावना ही अधिक प्रबल है?

श्रीधर पिछड़ी जाति का एक निर्भीक शिक्षक है। वह एक ऐसे गाँव में ट्रांसफर होकर आया है, जो श्रीलाल शुक्ल के 'राग दरबारी' के गाँव से काफी मिलता–जुलता है, वैसी ही दबंगई, भ्रष्टाचार और घृणित राजनीति। श्रीधर सोचता है, "गाँव ऐसी ही तो आत्मा है जिसके भाग्य में विनाश की ओर जाना लिखा है।" उसकी निर्भीकता से अकेलापन महसूसती स्त्रियों में उसकी माँग बढ़ गई–"मन में अनगिनत तितलियाँ उड़ने लगीं।" सारंग सलोनी नागिन, श्रीधर आत्मविश्वास से भरा सपेरा। क्या प्रतिरोध के व्यापक विजय के अभाव में 'चाक' मुक्त सेक्स की आधुनिकतावादी अन्तर्धारा का महिमामंडन करता है?

'चाक' की केन्द्रीय चिन्ता स्त्री–देह का स्वराज है, "सारंग पुरानी रीतियों, कुरीतियों, रूढ़ियों से लड़ती तो शायद तना टकराव न होता, उसका रास्ता दूसरा है,

जो बेहद टेढ़ा और शूलों भरा है, क्योंकि वह पति से लड़ना चाहती है।'' पति भारत में एक दमनकारी सत्ता है। गाँव में ही नहीं, महानगर-शहर में भी हालत अधिक खराब हुई है। पुरुष पत्नी में कमी देखकर दूसरी स्त्री या स्त्रियों के पास जाता है, स्त्री पति में कमी देखकर क्या करे? दूसरा पुरुष उसके लिए वर्जित फल क्यों हो, यह 'चाक' का एक महत्त्वपूर्ण मुद्दा है। यह 'वर्जित फल' नहीं है, एक मधुर आजादी है, 'सारे बन्धन काट फेंकने का सुखद समय।' यह आजादी एक कशमकश है और इसके अपने खतरे हैं। दूसरे पुरुष से प्रेम स्त्री को पुरुष-प्रभुत्ववाद और पितृसत्तात्मक व्यवस्था से मुक्ति है, यह मैत्रेयी पुष्पा का भ्रम है। दूसरा पुरुष पहले पुरुष से सदा भिन्न होगा, यह नहीं कहा जा सकता। दूसरे पुरुष से प्रेम कई बार स्त्री की वैयक्तिक भावनात्मक विवशता होती है, पर यह प्रेम स्त्री का मुक्तिद्वार नहीं है। यह पुरुष प्रभुत्ववाद का ही एक चालाक रूप है, जो कभी-कभी विचार की पोशाक पहन लेता है।

पिछले कुछ दशकों से कट्टरवादी सामन्ती संस्कृति के साथ-साथ उपभोक्ता संस्कृति में भी स्त्री का दमन बढ़ा है। रीतिकालीन शृंगारिक साहित्य से काफी बढ़ा-चढ़ा है बाजार का स्त्री-देह विमर्श। स्त्री की पर-अधीनता के नए रूप इजाद हुए हैं। उपन्यास में भी बाजार के रास्ते से कामुकता का प्रवेश हुआ। सामान्यतः कामुकता जीवन की समस्या के रूप में नहीं आई, वह एक बिकाऊ जिंस के रूप में आई। कामुकता का प्रक्षेपास्त्र मुख्यतः बाजार के हाथ में है, जिस तरह घृणा का प्रक्षेपास्त्र राजनीति के पास है। हिन्दी के सामुदायिक विमर्शों में यदि कुछ समय तक स्त्री विमर्श 'कामुकता' और दलित विमर्श 'घृणा' के आसपास ही ज्यादा चक्कर लगा रहा था, इसकी बुनियादी वजह नई कहानी-युग के 'भोगे हुए यथार्थ' का आतंक था। राजेन्द्र यादव ने नई कहानी के 'भोगे हुए यथार्थ' को ही सामुदायिक विमर्शों पर चस्पा कर दिया था और तात्कालिक रूप से उन विमर्शों को अपनी नई कहानी युगीन औपनिवेशिक बौद्धिकता में कैद करना चाहा था। उनका मकसद समाज, प्रगतिशीलता, जनतन्त्र की धारणाओं को चकनाचूर करना था। एक समय तक स्त्री और दलित लेखकों के सामुदायिक विमर्श उनके उग्र-अनुभववादी रुझानों से प्रभावित थे। राजेन्द्र यादव ने स्त्री और दलित विमर्शों को सुलगाया भी और परिसीमित भी किया।

यह अच्छी बात है कि मैत्रेयी पुष्पा 'चाक' में स्त्री विमर्श को देह की स्वतन्त्रता के दायरे में ले जाकर भी वहाँ रुकती नहीं हैं। उपन्यास में सारंग कठोर जाट बिरादरी के दमनात्मक सामुदायिक माहौल में अपने फैसले खुल-ढक कर खुद लेने लगती है। उसमें अन्तर्विभाजित पति से विमुख होने के बाद पुनर्जीवित होती है स्वच्छन्द सोच की वह स्त्री, जो उसके अन्दर कठोर गुरुकुल में शिक्षा के दौरान थी। उसमें न दब्बूपन बचा होता है और न दुविधा होती है। वह आजादी का साक्षात रूप बन जाती है, जिसका एक सिरा उसका बेटा चन्दन है और दूसरा स्कूल में आया नए विचारों का मास्टर श्रीधर। कथाकार पुरुष-प्रभुत्ववाद का विरोध करते हुए भी 'परिवार' के विरुद्ध नहीं है। सारंग

से उसके श्वसुर बाबा गजाधर सिंह कहते हैं, 'मास्टर से तू प्रेम के कारण बँधी है तो रंजीत से मोह के कारण।' सारंग अपने पति से विद्रोह करती है और करवा चौथ का व्रत भी करती है। सारंग की इस मनोदशा को समझना थोड़ा मुश्किल होगा, यदि उसे उस लोकजीवन से काटकर देखा जाएगा, जिसमें स्त्री-प्रताड़ना के किस्सों के साथ ऐसे विश्वास भी गुनगुनाते रहते हैं, जहाँ से रोशनी आती है।

हिन्दी में अभी ऐसी कथा लेखिकाएँ नहीं आई हैं, जो अच्छी-खासी गृहस्थीवाली न हों या परिवार को स्त्री-मुक्ति में एकदम बाधक मानती हो। यह 'भारतीय स्थितियाँ' कहकर छूट लेने का मामला नहीं है, 'परिवार' संस्था की आज भी बनी प्रासंगिकता को समझने का है। अधिकांश कथा लेखिकाएँ अपने को स्त्रीवादी कहा जाना पसन्द नहीं करतीं। फिर क्या हिन्दी का स्त्री विमर्श पितृसत्ता में थोड़े स्पेस भर के लिए है? यह सवाल भी उठता है, क्या सिर्फ देह की स्वतन्त्रता द्वारा पितृसत्ता को सचमुच कोई बड़ी चुनौती दी जा सकती है? 'दस द्वारे का पींजरा' का यह प्रश्न अपनी सीमा बताता नजर आता है-'स्त्री कब पूर्ण व्यक्ति की तरह नि:शंक रह सकेगी?' स्त्री की मुक्ति कुछ मामलों में पुरुष को साथ लेकर है और कुछ मामलों में उससे लड़कर है। स्त्री की लड़ाई सरल नहीं है, यह बेहद जटिल है। फिर भी हिन्दी के स्त्री लेखन का यह योगदान माना जाएगा कि इसने स्त्री में व्यक्ति होने की इच्छा जगाई।

'चाक' में स्त्री-पुरुष उलझ जाता है, जब सारंग परिवार और 'दूसरे' से यौन-सम्बन्ध-दो नावों पर एक साथ पैर रखना चाहती है। यह निश्चय ही स्पष्ट हो चुका है कि स्त्रीवाद स्त्री-चेतना का एक छोटा-सा स्टेशन है, यह मंजिल नहीं है।

स्त्री औपन्यासिक विमर्श में पुरुष की सामन्ती मानसिकता से टकरा रही है, क्या वह उपभोक्तावाद की निर्बुद्धिपरकताओं और सामन्ती-धार्मिक निर्बुद्धिपरकताओं से भी जूझ पा रही है? हम जानते हैं, कई बार बाजार-मर्दवाद ही स्त्रीवाद के छद्मवेश में आता है। 'चाक' में सारंग में एक मातृछवि है, चन्दन की माँ की छवि। स्त्रीवाद आमतौर पर स्त्री की मातृछवि के राष्ट्रवादी मूल्यवर्धन की आलोचना करता है। वह स्त्री के गर्भधारण को ही स्त्री की गुलामी की मुख्य वजह मानता है। सारंग चन्दन की पढ़ाई-लिखाई, गाँव की हिंसा से दूर रखकर उसकी बेहतर परवरिश के प्रति बेहद चिन्तित है। उसका मातृरूप रह-रकर उफनता है। वह श्रम और प्रेम की प्रतिमूर्ति है। मैत्रेयी पुष्पा शहर में रहने के बावजूद यदि बार-बार गाँवों से कथा-सामग्री लेती हैं, उनका मकसद क्रूर सामन्ती मानसिकता से सीधी टक्कर में आना ही नहीं है, लोक जीवन में छिपी सम्भावनाओं, स्त्री की बुनियादी अन्त:शक्तियों को पहचानना भी है।

स्त्री की दृष्टि से देखने पर कोई भी गाँव वही नहीं होता, जो प्रेमचन्द और रेणु का था। 'चाक' का अतरपुर एक अनदेखा स्त्री-परिवेश लेकर आता है, जो खुद पूरे गाँव से बड़ा हो जाता है। इसके साथ खनखनाती-झनझनाती स्त्री-रतियाँ, गालियाँ, स्त्री का हँसना-रोना, स्थानीय निर्बुद्धिपरकताएँ, स्थानीय ध्वनियों के साथ अनगिनत

अनोखे शब्द, स्त्रियों की छिपी बातचीत, स्त्री के लटके-झटके के साथ कई अन्य छिपे दुख-दर्द सामने आते हैं-कहना चाहिए, जो स्त्री ही उजागर कर सकती है।

'चाक' में शहरी बौद्धिकता से दूर जाटों का सामुदायिक दबंगपन है, गाँव की नंगी क्रूरता है। इसके समानान्तर हैं पर्व-उत्सव, कुश्ती की ललकार, किस्से-कहानियाँ, स्त्रियों की साँसों से बँधे लोकगीतों का सिलसिला। इस उपन्यास की एक बड़ी खासियत इसमें स्थानीय मुहावरों का बेधड़क इस्तेमाल है। इसकी भाषा जितनी अलंकृत है-चमत्कृत करनेवाली अर्थछवियों से भरी, उतनी ही चुभनेवाली भी है। खासकर स्त्रियों की अन्तरंग बातचीत में खुलापन है, समृद्ध बिम्ब हैं। एक समुदाय-आधारित उपन्यास में लोकजीवन की ठसक से भरी, जमीन की भाषा होती है, जो 'चाक' में है। इस उपन्यास का अच्छा-अनुवाद बड़ी मुश्किल से होगा। सवाल उठ सकता है, वैश्वीकरण के जमाने में इतनी स्थानीय विशिष्टता का क्या अर्थ है?

यह सम्भव नहीं था कि स्थानीय निर्बुद्धिपरकताओं के बिना 'चाक' के स्त्री-परिवेश में इतनी सजावट आ सके। क्या स्त्री तना इरैशनल होते हुए कभी सामन्ती क्रूरता का मुकाबला कर सकती है, वह भी एक बन्द जाट समुदाय में? क्या सारंग का संघर्ष स्त्री का यथार्थ संघर्ष न होकर, स्त्री-उत्पीड़न की स्मृति और कल्पना पर आधारित एक 'निर्मित अनुभव' है?

'चाक' डेढ़ दशक पुराना उपन्यास है। मधु कांकरिया के इधर आए एक उपन्यास 'सेज पर संस्कृति' में हम धार्मिक रूढ़ियों की बुद्धिपरक दृष्टि से आलोचना पाते हैं। पंडिता रमाबाई ने सुधारवादी आन्दोलन के दौर में रूढ़ स्त्री-मर्यादा का उल्लंघन करके अपने पिता की अर्थी को कंधा दिया था। स्त्री-चेतना का एक अर्थ हर तरह की निर्बुद्धिपरकता से लड़ना है। स्त्री कई पुरानी और आधुनिक रूढ़ियों से जकड़ी है, जिन्हें तोड़े बिना वह स्वतन्त्रता के रास्ते पर आगे नहीं बढ़ सकती। यह 'मर्द' कौन है? यह सदियों पुरानी और अधुनातन रूढ़ियों का ही पूँजीभूत रूप है।

राजाओं और रईसों के पैलेस जिस तरह आधुनिक होटलों में बदल गए, उसी तरह पुरानी धार्मिक और पुराजातीय रीतियाँ भी अब नई सजधज के साथ प्रदर्शन की वस्तुएँ बनती जा रही हैं। पुराजातीय समाज कथा के ही विषय नहीं हैं। आज पुराजातीयता की छाप भवन, फर्नीचर और फैशन पर है। हम सोच नहीं सकते कि हमारे अतीत और लोक जीवन पर कितना निर्मम हमला हुआ है। हमला वहाँ हुआ है, जहाँ निश्छलता, ईमानदारी और मेहनत की भावना सबसे अधिक है, भले वहाँ बुद्धिवाद न हो। बुद्धिवाद जिस तरह आज चालाकी में बदल गया है, एक निर्बुद्धिपरक सद्हृदय ज्यादा आलोकवान दिख सकता है। आज पुराजातीयता और स्थानीयता जहाँ आधुनिक लोगों की दृष्टि में निर्बुद्धिपरकताएँ बड़े पैमाने पर हैं, अंतर्राष्ट्रीय स्तर पर कथाकारों को आकर्षित कर रही हैं। यदि स्त्री उपन्यासकारों की कथाओं में ये चीजें हैं, मानवता की कुछ श्रेष्ठ जगहों और विविधता को बचाने के उद्देश्य से हैं।

हमारी नई बुद्धिवादी सभ्यता 'अपने को जानो' से 'अपना होना सीखो' के मुकाम पर पहुँची है। ऐसी सभ्यता में स्त्रियाँ अपनी पहचान, स्वतन्त्रता और अधिकारों के बारे में सोचने लगी हैं। वे अपने भीतर व्यक्ति सत्ता का अनुभव कर रही हैं, उन्हें कदम-कदम पर पुरुष-वर्चस्व से टकराना पड़ रहा है। यह सम्भव है कि वे सोचें कि उन्हें कई अन्य वर्चस्वों से भी टकराना है, वे अपनी लड़ाई व्यापक करें। हो सकता है कि उन्हें 'राष्ट्र' को पुनर्परिभाषित करना जरूरी लगे। वे इसके पति भी सचेत हों कि वे किसी भी युग से अधिक 'वस्तु' के रूप में देखी जा रही हैं। पति ही एक दमनकारी सत्ता नहीं है, वह वस्तुतः कई तरफ से छली जा रही है। पति ही नहीं, नया पूँजीवादी बाजार भी उसके 'व्यक्ति' होने में बाधक है, भले उसे अनन्त स्वाधीनता का आभास दे। बाजार के मर्दवाद से स्त्री की लड़ाई कहाँ से शुरू होगी?

पाटों के बीच पिसता झाँकती जिन्दगी के रूप

कमला प्रसाद

मैत्रेयी पुष्पा के नए उपन्यस चाक की कथा एक गाँव अतरपुर के आसपास की है। इसमें अलीगढ़ के समीपवर्ती भूगोल की परतें मूर्त हुई हैं। यह उपन्यास महागाथा का रूप ले सकता है। पहले पृष्ठ की कुछ पंक्तियाँ हैं, रस्सी के फंदे पर झूलती रुक्मणी, कुएँ में कूदनेवाली रामदेह, करबन नदी में समाधिस्थ नारायणी, ये बेबस औरतें सीता मइया की तरह भूमि प्रवेश कर अपने शील, सौन्दर्य की खातिर कुरबान हो गईं। ये ही नहीं, और न जानें कितनी... इन सूचनात्मक पंक्तियों से कथा की दिशा खुल जाती है। औरतों के अतीत और वर्तमान के जुल्म कथा पाठ को व्यापक बना देते हैं। रचना के विकास क्रम में रेशमा, गुलकन्दी की हत्याएँ और जुड़ जाती है। हत्या या आत्महत्या के प्रचारित कारण ये थे कि ये चरित्रहीन हैं। इन्होंने कुल को कलंकित किया है। साफ दिखता है कि जो मर्द औरतों का शील भंग करते हैं, वे ही उन्हें चरित्रहीन कहते हैं और घात लगाकर हत्या करते हैं। मामला-मुकदमा चलता नहीं, चला तो उनके ही पक्ष में जाता है। औरतें अन्दर घुटती हैं। देवी-देवताओं के सामने गुहार लगाती हैं, गीतों-लोकगीतों में अपनी व्यथाओं को उड़ेल देती हैं।

जड़ समाज में संवेदनाओं का सच परोक्ष मार्ग से व्यक्त होता है। वह अपना मार्ग कहीं-न-कहीं खोज लेता है। किस्से-कहानियों की राहें पकड़ते हैं। सामन्ती ढाँचे में पले किसानी समाज की जिन्दगी का यही रूप है।

उपन्यास का ताना-बाना अतरपुर के बहाने तथाकथित नायकों और असरदार लोगों की सख्त निगरानी के बावजूद औरतों की जिन्दगी की भीतरी परतों को उघाड़ता है। उघाड़ता ही नहीं, सचेतन व्यवहार के परिणामों की झलक देता है। कहने को तो इसमें औरतों की दारुण कथा है, पर वह निरपेक्ष नहीं है। समाज के दूसरे उपकरणों के बीच औरत के निजी संघर्ष और इस प्रजाति की छवियाँ रची गई हैं। पर्दा उठा नहीं कि औरतों की देह, वेशभूषा, आकांक्षाएँ-अपेक्षाएँ झाँकने लगती हैं।

अतरपुर की आबादी एक हजार है। गाँवों की संयुक्त व्यवस्था के अनुरूप यहाँ जाट, ब्राह्मण, बनिया, तेली, गड़रिया, चमार, खटीक, नाई, कुम्हार और मुसलमान साथ-

साथ रहते हैं। गमी–खुशी, रीति–रिवाज और प्रपंच में साझापन है। औरतों के जीवन को एक ही संहिता से चलाया जाता है। इसीलिए रेशमा और गुलकन्दी की हत्या के पीछे की मनोदशा एक जैसी है। अलग–अलग जातीय परिवारों से आईं कलावती चाची, लौंगसिरी बीबी, सारंग, बूढ़ी खेरापतिन, गुलकन्दी की कहानियों में समानताएँ हैं। औरतों की आपसी गुफ्तगू में पुरुष के दंभ और कदाचार की परतें उघड़ जाती हैं। चाक का वृत्त दर्शाता है कि सब ''चलते चाक पर बैठे हैं।''

अतरपुर गाँव हमारी व्यवस्था का ताजा उदाहरण है। चाक को ढूँढ़कर कार्टून बने तो एक ऐसा आदमी खड़ा होगा जिसका आकार लम्बा, काया दुबली और पैर बड़ा होगा।

पेट जो कितना और कुछ भी खा सके। राम की शक्ति पूजा में महानिलय का जिक्र है, जिसमें अस्त्र–शस्त्र बुझ–बुझकर क्षीण हो जाते हैं। सब कुछ को निगलने और क्षीण करनेवाला निलय। सामाजिक विकास के तमाम मोड़ों में सबसे टिकाऊ रहा है, सामन्तवाद। उसके द्वारा बने नियम–कायदे और उसका सांस्कृतिक ढाँचा बहुत मजबूत रहा है। मध्ययुग के स्थापत्य और संगीत को तोड़ने की हिम्मत कम लोगों को हुई है। नए उपभोक्तावादी समाज और सामन्ती पतनशील अवशेषों का मेल–जोल आज दुनिया को पण्य में बदल रहा है। बड़े–बड़े सूरमा इससे नहीं बच पाते। शोषण का नया मॉडल जनतन्त्र का मजाक उड़ाता सा नजर आता है। 'चाक' में गाँव का ढलता हुआ नया रूप विडम्बना को आकृतिबद्ध करता है। जनतन्त्र आ गया है गाँव में, ग्राम पंचायतें बनीं, चुनाव होने लगे, पाठशाला खुल गई, प्राथमिक चिकित्सा केन्द्र खुले, ग्राम सेवक–मिडवाइफें नियुक्त हुईं। विकास खंडों के जरिए उन्नत बीज और खाद की व्यवस्था की गई। सड़कों से शहर जुड़ गए। आरक्षण के लाभ मिलने लगे। पढ़े–लिखे लोगों का गाँव में निवास होने लगा। इन सबसे तरक्की किनकी शुरू हुई? नौकरशाही किनके पक्ष में खड़ी हुई? सरकारी पैसा कहाँ गया? अतरपुर के असरदार लोग हैं, फत्ते सिंह प्रधान, भवानीदास–साहूकार, साधजी का परिवार और फौज से लौटकर आए–गजाधर सिंह। इन्हीं के बीच घूमता रहा गाँव का आईना। आरक्षण से एक युवक कलेक्टर हो गया। उसके परिवार की हैसियत बढ़ी। कलेक्टर का भाई कुँवरपाल असरदार जाटों के साथ मिलकर दाव–पेंच करने लगा। गजाधर सिंह का बेटा रंजीत पढ़–लिखकर गाँव आया। पहले तो नौकरी की कोशिश की, नहीं जमी तो गाँव के उत्थान का सपना बुनने लगा। अन्ततः उन्हीं असरदार लोगों के प्रपंच का हिस्सा हो गया रंजीत। औरतों को इस तंत्र में आजादी नहीं है। वे अभी भी चरणदासी हैं और पुरुष के देह सुख की सामग्री। गन्ने की तरह रस चूसा और फेंक दिया। रुक्मणी, रामदेई, नारायण, रेशमा और गुलकन्दी की हत्याएँ और मिडवाइफ के साथ बड़े अधिकारी द्वारा बलात्कार जैसी त्रासदी चाक में पूरी परिस्थितियों के साथ बुनी है।

सारंग एक औरत है जो अपने स्वभाव और चरित्र को नया आयाम देती है। वह

टकराती है और हस्तक्षेप करती है। वह पत्नी है, माँ है, बहू है, इन रिश्तों से भागती नहीं। कोई समाजशास्त्री उपकरणों को तोड़ता नहीं, उनकी राह बढ़ता है। नए ढाँचे में उन्हीं का इस्तेमाल करता है। 'चाक' इसलिए अराजक समाज का नहीं, परिवर्तनशील समाज की खोज करता है। 'सारंग' इस प्रक्रिया में ढलती दर्द एक जिन्दगी का साक्ष्य बनती है। उपन्यास स्थितियों के घात-प्रतिघात से आगे बढ़ता है। सारंग की बहन रेशमा का फौजी पति करमवीर मर गया। वह विधवा हो गई। प्रचलित ढाँचे में विधवा केवल विधवा होती है, औरत नहीं। रेशमा ने औरत होने का अनुभव नहीं छोड़ा। वह गर्भवती बुरी और जिन लोगों ने गर्भवती किया, उन्हीं ने कुल की मर्यादा का प्रश्न उठाकर हत्या कर दी। असरदारों की जकड़बंदी ने सबके मुँह बंद कर दिए। सारंग और रंजीत ने रेशमा की हत्या का बदला देते हैं। तोता बहू ने गवाही दी। रंजीत के भाई दलबीर के दबदबे का उपयोग हुआ। साधजी के पहलवान बेटे डोरिया को गिरफ्तार किया गया। रंजीत-सारंग का हौसला बढ़ा। फर्जी गवाही से डोरिया छूट गया। रंजीत की निराशा और हताशा शुरू हो गई। सारंग का संघर्ष अकेला हो गया। उसे संघर्ष के कई रास्ते खुले। पति से, कुल मर्यादा से, गाँव के असरदारों से और सरकार से। जटिलताओं में उलझती गई और निखरती गई। प्रवाह की ऊपरी और भीतरी परतें खुलती जाती हैं। सारंग स्थितियों में शिक्षित होती है। तनाव झेलती है और आगे बढ़ती है। स्थितियाँ लेखिका नहीं बनाती, केवल संश्लेष करती हैं। गाँव का ही नहीं, जनतन्त्र का पर्यावरण बनता है। घटनाओं के निहितार्थों पर भी कैमरा रुकता है। जैसे बीज बोये जाते हैं, उसी तरह की रासायनिक क्रिया होती है। उपन्यास रासायनिक क्रिया की गोपनीयता खोलता है। भला बबूल के बीज से आम का फल कहाँ से आएगा।

सारंग डोरिया और उसके असरदार परिवार को नीचा दिखाने की कोशिश करती है। उनके अहंकार को ठोकर मरना चाहती है। अलग से नहीं, जो घटनाएँ होती हैं, उन्हीं के भीतर वह शामिल होती है। मसलन डोरिया की इज्जत पहलवानी की है। इलाके में उसका प्रभाव है। कोई सामना नहीं करता। सारंग घोषित दंगल के दिन बाहर के दूसरे पहलवान कैलासी सिंह को बुलवा लेती है। ज्ञात हुआ कि उसकी मर्दानगी दब गई है तो उसने कलावती चाची को रात की सेवा में लगा दिया। कैलासी तरोताजा हो गया और अखाड़े में डोरिया को पछाड़ दिया। सारंग की इच्छा के विपरीत रंजीत ने बेटे को पढ़ाई के लिए भाई दलबीर के पास आगरा भेज दिया। सारंग ने गाँव के नए मास्टर श्रीधर से मेल-जोल बढ़ाया और अपने ही सूत्रों से पति की इजाजत के बिना बेटे को बुलाकर दाखिला करा दिया। बहिन की बेटी गुलकन्दी को उसके प्रेमी विसुनदेवा के साथ भाग जाने में मदद की। अन्ततः ग्राम पंचायत का चुनाव आया तो श्रीधर की सलाह से प्रधान के पद के लिए उम्मीदवार हो गई। श्रीधर कुम्हार जाति का था, पर सारंग ने उसके पैर छू लिए। मास्टर ने गाँव की विसंगतियों में समझने और असरदारों के जाल को तोड़ने में दिलचस्पी ली। उसने चाहा कि पहले जो पीड़ित हैं, उनमें सजगता तो

आए। स्कूल में उसने बच्चों को लेकर 'एकलव्य' नाटक का अभिनय कराया। पात्रों के संवाद ऐसे बुने जो कुव्यवस्था पर प्रहार करें। तिलमिलाहट शुरू हुई। गाँव में उसके बढ़ते प्रभाव से असरदारों के कान खड़े हुए। छिपकर उसे पीटा गया। सारंग के अलावा कुछ अन्य महिलाओं ने उससे हमदर्दी दिखाई। उसकी ताकत और मजबूत हुई। इस प्रक्रिया में सारंग और रंजीत के सम्बन्धों में खिंचाव आता गया। रंजीत के पिता गजाधर सिंह सारंग को सहयोग देते और रंजीत का पुरुष अहंकार उबलता। वह असरदारों के पक्ष में हो गया था। सारंग पत्नी के साथ औरत प्रजाति होती जाती है। वह तमाम औरतों की जिन्दगी देखती है, उनके निजी इतिहास झाँकती है। उसे अपनी विमाता तथा गुरुकुल जिन्दगी का भीतरी लोक याद आता है। गुरुकुल में सारंग कुछ दिन रही थी। देखा गया कि वहाँ ऊपरी कलेवर कुछ है और भीतर लड़कियों के साथ आचार्य बलात्कार करते हैं, लड़कियाँ आत्महत्या करती हैं और प्रचार कुछ और होता है। अनुभव का विस्तार सारंग का आत्म विस्तार करता है। वह प्रश्नों से घिरती है और सचेत होती है। श्रीधर उसकी चेतना के विस्तार में सहयोगी होते हैं। वे उसे जगाते हैं। उसके व्यक्तित्व के सामने श्रीधर विकल्प की तरह प्रतिबिम्बित होते हैं। कर्त्तव्यपरायण, अन्याय के खिलाफ स्त्री-पुरुष की समानता के पक्षधर और शोषण के खिलाफ कठोर और मृदुल स्वभाव का मनुष्य।

कथा का दूसरा छोर प्रधान और असरदार लोगों के पास है। रंजीत का व्यक्तित्व महत्त्वाकांक्षा और प्रपंच के बीच तिरोहित होता है। कुँवर पाल उसी प्रपंच में शामिल हो जाता है, अपने वर्ग से कट जाता है। उपन्यास का आखिरी हिस्सा चुनावी तिलिस्म को प्रस्तुत करता है। पैसे की ताकत से खरीदी गौरवशाही, फर्जी वोट तथा बूथ पर कब्जा करने की योजना, जातियों के वोट कराने तथा काटने के प्रपंच, रात्रिभोज और शराब के प्रबंध, पक्ष-विपक्ष के प्रचार अभियान। गाँव का वातावरण गहमा-गहमी में रहस्यमय हो जाता है। न जाने ऊँट किस करवट बैठेगा। उपन्यास चुनाव के नतीजे नहीं लाता। विजय और पराजय की सूचना नहीं देता। औरत की सापेक्ष आजादी को जनतन्त्र का हिस्सा बना देना इस महागाथा के गर्भ में है। व्यवस्था का गर्भाशय अफवाहों, लोकोक्तियों, रीति-रिवाजों, लुके-छिपे घातों से बना है। लोकगाथाओं और लोकगीतों जहाँ करुणा, दया, ममता, साहस और वीरता का भाव है, औरतों के ऊपर जुल्म हैं, औरतों की प्रेम दीवानगी और जाति के खिलाफ विद्रोह है-वहाँ गाँव के लोग आत्म साक्षात्कार करते हैं, औरतें घूँघटों के भीतर आँसू बहाने लगती हैं। उपन्यास में इस तरह की पंक्तियाँ मिलती हैं, सारंग अपने कलेजे में गीत लिख रही है, कथा की मंझा का रूप ले रही है। रामचरित्र मानस की चौपाइयाँ अर्थायी जाती हैं। तो सीता-हरण और निर्वासन के प्रसंग की तरह आत्म पीड़ा का विवेचन करते हैं। खेरापतिन कहती है, अपनी अनेक लोककथाओं, गीतकथाओं की मार्फत उसी करुणा को खोलती हैं बार-बार। उपन्यास की भाषा में वातावरण की फोटोग्राफी झलकने लगती है। गली, चौराहे,

और पनघट उतर आते हैं। संकेतों से स्मृतियाँ उठती हैं। बहुत सा अव्यक्त व्यक्त हो जाता है। लेखिका ने सपाट भाषा में पुराने का तिरस्कार और नए का स्वागत नहीं किया है। बूढ़े गजाधर सिंह युवक रंजीत से अधिक समझदार और प्रगतिशील हैं। पीढ़ी संघर्ष का संदेश नहीं आता यहाँ। हिन्दू–मुसलमान वर्षों से साथ हैं नागरिक की तरह। जनतन्त्र की चुनावी छाया में वोट की राजनीति आई और कैसी भाषा चल पड़ी।" यह नहीं देखते कि पीढ़ी–दर–पढ़ी निकलती चली जा रही है और तुम्हारी दर कुत्तों से भी बदतर होती जा रही है। नमाज पढ़ने की जगह तक नहीं जुटी। यहाँ मन्दिर दो–दो हैं मस्जिद एक भी नहीं। शिवजी और दुर्गा मइया रहेंगी, खुदा नहीं। मैं कहता हूँ, क्यों नहीं। गौर करें, अंग्रेज यही कहते थे–स्वतन्त्रता संग्राम के दौरान।

उपन्यास में विवाहेतर यौन सम्बन्धों के प्रसंग हैं। इसका एक रूप है, जहाँ स्त्री परवश है। देह पर उसका अधिकार नहीं है। विधवा हो गई तो घर में दूसरे ने बैठा लिया। बलात्कार किया और हत्या कर दी। बूढ़े से विवाह, नपुंसक से विवाह और तरह–तरह के प्रसंग। अविवाहितों के साथ कुकर्म। उपन्यास में भीतरी सूत्र इस तरह से त्रस्त स्त्रियों की मनोव्यथाओं की कहानी प्रकट करते हैं। इसका दूसरा रूप कलावती चाची और सारंग के द्वारा अभिव्यक्त हुआ है। कलावती ने कैलासी सिंह के साथ सम्बन्धों के बारे में कहा, "वे पुरिख और मैं लुगाई।" सारंग और श्रीधर का चित्र, श्रीधर को रस–कलश पिलाकर रिता डाला। इस तरह की बातें क्यों आई उपन्यास में। प्रश्न क्या है, "मर्द औरत को छूता है और उसका उद्धार कर देता है, मगर औरत मर्द को छुए तो उसे पाताल में डुबो दे।" फिर तथा, जिस मर्द के साथ तेरे पिता ने विदा कर दिया, उस मालिक से वापिस माँग ले अपनी देह। जीती–जागती पाँच इन्द्रियों के संग तो जानवर ही बेचे जाते हैं।

उपन्यास में स्त्री जो प्रश्न करती है, अपनी देह को लेकर तथा सामाजिक अधिकारों को लेकर, उनका समाधान उसकी मुक्ति में है। सामाजिक मुक्ति के प्रश्नों से अलग न प्रेम सम्बन्धों का सूत्र है और न देहमुक्ति। देह की आजादी अकेले रूप में फूहड़ है। उसकी परिणति दूसरी तरह के व्यापार में होती है। चाक पूरे मानव व्यवहार की संगति से इन प्रश्नों को जोड़ता है। सामाजिक इकाइयों से ये सम्बन्ध बाहर नहीं जाते। यहाँ सामाजिक व्यवहार की नवीन उद्‌भावना झाँकती है। देह, यौन, वैधव्य के प्रश्न जीवन क्रम में आते हैं और सुलझते हैं। यहाँ संक्रमण की पीड़ा और नए सवालों का स्वाभाविक उत्तर खोजने की कोशिश दिखती है। नए ढल रहे आदमी की झिलमिलाती तस्वीर है यह। मनोरोगों का विवेचन। विसंगतियों, विडम्बनाओं के पुंज बिना किसी व्यवस्थित और सुनियोजित प्रयत्न के काल की गति में घिसते और रिसते हैं। स्थितियाँ चरित्र-चित्रण नहीं करतीं, अच्छा–बुरा आदमी ढालती हैं। उपन्यास आदर्शों को कई तरह से टटोलता है, पर उसमें स्वतः स्फूर्त कौंध के अलावा कुछ नजर नहीं आता। धुआँ–धुआँ ही फैला है। यथार्थ की परतें हैं। अनकही बातें हैं और सन्नाटे भी। संदेश कहानी के

विकास से जितना निकल सके, उतना ही दर्शाया गया है। मुक्ति का आवेग आरम्भ से अन्त तक है। पूरी भाषा आवेग की लहरों से गुँथी है। प्रतिरोध और प्रतिशोध का भावबोध क्षणिक न होकर प्रवाही रूप ग्रहण करता है।

चाक उपन्यास की सीमाएँ जो भी हैं, वे लेखिका के प्रारूप में नहीं आई हैं। जैसे औरत के आर्थिक प्रश्नों की ओर ध्यान नहीं दिया गया है। कैमरा उधर झुका ही नहीं है। स्वयं इस प्रश्न को नहीं छूती। आर्थिक प्रश्नों का घेरा स्त्रियों की गुलामी को और ठोस बनाता आया है। स्त्रियाँ जब मुक्त होना चाहती हैं, तब भी उन्हें पुरुष पर आर्थिक निर्भरता अबला बनाती है। यह सही है कि हिन्दुस्तान जैसे देश में सामाजिक स्थान्तरण के लिए यहाँ प्रत्यक्ष रूप से जाति, कुल–गोत्र की शिलाएँ टकराती हैं। व्यक्तित्व की तुलना में जातितन्त्र की जकड़बन्दी दिखती है, पर आर्थिक पराधीनता के मसाले के बिना जातीयता की हदें जुड़ती नहीं हैं। संभव है कि लेखिका को स्थितियों में गर्भाशय के पहले जो उदाहरण है, उसे दूरबीन से देखने की आवश्यकता न प्रतीत हो। लुकाच ने भी साहित्य के समाजशास्त्र के प्रसंग में कहा था कि एक बार में एक परदा खुलता है। चाक में अभी केवल औरतों की पुरुष कृत गुलामी को यहाँ बेपर्द किया है। अकेले इसी की चपेट काफी गहरी और दारुण है। इस दृष्टि से तथा कई कोणों से चाक की रचना हिन्दी भाषा की उपलब्धि है। अंचल विशेष में बोली जाती हिन्दी और अंचल विशेष के लहजे की सूक्ष्म जीवित पकड़ होने से उपन्यास आर्थिक एवं विश्वसनीय बन सका है। अनुभव, स्मृति और रचनात्मक क्षमता के कारण मैत्रेयी पुष्पा 'इदन्नमम्' के बाद चाक में अधिक तेज के साथ सामने आई हैं।

'चाक' : स्त्री-विमर्श के बाहर और परे

मधुरेश

मैत्रेयी पुष्पा ने 'बेतवा बहती रही' ('94) में, बुन्देलखंड की पृष्ठभूमि में, बेतवा के कछारी क्षेत्र में, साधारण-स्त्री-उत्पीड़न एवं यातना के सन्दर्भों के उद्‌घाटन से अपनी उपन्यास-यात्रा शुरू की। गहरे अवसाद के साथ वे अनुभव करती हैं कि सहना और जूझना ही भारतीय समाज में स्त्री की नियति है। उर्वशी और मीरा से चलकर 'इदन्नमम्' ('94) की मंदा तक वे अपनी धरती और मिट्टी से जुड़ी युवतियों को अंकित करती हैं। इसके बाद 'चाक' ('97) और अभी पिछले दिनों प्रकाशित 'झूलानट' ('99) में स्त्री-विमर्श को अपनी मिट्टी और परिवेश से जोड़ने के कारण ही मैत्रेयी पुष्पा ने आश्चर्यजनक रचनात्मक त्वरा के साथ हिन्दी उपन्यास में अपनी जगह बनाई है। उनके यहाँ यातना में तप और पककर वयस्क हुई स्त्रियों की उपस्थिति स्त्री-विमर्श को सार्थक दिशा देती है। लेकिन स्त्री की मुक्ति को सामाजिक मुक्ति के व्यापक संघर्ष से जोड़कर देखने के कारण ही वे अपनी समकालीन अनेक लेखिकाओं से अलग हैं।

मैत्रेयी पुष्पा का 'चाक' ब्रज-क्षेत्र में अलीगढ़ की तहसील इगरास के एक गाँव अतरपुर को केन्द्र में रखकर विकसित होता है। बुन्देलखंड और ब्रज का निकटवर्ती क्षेत्र मैत्रेयी पुष्पा की मुख्य कथाभूमि है, लेकिन क्षेत्र का यह सीमांकन उन्हें आंचलिकता के आग्रह से मुक्त रखता है। एक हजार की आबादी वाला यह गाँव अपनी प्रकृति में लगभग एक वैसा ही गाँव है, देश के स्वाधीन दौर से जैसे गाँव तेजी से बने विकसित हुए हैं। इस गाँव-अतरपुर में ब्राह्मण, बनिया और जाट जैसी प्रमुख जातियों के अतिरिक्त तेली, गडरिया, कुम्हार, खटीक, चमार, नाई और सक्का मुसलमान जैसी अनेक छोटी जातियाँ भी हैं। फिर भी कुल मिलाकर यह जाटों के वर्चस्व वाला गाँव है। नौवें दशक की विकास-योजनाओं ने गाँव को काफी बदला है। इस विकास ने उसे एक खास पहचान दी है। चकरोड द्वारा गाँव को सड़क से जोड़ दिया गया है। ट्यूबवेल के बहाने गाँव में बिजली भी पहुँची है जिसके कारण कुछ घरों में रेडियो की आवाज गूँजने लगी है। अब टी.वी. आने की चर्चा भी है। गाँव में एक प्राइमरी स्कूल भी है,भले ही बच्चों की पढ़ाई से अधिक वह प्रधान और उसके हाली-मवालियों की राजनीति का अड्डा हो।

इसी परिवेश में सारंग की फुफेरी बहन रेशम की मौत की नाटकीय सूचना से उपन्यास शुरू होता है। रेशम की मौत सामान्य कहकर प्रचारित किए जाने पर भी सामान्य नहीं है। उसके ऊपर भिटौरा गिराकर उसके जेठ डोरिया ने उसकी हत्या की है जिसमें उसके पूरे परिवार की सहमति रही है–सहयोग भी। रेशम का पति साधजी का छोटा बेटा करमवीर फौज में हलवदार था। पत्नी के रूप पर रीझकर वह फौज की नौकरी छोड़ने की बात करता था। छुट्टियों में घर आने पर रेशम को लेकर वह कोठे में पड़ा रहता था। लेकिन जहरीली शराब पीने से उसकी मौत हो जाती है। परिवार के सारे लोग चाहते हैं कि रेशम को उसके जेठ डोरिया के साथ बिठा दिया जाए। लेकिन रेशम इसके लिए तैयार नहीं थी। विस्फोट तब होता है जब वह अपने प्रेमी का अंश अपने पेट में होने की घोषणा करती है और अपने साहसिक निर्णय से पूरे घर–परिवार से आग लगा देती है। उसकी हत्या उसके सहस की अनिवार्य परिणति बनकर आती है।

उपन्यास में यह कथा मूलरूप से दो परिवारों को केन्द्र में रखते हुए भी पूरे गाँव की संघर्ष–कथा के रूप में विकसित होती है। सारंग इस हत्या को गम्भीरता से लेती है और चाहती है कि अपराधियों को सजा मिले। उसका पति रंजीत एग्रीकल्चर में एम.एस–सी. है, लेकिन छोटी–मोटी नौकरी न करके अपनी खेती देखता है। उसका बड़ा भाई दलवीर पुलिस में दीवान है। उनका बाप गजाधर सिंह ब्रिटिश सेना में हवलदार था और घर–गाँव में आज भी उसकी सुनी जाती है। बहू सारंग की बात उसे न्यायसंगत लगती है। वह भी बूढ़े सेनापति के लहजे में रंजीत को ललकारता है और रेशम के ससुरालियों पर मुकदमा ठोंक दिया जाता है। अब आमने–सामने की लड़ाई है जिसमें डोरिया और थानसिंह अपनी गुंडे से भारी पड़ते हैं। बाद में स्कूल में आया मास्टर श्रीधर, जो अपनी जाति कुम्हार को छिपाने के बजाय अपने नाम के साथ जोड़कर श्रीधर प्रजाति के रूप में संघर्ष को एक नया आयाम देता है।

छोटे–बड़े अनेक पात्रों के सहारे मैत्रेयी पुष्पा जो गाँव उपन्यास में प्रस्तुत करती हैं वह अपनी उपस्थिति में पूरी तरह से एक विश्वनीय गाँव है। यहाँ भी लट्ठ के बल पर भैंस हँकती है। नम्बरदार भीगी बिल्ली है। प्रधान भवानीदास साधजी के बेटों की तामील में रहता है, बहुत–कुछ साँड के आगे बछिया की लाचारी वाले भाव से। गाँव में स्थितियाँ जो रूप लेती हैं उन्हें देखकर रंजीत को भी लगता है कि रेशम को न्याय दिलाने की सारंग की जिद ने उसे एक ऐसे चक्रव्यूह में फँसा दिया है जिससे बाहर निकलना मुश्किल है। सारे गवाह मुकर जाने से डोरिया निचली अदालत से बरी हो जाता है। छूटने पर वह राह चलते सारंग को उसके बेटे चन्दन के गला मसकने की धमकी देता है। वह धमकी ही नहीं देता, बीच राह उसे रोककर उसका ब्लाउज भी फाड़ देता है। धूल–धंगड़, ईर्ष्या–डाह, मारा–मारी और कलह–षड्‌यन्त्र में ही जैसे पूरा गाँव सिमटकर रह गया है। लोग कहते हैं कि गाँव के उत्तर में ऊसर होने से यह बाँझ–कोखवाला गाँव है, स्त्रियों मरने का श्राप जिस पर मँडरता है। खेरापतिन चाची द्वारा

सुनाई जानेवाली चंदना की गीतिकथा और मोतिनी–नल की प्रेम–कथा में मोतिनी की तरह प्रेम में सर्वस्व–न्यौछावर करनेवाली कहानियाँ भले ही गाँव की हवा में डोलती हों, लेकिन स्त्री और उसके प्रेम की दृष्टि से यह एक बेहद क्रूर और संवेदनशील गाँव है। बाप की आज्ञा से जवान विधवा बेटी–पाँचन्ना बीवी–की छातियों की काली जगह को जलते हुए चिमटे से दागने की परम्परा जैसे गाँव में आज भी जीवित है। उसे रेशम ने झेला है, गुकन्दी ने झेला है। मनोहर की बहू, जिरौली वाली, चाँदनी रात में नंगी होकर धनकुट्टा घुमाकर छत पर नाचती है। उसके गाए गीत के बोल रात के सन्नाटे में दूर–दूर तक गूँजते हैं...'उधारौ दै दे भाएली मोए एक रात भरतार...' पति की करनी की सजा आखिर स्त्री कब तक भोगेगी? उसका पहला गर्भ काट–काटकर जबर्दस्ती इसलिए नष्ट कर दिया गया था क्योंकि उसके पति को सन्देह था कि वह उसका न होकर चरन सिंह बौहरे का है। रात के सन्नाटे में उठा यह शोर स्कूल की कोठरी में अकेले पड़े श्रीधर को बेचैन करता है। अपने औरतपन के लिए लड़ती औरत क्या सचमुच चुड़ैल है, जैसा कि उसे आमतौर पर कहा जाता है? उसका इलाज क्या ओझा और पंडित करेंगे? ढोलावाले दादू रानी मंझा की कथा सुनाते हैं। क्या सुनती हैं ये औरतें? या फिर सुनकर भी समझती नहीं? श्रीधर सोचता है, 'यही प्रताड़ना देखकर तुम्हारे बीच कोई मंझा उठेगी सारंग, जो अपनी मर्जी से अपना बच्चा पैदा करेगी। भले बालक हींसबिरे (जंगल) में जनमे। उसकी कोख का फैसला करनेवाला कोई राजा होगा न मालिक और न कोई देवता। नल की तरह जन्म लेने वाला प्यारा–सा बच्चा सिर्फ अपनी माँ को पहचानेगा, किसी राजा पिरथम को नहीं। जिरौलीवाली को दी गई यातना व्यर्थ नहीं जाएगी...तुम्हारे मन में विक्षोभ की एक चिनगारी छिटकी, यही क्या कम है? लपटें भी उठेंगी, जो छीन लेंगी अपने हक को न वीर्यवर्द्धक जड़ी–बूटी और शिलाजीत खानेवाले मर्दों से...' (पृ. 214)

सारंग ही चाक पर चढ़ा बर्तन है जो अपने प्रजाति श्रीधर के सहयोग और प्रेरणा से एक नया रूपाकार ग्रहण कर रही है। माँ के अभाव में उसका बचपन कन्या गुरुकुल की ऊँची जेल जैसी दीवारों के बीच बीता है। उस छोटी उम्र में भी उसे यह अजीब लगता था कि शारदा और शकुन्तला–जैसी लड़कियों को अकेले सजा क्यों मिलती है, जबकि न गुरुकुल के पहाड़ी नौकर का कुछ बिगड़ता है और न ही शास्त्री का। गर्भ रह जाने के बाद शकुन्तला का पिता तो सामाजिक लोकाचार के भय से उसे घर ले जाने को भी तैयार नहीं होता। गुरुकुल की सेविका बनकर जीने को वह उसे वहीं छोड़ देता है और आत्महत्या के अतिरिक्त शकुन्तला के लिए कोई दूसरा रास्ता नहीं रह जाता। आर्यसमाज के दमनकारी आत्मघाती दृष्टिकोण के विरुद्ध जीवन के स्वीकार की यह वही रचनात्मक दृष्टि है जो यशपाल और भीष्म साहनी में अपनी सम्पूर्णता में उपस्थित है। इस अनर्थकारी दमन के विरुद्ध सारंग जीवन के सहज और प्रकृत धर्म के पक्ष में खड़ी है। पुरुष के वर्चस्व और एकाधिकार में फुंकारता रंजीत भी

उसके बारे में सोचता है, 'सारंग जैसी तेज की धनी स्त्री सबको मिलती है क्या?...' (पृ. 45) खेत जाती सारंग को जब डोरिया हड़काता है तो वह उसकी जाँघों में लात मारकर उसका विरोध करती है। चन्दन के आगरा भेजने के प्रसंग में जेठ-जिठानी की हकीकत वह रंजीत से बेहतर समझती है। अपनी अन्तर्दृष्टि और त्वरित बुद्धि के कारण वह कहीं किसी भ्रम में नहीं है। डोरिया की धमकी के बावजूद वह चन्दन को आगरा भेजने के पक्ष में नहीं है लेकिन पति की जिद के आगे उसे झुकना होता है। चन्दन को भेजकर धौरी गाय के मृत बछड़े को गड्ढे में सकेलने का बिम्ब जब-तब उसके मन में उभरता है। बछड़े की बाँऽऽऽ-बाँऽऽऽ की आवाज उसे चन्दन की आवाज में बदलती सुनाई देती है। उसका रूप-रंग और कद-काठी देखकर कौन कहेगा कि वह दस वर्ष के बच्चे की माँ है? चम्पई रंग, सुन्दर मुँह, दुबली-पतली लड़कियों जैसी देह और चेहरे पर बच्चों जैसा भोलापन-वह अठारह से ज्यादा की नहीं लगती। भले ही गाँव और जाटों की रीति के निर्वाह के कारण वह घूँघट निकालती है, लेकिन उसने 'अभिज्ञानशाकुन्तलम्' और 'कुमारसम्भव' पढ़े हैं तथा 'सत्यार्थप्रकाश' रटा है। श्रीधर के आग्रह पर स्कूल में बच्चों द्वारा खेले जानेवाले नाटक के संवाद वही लिखती है।

गुरुकुल के दौर से ही, स्त्री-पुरुष के सन्दर्भ में समाज के दोहरे मानदंडों से उसे घृणा रही है। अपने मन का दुख कैलासी सिंह के आगे खोलते हुए वह कहती है, 'सोचो तो ननदोई जी, मर्द औरत को छूता है और उसका उद्धार करता है...मगर औरत मर्द को छुए तो उसे पाताल में डुबो दे। ऐसा क्यों? अजब बात गढ़ रखी है यह?...' (पृ. 100) देखते-देखते श्रीधर उसके दिलो-दिमाग पर छा गया है। उसके आस-पास होने में ही जैसे उसे सुख मिलता है। उसका बोलना, चलना, देखना इस गाँव की उदासी में जैसे खुशियों की लहरें भर देता है। उसकी उपस्थिति उसे घुटन भरे आसमान को फोड़कर ताजा हवा के झोंके-जैसी लगती है। अपने पर काबू पाने के लिए उसने कितने ही उपाय किए हैं। गाँव में जब से चक्की लगी है उसने घर पर कभी पीसा नहीं है। लेकिन अब वह ढला भरकर मक्का रखकर पीसती है-जैसे अपनी इच्छाओं को पीस डालना चाहती है। ओखली में बाजरा भरकर वह अपनी पूरी ताकत से कूटती है, जैसे अपने किए संकल्प को कूट रही हो। लेकिन फिर भी क्या वह अपनी जिन्दगी का दर्द भूल पाती है? अपनी इच्छा का सम्मान और कोख पर स्त्री का अपना अधिकार लोककथा की रानी मंझा की तरह, यही वह सत्य है जो श्रीधर ने चाक पर चढ़ाकर उसे दिया है। भोली गाय की तरह वह पति के पैने सींगों को देखती है। लेकिन यह अधिकार वह मनोहर और भूरा जैसे लोगों को नहीं देगी कि वे उसके चाल-चलन का हिसाब रखें और रंजीत उन्हीं की बुद्धि से चले। रेशम की हत्या का प्रतिवाद वह डोरिया-परिवार से रार मोल लेकर और जोखिम झेलकर करती है क्योंकि मूल रूप से न्याय और सत्य में उसकी गहरी आस्था है। खेत-पूजा के समय जब चरन सिंह बौहरे दिशा-

ज्ञान कराता अलग-अलग दिशा की विशेषता बताता है तो उम्र और यश की चिन्ता किए बिना वह सत्य वाली दक्खिन दिशा चुनती है और उसकी ओर मुँह करके बैठती है। उसे गढ़नेवाले श्रीधर को भी लगता है जैसे वह अपने जिन्दगी के रथ की खुद सारथी हो।

मैत्रेयी पुष्पा का 'चाक' स्त्री-विमर्श का उपन्यास है जो इस विमर्श की देशज प्रकृति का खुलासा करता है। वे इस विमर्श को पढ़ी-लिखी नौकरी-पेशा बुद्धिजीवी स्त्री की सीमा से बाहर निकालकर गाँव और खेत-खलिहान में काम करती स्त्री से जोड़ती हैं। गाँव में स्त्री-उत्पीड़न और हत्या का एक लम्बा इतिहास रहा है। इस इतिहास में रस्सी पर झूलती रुक्मणी भी है और कुएँ में कूदी रामदेई भी। करबन नदी में नारायणी-जैसी न जाने कतनी स्त्रियाँ समाधिस्थ हैं। वे अपने उस शील-सतीत्व के कारण कुर्बान हुई स्त्रियों में हैं जिन्हें नष्ट करनेवाले पुरुष हर सामाजिक दंड विधान और आचार-संहिता की पकड़ के ऊपर और बाहर रहे आए हैं। इसी कड़ी में अब रेशम शामिल है। वह सारंग की बुआ की उससे पाँच साल छोटी बेटी थी। मजूबत कद-काठी के चलते कसी-ठुकी देह और गुलाबी दूध-सा जगमगाता रंग...पास के जंगल में पंख फड़फड़ाती और केंकती हुई मोरनी का रोदन उसे रेशम की चीख में बदलता सुनाई देता है। रेशम के बाद भी जैसे इसका कोई अन्त नहीं है। श्रीधर के सहयोग से बिसुनदेवा के साथ भागकर अपना गन्धर्व विवाह रचानेवाली गुलकन्दी को ऐन होली के दिन उसके पति और माँ के साथ जलाकर समाप्त कर दिया जाता है। दहेज और वैसी ही दूसरी सामाजिक कुरीतियों के विरोध में उठा यह सम्भावनापूर्ण कदम सामाजिक एवं पारिवारिक मर्यादा के नाम पर छेक दिया जाता है। पुरुष के इसी वर्चस्व और एकाधिकारवाद के विरुद्ध सारंग एक निर्णायक संघर्ष छेड़ती है। इसी में वह अपने छोटे होते घूँघट के बीच ग्राम पंचायत के प्रधान के चुनाव तक की यात्रा तय करती है। जुलूस में शामिल अखाड़े की ओर जाती गाँव की स्त्रियाँ जैसे पहली बार इस उल्लास-भरी थिरकती हुई जिन्दगी से परिचित होती हैं-लोकगीतों के बोलों पर उछलती-थिरकत अमल करती जवानी को स्वीकृति देतीं-दिलवातीं।

मैत्रेयी पुष्पा उस अर्थ में नारीवादी लेखिका नहीं हैं अपने अतिरेक में पुरुष विरोधी परिणति जिसकी अनिवार्यता होती है। भरसक सारंग रंजीत से भी निभाने की कोशिश करती है, उसके सारे पुरुष वर्चस्ववादी अहंकार के बावजूद। विचारों के चाक पर चढ़ाकर उसे पुनर्जन्म देनेवाली श्रीधर उसके प्रेम और सम्मान का अधिकारी है। उपन्यास में रेशम की हत्या की घटना एक ऐसे प्रस्थान-बिन्दु के रूप में अंकित है जो सारंग की परिवर्तित भूमिका से अभिन्न रूप से जुड़ी है। रेशम अपने पति करमवीर की चहेती थी। उसके प्रेम में रेशम के इतराने का जिक्र उपन्यास में मौजूद है। उस प्रेम के खुमार में करमवीर दीन-दुनिया भूला रहता है। उसके द्वारा शृंगार-पटार की लाई चीजें रेशम गर्व और शोखी से दूसरों को दिखलाती है। छुट्टी खत्म होने पर वह वापस ड्यूटी पर

जाने की बजाय नौकरी छोड़ देने की भी सोचता है। लेकिन जहरीली शराब पीने से उसी करमवीर के मरने के सिर्फ पाँच महीने बाद रेशम अपनी देह को ठूँठ न मानकर ओकने–हबकने लगती है। अपने अज्ञात प्रेमी का गर्भधारण करके वह दिलेरी से इसका ऐलान भी करती है। अपनी सास हुकमकौर से वह कहती है, 'अम्माँ, तुम बिरथा ही दाँत कटकटा रही हो। तुम्हारे पूत की चिता ठंडी हो जाने से क्या मेरी देह की आग बुझ जाती? जीतों–मरतों का भेद भी भूल गईं तुम? बेटा के संग मैं भी मरी मान ली?...' (पृ. 19) रेशम की यह भाषा उसके साथ छल करती है। यह अभी हाल में विधवा हुई उस स्त्री की भाषा नहीं है जो अपने पति को अजहद प्यार करती थी। यह कृष्णा सोबती की मित्रो की भाषा है जो रेशम के मुँह में रख दी गई है। मित्रो अपने पति के कब्जे की लड़ाई लड़ती है और उसके बीच की बाधाओं के प्रति, चाहे वह उसकी सास और जेठानी के रूप में हो या फिर अपनी माँ के, उसका गुस्सा जायज और विश्वसनीय है। लेकिन रेशम के साथ ऐसी कोई मजबूरी नहीं है। जाटों के बाधा–बन्धनवाले घर में ऐसी छूट की सम्भावना भी अधिक नहीं है। उसके इस कथित प्रेमी का रहस्य अन्त तक बना रहता है। ऐसा भी नहीं लगता है कि यह करमवीर के सामने से ही चला आ रहा कोई प्रेम–प्रसंग है। उसकी दिलेरी और चुनौती का यह तेवर आरोपित है जो उसे उस रूप में अपनी मिट्टी से नहीं जोड़ता जिससे सारंग जुड़ी दिखाई देती है। सास द्वारा तोफा दाई से लाया गया काढ़ा गुस्से में वह उसी के मुँह पर लुढ़का देती है। रेशम के साहस से स्त्री–विमर्श की जो दिशा तैयार की गई है, रेशम का वह साहस उधारी का साहस जैसा लगता है जो उसके चारित्रिक अन्तर्विरोध बढ़ाता है और कुल मिलाकर उसे अविश्वसनीय एवं अप्रामाणिक बना देता है। वैसे भी मिले हुए प्यार के प्रति अकृतज्ञता से शुरू करके कौन से विमर्श की भूमिका सम्भव है? स्त्री के साहस से बने विमर्श की दृष्टि से कृष्णा सोबती अधिक विश्वसनीय और सार्थक लगती हैं। इसी तरह कैलासी सिंह के प्रसंग में कलावती चाची के कैसे भी पाप–पुन्न से अलग 'देह रहते के खेल' का तर्क कौन सा स्त्री–विमर्श तैयार करता है, समझ पाना कठिन है। उसकी घोषणा–'हम जाटिनी तो जेब में बिछिया धरे फिरती हैं...मन आया ताके पहर लिए...का पल्लौ (परलय) हो गई?...' (पृ. 104) देह की स्वेच्छाचारी पुकार के रूप में उस विमर्श को ही कमजोर करती है 'आग की धार में बहकर' सारंग जिसकी भूमिका तैयार करती है।

मैत्रेयी पुष्पा स्त्री–विमर्श को केन्द्र में रखकर भी 'चाक' को उसी में सीमित नहीं कर देतीं। समूचा गाँव अपनी क्षुद्रताओं और विकृतियों के साथ उनकी चिन्ता के केन्द्र में है। जातिवाद और स्वार्थों की राजनीति, विकास के नाम पर विकृतियों का विस्तार, शिक्षा के प्रति आपराधिक उदासीनता और लोक–संस्कृति के बचाव की लड़ाई–किसी भी मुद्दे पर वे उदासीन नहीं हैं। अन्तर्वस्तु का यह प्रीतिकर फैलाव एक लेखिका के रूप में उनकी सम्भावनाएँ बढ़ाता है। अपने परिवेश यथार्थ के प्रति यह खुली और

समावेशी दृष्टि उनकी सबसे बड़ी पूँजी है। पुरुषों के व्यवहार की विचित्रताओं को पकड़ने की उनकी शक्ति उनके प्रति आश्वस्त करती है। आँचलिकता के किसी आग्रह के बिना भी अपने लिए चुने गए क्षेत्र की राई-रत्ती की उनकी सघन पहचान और उसकी भाषा का सर्जनात्मक उपयोग उन्हें गाँव की पृष्ठभूमि पर लिखनेवाले उन बहुत से लेखकों से अलग करते हैं। अब गाँव जिनके लिए एक वास्तविकता से अधिक सिर्फ उनके मन में स्थित है, जिसे पहले कभी उन्होंने देखा था या कभी-कभार अभी भी देख आते हैं। मैत्रेयी पुष्पा का महत्त्व इसलिए है कि अपनी रचना के केन्द्र में वे वास्तविक गाँव रखती हैं और उसकी सारी जड़ता के बीच स्त्री-विमर्श की दिशाएँ तलाशती हैं।

गल्प के स्वभाव तथा वृत्तांत के स्वरूप में हस्तक्षेप किए बगैर

परमानन्द श्रीवास्तव

एक औरत
जिसकी मेहनत के खून पसीने से
खून चूसने वालों की लाशें फूलती हैं
शरीर के कम होते खून के कतरों से साहूकार की
तिजोरी मुनाफे से भरती है।

एक औरत जिसके लिए
तुम्हारी शर्मनाक शब्दावली में
कोई भी पर्याय शब्द नहीं है
जो उसके अस्तित्व के महत्त्व को समझा सके।

तुम्हारी शब्दावली में उन औरतों के लिए अर्थ हैं
जिनके हाथ साफ-सुथरे हैं त्वचा मुलायम
बालों में खुशबू के बादल बसे हुए हैं।

मैं एक औरत हूँ जिसके लिए तुम्हारी शब्दावली में
कोई पर्याय शब्द नहीं
जो मेरा महत्त्व बता सके।

एक औरत जिसके सीने में
क्रोध से भरे जख्मों का सैलाब है
औरत जिसकी आँखों का नशा

आजादी की गोली का सुर्ख रंग है
(ईरानी कवयित्री : मार्गेयेह अहमदी उस्कोई)

अनुवाद : नासिरा शर्मा

मैत्रेयी पुष्पा का नया उपन्यास 'चाक' पढ़ते हुए मुझे इस कविता 'मैं एक औरत' की याद आती रही। कविता मेरी डायरी में दर्ज है और यह सन्दर्भ भी कि 1987 में 'जनसत्ता' के एक अंक में नासिरा शर्मा ने लेख लिखा था: 'महिलाएँ भी लड़ रही हैं ईरान में' और ईरानी कविता का एक चयन भी प्रकाशित किया था। नहीं जानता कि इस उल्लेख को विषयान्तर कह-कहकर उड़ा दिया जाएगा या इसे 'चाक' की अन्तर्वस्तु की चुनौती से सम्बद्ध करके देखना भी जरूरी जान पड़ेगा। 'चाक' जैसा उपन्यास प्रमाण है कि आज स्त्रियाँ अपनी ही नहीं, अपने पूरे समाज की मुक्ति की लड़ाई भी लड़ रही हैं और यह हमारे समय का इतना ज्वलंत प्रश्न या सन्दर्भ है कि उसे हवा में उड़ाया नहीं जा सकता। इसके बावजूद मैत्रेयी पुष्पा 'महिला लेखिका' के रूप में पढ़ी जाने के लिए अभिशप्त हैं। क्या एक कोटि, कैटेगरी या श्रेणी के रूप में 'महिला लेखिका' या 'महिला लेखन' की स्वतन्त्र अवधारणा का कोई औचित्य है या वह सचमुच अपने को मुख्यधारा माननेवाले पुरुष लेखकों की साजिश भर है। यह सवाल मैत्रेयी पुष्पा के उपन्यास 'इदन्नमम' के सन्दर्भ में उठा था। 'चाक' को लेकर भी ऐसे सवाल उठेंगे। अभी इस पर कोई और टिप्पणी नहीं।

2

न उत्तर आधुनिक न कालातीत। अभी तो आधुनिक होने की पीड़ा से ही छटपटा रहा हो, ऐसा है यह उपन्यास 'चाक'! जिसके केन्द्र में है स्त्री। सारंग। प्रतिहिंसा प्रेरित सारंग की लड़ाई कैसे व्यापक सामाजिक मुक्ति की लड़ाई का रूप ग्रहण करने लगती है, यह प्रक्रिया महत्त्वपूर्ण है। गल्प के स्वभाव या वृत्तान्त के स्वरूप में हस्तक्षेप किए बगैर मैत्रेयी पुष्पा 'चाक' को क्या आज के समय में एक सार्थक यूटोपिया या विजन का रूप दे पाती हैं। यह एक विचारणीय सवाल है। क्या यह यूटोपिया या विजन ही वृहत्तर प्रतिरोध चेतना का नियामक है या यह सारी लड़ाई व्यक्तिगत लड़ाई है! प्रतिहिंसा ही जिसकी तह में है, क्योंकि इस अर्थ में उपन्यास की कथा एकदम सीधी और इकहरी है कि सारंग की बहन रेशम के स्वतन्त्र जीवन और अपने चुने हुए मूल्य (विरोध होकर अवैध सम्बन्ध के परिणाम बच्चे की माँ होने के महत्त्व की स्वीकृति या घोषणा) के विरोध में छोटे लम्पट जेठ डोरिया ने बच्चे के जन्म के पहले ही रेशम की हत्या कर दी और क्षुब्ध सारंग ने प्रतिशोध की प्रतिज्ञा को जीवन का सबसे महत्त्वपूर्ण लक्ष्य मान लिया। अन्त तक लगता यही रहा है कि डोरिया से बदला लेने में ही समूची लड़ाई का अर्थ छिपा है। पर शायद प्रच्छन्न रूप से ही इस लड़ाई में से एक दर्शन, एक यूटोपिया,

एक स्वप्न, एक विजन उभरने लगता है। अन्त तक जाते-जाते यह भी अनुभव किया जा सकता है कि ऐसी यूटेपिया के सच होने के कुछ लक्षण अत्यन्त पिछड़े इस ग्रामीण समाज में पहले से मौजूद रहे हैं। जहाँ शिक्षा नहीं पहुँची है, विकास नहीं पहुँचा है, वहाँ एक तरह की विलक्षण उन्मुक्तता स्त्री पुरुष सम्बन्धों में भी है। अकारण नहीं है कि अन्त तक जाते-जाते एक नई यौन नैतिकता का असुविधाजनक दर्शन भी स्वीकृति के लिए बेचैन है।

यह तथ्य सबसे अधिक महत्त्वपूर्ण है कि 'चाक' उपन्यास एक स्त्री की लम्बी लड़ाई का वृत्तान्त है। इसी अर्थ में उसके मुक्ति संघर्ष की महागाथा। स्त्री विमर्श या दलित विमर्श या सबाल्टर्न अध्ययन के जैसे प्रयत्न हैं उन्हें देखते एक 'नारीवादी पाठ' के रूप में 'चाक' के पाठ की सम्भावना से इनकार नहीं किया जा सकता। पर यह उपन्यास 'फेमिनिस्ट क्रिटीक' भर नहीं है। उपन्यास अपनी समग्रता में संकेत है कि मैत्रेयी में मानवीय भावों की सघन अन्तरंगता और सम्बन्धों की जटिलता को चित्रित करने की अनोखी मौजूद है। उपन्यास कैसे एक व्यक्तिगत, पारिवारिक सीमित अर्थ में सामाजिक त्रासदी से आगे बढ़कर अन्त में अपना एक राजनीतिक अर्थ भी पा लेता है, इसे नजरअन्दाज नहीं किया जाना चाहिए। तमाम क्षुद्रताओं के बीच समाज की प्राणधारा की पहचान अपने आपमें एक जरूरी कोशिश है। यही पहचान उपन्यास का 'टोन' निर्मित करती है। दूसरे शब्दों में उसका 'ठाट' खड़ा करती है। रेणु और श्रीलाल शुक्ल जैसे महत्त्वपूर्ण उपन्यासकार इस पहचान के लिए भी जाने जाते हैं। मैत्रेयी पुष्पा अपनी सीमाओं में भी इस पहचान के लिए अलग जानी जाएँगी। 'जिन्दगीनामा' की लेखिका कृष्णा सोबती इस पहचान के लिए प्रसिद्ध हैं।

3

जाट किसानों के गाँव अतरपुर में रेशम की हत्या कोई अकेली हत्या न थी। कितनी ही स्त्रियों ने शील सतीत्व या मर्यादा की खातिर या तो आत्महत्या का रास्ता चुना या खत्म कर दी गईं। झूठे सामन्तवाद की झूठी मर्यादा के नाम पर। खासे फूहड़ विकृत सामन्तवाद के इतिहास में यातना झेलती स्त्रियों की कितनी ही कथाएँ या गीतकथाएँ लोगों के कण्ठ में बसी हैं। अतृप्ति की चरमता में विभोर रेशम के लिए लेखिका के शब्द हैं-'गुलाबी रंगत, नाक-आँख से तराशी हुई गूजरी, हथौड़ों की-सी गढ़ी हुई देह की उठान! कहाँ ले जाती इतना रूप!' पति के न रहने पर भी अवैध मातृत्व धारण करने और ऐलान करने पर घरवालों ने रास्ता निकालना चाहा-डोरिया से ब्याह कर दिया जाए। रेशम को यह सब गवारा न था। उसने अस्वीकार का साहस दिखाया और मार दी गई...। यह था अतरपुर का गाँव, जिसका एक जरूरी समाजशास्त्रीय ब्यौरा दूसरे अध्याय में दिया गया है। -'अतरपुर गाँव बड़ा नहीं। कुल आबादी एक हजार। ब्राह्मण, बनिया, जाट जैसी ऊँची कही जानेवाली कौमें हैं तो तेली, गड़रिया, कुम्हार, खटीक, चमार

और नाई जैसी छोटी जातियाँ भी हैं। सक्का मुसलमान भी है।' गाँव में आजादी के दस वर्ष बाद तक जाति विधान अपने-अपने कर्म विधान से जुड़ा रहा।...हमें तो वही तरक्की लगती थी। यह दीगर बात है कि छोटी जातियाँ बड़ी कौम की सेवा करने के बाद भी अपना वर्चस्व कायम न रख सकीं। उलटे उसी दबाव में रहीं, जिसमें पहले थीं।'...'सन् 1980 से 90 तक आते-आते अतरपुर में विकास का मूर्तिमान रूप दिखाई देने लगा।' याद करें 'मैला आँचल' और 'परती परिकथा' में एकदम शुरू में गाँव का समाजशास्त्र कुछ ऐसे ही बताया गया है। रेणु के गाँव मेरीगंज और परानुपर। मैत्रेयी के उपन्यास का गाँव अतरपुर। एक संक्रमणकालीन समाज में परिवर्तन कैसे आता है, यह देखने-जाँचने का ढंग भी एक जैसा। परानपुर गाँव का विद्यालय : 'उस पुराने पोखरे के पास जो झंडे का बाँस दिखलाई पड़ता है, वही है स्कूल-उच्चांगल विद्यालय। अतरपुर गाँव के स्कूल की इमारत ही ठीक-ठाक नहीं है, वहाँ कुछ और भी नया घटित हो रहा है। 'स्कूल का काम बहु आयामी है-बरातघर, पंचायतघर, मेहमानघर, दावतघर और प्रधान जी यदि अपनी फसल समय पर न बेचना चाहें तो उनका बीजगोदाम भी। आजकल स्कूल राजनीति का मोहरा बना हुआ है।' याद करें 'मैला आँचल' में डॉक्टर प्रशान्त की भूमिका'। अज्ञात कुलशील। 'माँ ने एक मिट्टी की हाँडी में डालकर बाढ़ से उमड़ती हुई कोशी मैया की गोद में उसे सौंप दिया था।' याद करें लहरतारा से जुड़ी कबीर की जन्म कथा और यह अतरपुर का नया स्कूल मास्टर श्रीधर प्रजापति। 'मेरी जाति कुम्हार है'-श्रीधर सबको सगर्व बताते हैं। 'चाक' उपन्यास की रूपकात्मकता श्रीधर से ही जुड़ी है। सारंग की नई छवि गढ़नेवाला कुम्हार यही है, श्रीधर प्रजापति। ताराशंकर के उपन्यास 'गणदेवता' के देबू और 'चाक' के श्रीधर में जितनी समानताएँ हैं वे महज संयोग नहीं। जिन्हें भारतीय उपन्यास की अवधारणा खामखयाली जान पड़ती है, वे देखें कि किस अर्थ में ताराशंकर बंद्योपाध्याय, सतीनाथ भादुड़ी, फणीश्वरनाथ रेणु, मैत्रेयी पुष्पा के उपन्यास एक ही परम्परा में हैं। एक सा वृत्तान्त। एक-सा समृद्ध लोकानुभव। अपने समय के विशिष्ट बोध और स्थितियों की समझ के साथ।

4

व्यक्तिगत स्तर पर रेशम की हत्या से प्रतिशोध की आग से सुलगती हुई, ग्रामीण समाज के मूल्यरहित वर्चस्ववाद के आतंक से क्षुब्ध, बेटे चन्दन की सुरक्षा के लिए चिंतित सारंग को शिक्षित पति रंजीत ने भरपूर आश्वासन दिया था कि वह सारंग की लड़ाई लड़ेगा। पर जिस दिन उसे जात-मर्यादा की क्षति की आशंका हुई वह सारंग को उसकी औकात समझाने लगा। संकेत था कि वह रंजीत सिंह जाट की बहू के रूप में अपने वजूद को न भूले। और सारंग थी कि हर क्षण बदलने के लिए अपनी पहचान बनाने के लिए तड़प रही थी। चन्दन की चिन्ता ही उसे श्रीधर के नजदीक नहीं ले गई थी। श्रीधर को पाकर वह फूलों की डाली सी झूम उठती है। श्रीधर के रूप में एक निर्भय

साहसी दिलेर योद्धा की छवि है जिसकी वह गुलाम होती जा रही है। जहाँ वर्जनाएँ अत्यन्त प्रबल होती हैं, उनको तोड़ने का साहस भी वहीं जन्म लेता है। जिस पिछड़े समाज में पुरुष-प्रभुत्व प्रबल है उसी समाज में गुलकन्दी, सारंग, लौंगसिरी, कलावती, चाची जैसी स्त्रियाँ यौन शुचिता की ग्रन्थि से और ऐसी तमाम वर्जनाओं से इस हद तक मुक्त हैं कि कई बार यही मुक्ति सामाजिक मुक्ति के बृहत्तर आन्दोलन का हिस्सा जान पड़ती है। कलावती चाची, जिन्होंने सारंग की लड़ाई में सहायक कैलासी सिंह का पुंसत्व जीवित करने के लिए यौन आनन्द का रहस्य खेल रचा, के शब्द हैं : 'हम जाटिनी तो जेठ में बिछिया धरे फिरती हैं। मन आया ताके पहर लिए।' गीत-कथाओं में स्त्री यातना का करुण बयान भी है, स्त्री मुक्ति के संदेश भी हैं।

रंजीत के अपने अन्तर्विरोध हैं। कभी वे सारंग-जैसी पत्नी की गरिमा, साहस, समझ पर खुश होते हैं। कभी अपनी प्रतिष्ठा के प्रलोभन में सारंग की हदें भी तय करते हैं। धमकियाँ देते हैं। प्रताड़ित करते हैं। कलावती चाची, लौंगसिरी बीबी के अपने अन्तर्विरोध हैं। वे श्रीधर और सारंग की प्रेम लीला की हँसी उड़ाती हैं, किस्से भी गढ़ती हैं और समय पर किसी बड़ी लड़ाई के लिए साथ भी होती हैं। सारंग अनुभव करती है कि परपुरुष 'वर्जित फल' है पर वह अपने पवित्र करवा चौथ में रंजीत-श्रीधर को एक साथ स्थापित देखना चाहती है।

रेणु अपने उपन्यास में बहुत कुछ कथा गायक के जरिए कहते हैं। मैत्रेयी पुष्पा के उपन्यास के कथा गायक हैं ढोला वाले दादू। रानी मंझा की दारुण कथा! जिसका कोई अन्त नहीं। श्रीधर डायरी में लिखते हैं : 'यह प्रताड़ना देखकर तुम्हारे ही बीच से कोई मंझा उठेगी सारंग, जो अपनी मर्जी से अपना बच्चा पैदा करेगी। भले बालक हींसबिरे (जंगल) में जन्मे। उसकी कोख का फैसला करनेवाला, कोई राजा होगा न मालिक, और न कोई देवता। नल की तरह जन्म लेने वाला प्यारा-सा बच्चा सिर्फ अपनी माँ को पहचानेगा, किसी राजा पिरथम को नहीं।' स्कूल के रंगमंच पर 'एकलव्य' नाटक खेला गया तो सारंग श्रीधर के साथ थी। यह उसकी पहली सामाजिक उपस्थिति थी। नाटक का संदेश था कि ब्राह्मण भी राजत्व की छाया में पलनेवाला दास ही था। दलित चेतना और सवर्ण असवर्ण के तर्क के बावजूद स्थितियाँ बदली नहीं हैं। सामाजिक बदलाव और मुक्ति के पक्ष में लड़ते हुए जब श्रीधर पर आक्रमण हुआ और एक विशेष क्षण में जब सारंग सब वर्जनाएँ तोड़कर श्रीधर के प्रति समर्पित हुई तो प्रणय व्यापार का संदेश नई यौन नैतिकता का दर्शन बना। मैत्रेयी ने इस दर्शन की व्याख्या की है :

['सारंग के मन और देह में दर्द की लहर दौड़ गई।...मुझे तो पाप नहीं लगा अपना किया। जो किया सोच समझ कर किया।...श्रीधर के ऊपर अहसान भी नहीं किया मैंने। नहीं किया। वे घायल, टूटे बिखरे से...ऐसे ही, जैसे चन्दन था नया जन्मा। छोटा सा अवश अबोध। दूध भी नहीं चकोर पाता था निर्बल। अपनी छातियाँ मसलकर दूध की

बूँदें जुटाई थीं, ...उसके होंठों पर चुआ दी, कि तालू चटके नहीं। श्रीधर ऐसे ही तो लगे थे।'

'कलावती चाची ... तुम्हारा अक्स रह गया मेरे भीतर? तुम्हारे बोलों ने खींच लिया इस राह पर– ...हम जाटिनी जेब में बिछिया धरे रहते हैं, मन आया, ता के पहर लिए!']

5

श्रीधर के लिए 'सारंग का साथ भय की सुरंग नहीं,साहस की खुली डगर है'। रंजीत सारंग की महत्त्वाकांक्षा, दुस्साहस से डरने लगा था। राजनीतिक प्रलोभन से प्रधान के नजदीक जाना पड़ा। प्रधान ने पंचायत चुनाव का लालच दिखाया था, यद्यपि चुनाव तो उसे ही लड़ना था। सारंग के मन में इसे लेकर कोई भ्रम न था कि रंजीत को प्रधान की अपनी महत्त्वाकांक्षा की पूर्ति के लिए एक मामूली पुर्जा होकर ही रहना था। श्रीधर को दृश्य से हटा देने की साजिश में रंजीत को ही इस्तेमाल किया प्रधान ने। फिर रंजीत का बचाव पक्ष भी प्रधान था। इस राजनीति में सच कहीं नहीं था। झूठ ही सच था क्योंकि उसे ही सामाजिक स्वीकृति प्राप्त थी। रंजीत को अंत तक उम्मीद थी कि प्रधान उसे उम्मीदवार बनाने जा रहा है। उधर श्रीधर की प्रेरणा से प्रधान के पद के लिए सारंग ने ही पर्चा भर दिया। संविधान में स्त्री पुरुष-समानता का तर्क। नए मूल्य बनेंगे कैसे! किसी को अनुमान तक न था। रंजीत तक अनभिज्ञ। 'चाक' का रूपक अपना अर्थ खोलने लगता है। शब्द हैं श्रीधर के : 'मैं निमित्त बनूँगा तुम्हारे खड़े होने का।...उसी तरह का निमित्त जैसे कुम्हार घड़ा बनाने का होता है।' श्रीधर का सन्देश मन में उमंग भरने लगता है–पुरुष प्रभुत्व तुम्हें एक दिन 'देवी' तो बना देगा पर अधिकार बराबरी का कभी न देगा। रंजीत महज पुर्जा होकर भी सारंग (बेशर्म! हत्यारी! पतिद्रोहिणी!) के विरुद्ध था। यहाँ 'चाक' का अन्त स्त्री मुक्ति का वृहत्तर आन्दोलन का रूप लेते हुए एक नई सम्भावना का संकेत देना है। 'धरती की बेटियाँ लौह जंजीरों को काटने निकली हैं।' एक बार लग सकता है–'मिर्च मसाला' या 'मृत्युदंड'–जैसी फिल्मों के अन्त सरीखा है यह प्रसंग! पर मैत्रेयी ने जो 'चाक' का दर्शन या विजन कल्पित किया है उसके अनुकूल ही है–यह स्त्री जागरण! जिसके दूसरी ओर मूल्यरहित राजनीति की क्षुद्रताओं का जमघट है कुँवरपाल की बैठक में शराब का दौर चल रहा है। कुत्सित कलह के सब रूप प्रकट हैं। सबसे ऊपर है विकृति विलास में डूबा पुरुष-दम्भ। सब मर्यादाएँ भूलकर सारंग को जैसे शब्दों से ही बेपर्द करने और भोगने की कोशिश की जा रही हो। अचानक वह क्षण आता है जब रंजीत उन पर टूट पड़ता है और एक साथ महाकाय सुलैमान सिंह, गठे हुए थान सिंह, शारीरिक रूप से प्रशिक्षित गिरीश त्यागी, अनुभवी पुराने पहलवान फत्ते सिंह और पुख्ता देहवाले कुँवरपाल पर भारी पड़ने लगता है। अंत का यह संदर्भ भी खासा फिल्मी लग सकता है। बम्बइया हिन्दी फिल्मों के अन्त-जैसा अन्त उपन्यास की कमजोरी है। शायद इसका अहसास भी मैत्रेयी को हो,

क्योंकि वे निर्भीकता के आकस्मिक क्षण के तुरन्त बाद का आतंक या डर वाला क्षण भी दिखाती हैं। उपन्यास का अंतिम वाक्य फिर 'चाक' शीर्षक के रूपकात्मक अर्थ को ही ध्वनित करता दिखाई देता है–

'बन्द किवाड़ों तक मुँह ले गए रंजीत। परिचित गन्ध अपनेपन का गहरा अहसास जगा रही है, सिर टेक दिया किवाड़ पर ... आँखें मूँद लीं। लगा कि चलते चाक पर बैठे हैं।'

6

सारंग की विद्रोह चेतना स्वभावजन्य न थी, परिस्थितिजन्य थी। पर न वह इतनी आकस्मिक थी न महज श्रीधर–सम्पर्क का जादुई परिणाम। विद्रोह वृत्ति को सारंग की गुरुकुल शिक्षा के अनुभवों से जोड़कर देखें तो कुछ तथ्य और सन्दर्भ ध्यान देने योग्य हैं। गुरुकुल से निकाली गई थी वह। मुक्ति की आकांक्षा वहाँ भी अंकुरित होने लगी थी। शास्त्री जी की छवि उसे सम्मोहित करने लगी थी। वह उन्हीं से लेकर 'ऋतुसंहार' पढ़ने लगी थी। आत्ममोह औ दूसरे के प्रति मोह का फर्क समझने लगी थी। वह स्वयं प्रेम में पकड़ी नहीं गई। पकड़ी गई शारदा–वह भी, नौकर मणि के साथ। शारदा को यातनाएँ दी जाने लगीं तो सारंग ने लड़कियों को एकताबद्ध किया और आन्दोलन छेड़ बैठी। शकुन्तला को गर्भ रह गया था। उसने आत्महत्या कर ली थी। सारंग का आन्दोलन इस घटना से उत्तेजना ग्रहण करने लगा था और वह गुरुकुल से निकाली गई। सारंग के अतरपुर में गुलकन्दी विसुनदेवा जैसे कितने प्रसंग हैं। वर्जनाएँ तोड़नेवाली एक से एक कहानियाँ अतरपुर का इतिहास बनाती हैं। लोक कथाएँ। लोकगीत। स्वाँग। यहाँ से प्रधान पद का चुनाव लड़ने तक सारंग ने पुरुष–प्रधान सत्ता के वर्चस्व का जो विकृत विलास देखा है उसकी चरम परिणति है उपन्यास के ठीक पहले का अन्त। वहाँ अनुपस्थित होकर भी शायद सारंग उन सभी के अवेचतन की ग्रन्थि से लड़ रही थी। इस अर्थ में सारंग की मुक्ति की लड़ाई एक साथ कई स्तरों पर लड़ी गई है। 'शृंखला की कड़ियाँ' के एक निबंध में आज से साठ साले पहले महादेवी वर्मा ने लिखा था– 'समाज की दो आधार शिलाएँ हैं, अर्थ का विभाजन और स्त्री–पुरुष का सम्बन्ध। इनमें से यदि एक की भी स्थिति में विषमता उत्पन्न होने लगती है तो समाज का सम्पूर्ण प्रासाद हिले बिना नहीं रह सकता।' यों ही नहीं है कि 'चाक' के अन्त तक आते–आते हम अनुभव करते हैं कि पुरुष प्रभुत्व की जानी पहचानी यथा स्थितिवादी व्यवस्था को स्त्रियाँ चुनौती दे रही हैं। यह वही समय है जब संसद में स्त्रियों के आरक्षण को लेकर असमंजस और दुविधा है जबकि आरक्षण की माँग लगातार उठ रही है। दृश्य यह है कि सत्ता केन्द्रों में पुरुष वर्चस्व जघन्य हिंसा और विकृत विलास के उन्माद में है और खुद राजनीति बहुतों के घर की रखेल है। क्या 'चाक' इस अंधकार में कोई सम्भावना है। कोई अर्थवान सन्देश! या चतुर–चुस्त सधे हुए कलात्मक विवेक से लिखा

गया उपन्यास अर्थात् एक 'निर्मिति' मात्र है। इसमें संदेह नहीं है कि मैत्रेयी पुष्पा ने अपनी देशज आख्यान परम्परा के साथ निकट की कथा-परम्परा से भी बहुत कुछ सीखा या ग्रहण किया है। 'चाक' पढ़ते हुए 'मैला आँचल', 'राग दरबारी', 'लाल पीली जमीन', 'मुझे चाँद चाहिए' जैसे उपन्यास याद आते हैं। इस स्थिति में मैत्रेयी की समझ और कलात्मकता, प्रतिबद्धता और साहस चरित्रों के मर्म में प्रवेश करने की क्षमता और नैतिक अन्तर्दृष्टि के प्रति अधिक आश्वस्ति सम्भव है। यथा स्थितिवादी को दृढ़ करनेवाली किसी वर्चस्वी सामाजिक संरचना के प्रति प्रतिरोध या चुनौती एक अकेले व्यक्ति की ओर से नहीं मिलती। सारंग भी मुक्ति की लड़ाई में अकेली नहीं है। प्रतिरोध की चेतना 'चाक' सरीखे उपन्यास में अपना रूप लेकर भी आती है। अपने लोकगीत, अपनी कथाएँ, अपना लोकानुभव, अपनी स्मृति लोक। उपन्यास के इस देशज ठाट में प्रेम की स्वतन्त्रता भी प्रतिरोध चेतना का ही हिस्सा है। अन्त में फिर कहा जाए, कि गल्प के स्वभाव और वर्तमान में हस्तक्षेप किए बगैर मैत्रेयी ने यहाँ प्रमाणित किया है कि वृत्तान्त का आकर्षण उनके लिए सामाजिक कथा-रस है, यद्यपि एक नए निजी स्पर्श के साथ। निस्संदेह कथा की रसग्राहिता यहाँ महज सौन्दर्यशास्त्र का मुद्दा नहीं है। कहने की जरूरत नहीं कि उपन्यास के ढाँचे में सम्भावना भी घटना है और घटना भी सम्भावना।

समय के साथ चाक पर घूमती हुई औरत

डॉ. कान्ति कुमार जैन

चाक मैत्रेय पुष्पा का नया उपन्यास है। 'स्मृति दंश', 'बेतवा बहती रही' तो पाठकों या आलोचकों के बीच बहुत चर्चित नहीं हुए पर उनका पिछला उपन्यास इदन्नमम् काफी चर्चा में रहा, उससे उपन्यासकार के रूप में उनकी पहचान बनी। चाक इदन्नमम् के बाद का उपन्यास है 1997 में प्रकाशित। एक वर्ष में ही चाक ने मैत्रेयी पुष्पा को अच्छी-खासी प्रतिष्ठा प्रदान की और वे प्रेमचन्द, रेणु, श्रीलाल शुक्ल और कृष्णा सोबती की परम्परा का विकास करनेवालों की पंक्ति में स्वीकार कर ली गईं। समकालीन हिन्दी उपन्यासकारों में भारतीय ग्रामीण जीवन के परिवेश का और उसमें प्रवाहित परम्परा एवं प्रगति की अन्तर्धाराओं का जैसा और जितना अनुभव उनके पास है उतना सम्भवत: हिन्दी के अन्य किसी लेखनरस उपन्यासकार के पास नहीं है। मैत्रेयी पुष्पा ने चाक उपन्यास लिखा है एक समाजशास्त्री की आँख से, एक पत्रकार की अँगुलियों से,एक कैमरामैन की नजरों से और एक स्त्री के हृदय से एक भाषाविद् के कानों से, वे चाक में अतरपुर के बारे में इतना कुछ बताती हैं जैसे वे पिछले तीन जन्मों से वहाँ रह रही हों। कथा रस में पाग कर लिखा हुआ चाक हिन्दी क्षेत्र के गाँवों का ऐसा औपन्यासिक वृत्तान्त है जो स्त्री पुरुष के आदिम सम्बन्धों, ग्रामीण समाज के राग रंगों प्रतिशोधों, अनुरागों और जीवन के बदलते हुए सन्दर्भों के काकटेल से तैयार हुआ है। हिन्दी में बड़े उपन्यास प्राय: सध नहीं पाते, उनमें या तो कथा बिखर जाती है या शिल्प की चाशनी का तार ढीला पड़ जाता है। मैत्रेयी ने न तो कथा को बिखरने दिया है, न ही शिल्प को ढीला होने दिया है। उपन्यास में पात्रों की भीड़ तो है पर हर पात्र अपनी बनावट में विशिष्ट है और विश्वसनीय भी इस तरह के उपन्यासों में पात्रों की विशिष्टता और विश्वसनीयता लोकजीवन के अंतरंग साक्षात्कार से और लोकजीवन के प्रति असीम सम्वेदना से उपलब्ध होती है। मैत्रेयी में न तो लोक जीवन के प्रति केवल एकेडेमिक रुचि है, न ही उसके प्रति कोई सायास जिज्ञासा, वे जानती हैं वे क्या लिख रही हैं और इस क्या को शब्दों में अभिव्यक्त करने का हुनर भी उनके पास है जो इस कथा को और कैसे को सिद्ध कर लेता है वही सफल उपन्यासकार हो सकता है। मैत्रेयी ने इस क्या और

कैसे को बखूबी सिद्ध कर लिया है।

अधिकांश पाठकों के लिए इदन्नमम् एक अपरिचित शब्द था। चाक एकदम परिचित, रोजमर्रा का शब्द है, चाक शब्द हिन्दी के सामान्य से सामान्य पाठक के मन में अनेक जातीय स्मृतियाँ उत्पन्न करने में समर्थ है। कालचक्र या समयचक्र तो होता ही है, कुलालचक्र भी होता है। कुशल यानी कुम्हार। कुम्हार चाक पर चढ़ाकर मिट्टी के नए-नए पात्र गढ़ता है। रहीम के दोहे के कारण चाक हमारे मन में गहरे पैठा हुआ शब्द है :

रहिमन चाक कुम्हार का, माँगे दिया न देय।
छेद में डंडा डाल कै जो चाहै सो लेय॥

मैत्रेयी पुष्पा ने भारतीय समाज की संधियों के बखान में उपन्यास विधा का ऐसा उपयोग किया है कि जाने कितने पात्र, कितनी स्थितियाँ, कितनी घटनाएँ सुगढ़ होकर हमारे सामने आ जाती हैं जिसको उपन्यास दिया तक न देता हो। मैत्रेयी को तो चाक ने पूरा का पूरा गंगाल दे दिया है। स्वतन्त्रता के बाद का समय और समाज कैसे बदला है, कितना बदला है और क्यों बदला है, यह जानना हो तो मैला आँचल पढ़ना चाहिए, राग दरबारी के पन्ने पलटने चाहिए। डूब से गुजरना चाहिए या फिर चाक का अध्ययन करना चाहिए। वास्तव में इन चारों उपन्यासों से गुजरकर हम स्वतन्त्र भारत में हिन्दी उपन्यासों के विभिन्न पड़ावों से तो गुजरेंगे ही, इन पड़ावों की सामाजिक राजनीतिक हालात का भी संवेदनात्मक जायजा ले सकेंगे।

चाक अतरपुर का वृत्तान्त है जैसे प्रेमचन्द ने बेलारी गाँव को केन्द्र बनाकर 1936 के आस-पास के उत्तर भारत की सामाजिक-सांस्कृतिक जिन्दगी का लेखा-जोखा गोदान के रूप में प्रस्तुत किया था। वैसे ही 1990 के आसपास के उत्तर भारत की सामाजिक-सांस्कृतिक जिन्दगी का लेखा-जोखा मैत्रेयी पुष्पा का चाक है। निश्चय ही मैत्रेयी का रंजीत न तो होरी की तरह निरीह है न सारंग धनिया की तरह संस्कारों और परम्पराओं से बँधी हुई। रंजीत नए गाँव का एम.एस.सी. (एग्री.) युवक है और सारंग नए युग की नारी जो गाँव के प्रधान का चुनाव लड़ने को तत्पर है-अपने पति की इच्छा के विरुद्ध। 1936 की तुलना में 1990 के हिन्दी गाँव क्या हो गए हैं और वहाँ के स्त्री-पुरुषों में क्या अन्तर आया है-यह देखना हो तो गोदान के साथ चाक को पढ़ना चाहिए। अतरपुर बड़ा गाँव नहीं है। उसकी कुल आबादी एक हजार होगी। ब्राह्मण, क्षत्रिय, जाट जैसी ऊँची कही जानेवाली जातियाँ हैं तो तेली, गड़रिया, कुम्हार, खटीक, चमार, नाई जैसी छोटी कौमें भी। एक्का मुसलमान भी हैं। आजादी के बाद गाँव का जनजीवन और जाति समीकरण कैसे परिवर्तित हुआ है, इसका चित्रण मैत्रेयी पुष्पा ने बहुत परिचित और अन्तरंग अन्दाज में किया है। मैला आँचल के 1952 के मेरीगंज की तुलना में 1990 का अतरपुर विकास का मूर्तिवान रूप दिखाई पड़ता है। चकरोड ने गाँव को शहर से जोड़ दिया है, गाँव में बिजली आ गई है, बल्ब जलने लगे

हैं, सरकारी स्कूल खुल गया है। हर साल 30–35 बच्चे पाँचवीं जमात पास करते हैं, गाँव की लड़कियाँ तो लिखती पढ़ती नहीं हैं पर बहुएँ पढ़ी-लिखी आने लगी हैं क्योंकि गाँव के लड़के शहर जाकर बी.ए., एम.ए. होने लगे हैं। बाहर की पढ़ी-लिखी लड़कियाँ भी अतरपुर आकर गोबर पानी के कार्य में खपकर विद्या भूल जाती हैं। सारंग इनमें अपवाद है। गाँव में स्थानान्तरण पर आया हुआ मास्टर श्रीधर गाँव में कुछ जागृति लाना चाहता है। श्रीधर प्रजापति है, वह अज्ञान से ही लड़ने को बाध्य नहीं है, अपने कुम्हारत्व से भी लड़ने को अभिशप्त है। उसका प्रजापति होना अपने आप में एक दूषण है। सारंग नैनी ऐसे श्रीधर को अपना हृदय दे बैठे तो गाँव में भूचाल तो आएगा ही। भारतीय राजनीति और भारतीय जाति व्यवस्था में चाक उस रेखा तक आ चुका है जो पंचायती राज की सुगबुगाहट का स्पर्श कर रहा है और जिसमें चमार-चमार नहीं रह गए हैं, लुगाई लुगाई नहीं रह गई है। चमार सामाजिक सीढ़ियाँ चढ़कर प्रधान के पद तक पहुँच चुका है, वह सत्ता की साँठगाँठ से परिचित हो चुका है। वह जाति की ऊपरी लड़ाई के साथ सत्ता के भीतरी जंग के दाँवपेंच भी समझने लगा है। वह कहता भी है कि 'नादान लोग! जनता आ रही है और बादशाह गद्दी के ऊपर बैठकर घुड़की दे रहा है। बेटा, ताता थैया नाचने को हो जाओ तैयार। अब देखते जाओ, कुँवरपाल की छोटी कौम ही गधा की सवारी कराएगी।'

मैत्रेयी पुष्पा गाँव की औरतों के तन-मन और मनोविज्ञान की अच्छी जानकार हैं, वे एक से एक स्त्रियाँ चाक पर चढ़ाती हैं और उन्हें हाथ का हल्का सा स्पर्श देकर सारंग या रेशमा या कलावती या गुलकन्दी बना देती हैं। चाक की औरतें न तो धनिया रह गई हैं, न ही मालती। वे लोहे में ढल रही हैं। उन्हें पुरुषों की प्रतिस्पर्धा में खड़ा होना पड़ रहा है। यह प्रतिस्पर्धा वीमेंस लि. की नहीं है, न ही स्त्रीत्व से मुक्ति की है। स्त्री-स्त्री भी रही आए और लोहे में भी ढल जाए, गाँव का पुरुष इस तथ्य को स्वीकार नहीं कर पा रहा है, "लोहे में ढली औरत को मांस-मज्जा का बना आदमी अपने से अधिक बलवान् नहीं मान सकता। ऐसा करना मर्द जाति की तौहीन है।" सारंग रामराज्य नहीं चाहती-"रामराज्य लेकर हम क्या करेंगे? सीता की कथा सुनी तो है, पृथ्वी में ही समा जाना है तो फिर यह जद्दोजहद क्यों?" अपने चलते कोई अन्याय न हो। जान की कीमत देकर इतनी सी बात, छोटा-सा संकल्प करके निभाने की इच्छा है। मैत्रेयी पुष्पा ने सारंग नैनी को बड़ी संवेदना से गढ़ा है। पता नहीं, सारंग में मैत्रेयी का कितना आत्म कथात्मक अंश है, होरी में तो प्रेमचन्द थे। इतनी प्राणवत्ता, इतनी जिजीविषा, इतना संकल्प, इतना विद्रोह भरने के लिए स्वयं भी फौलाद का होना चाहिए। सारंग कभी-कभी झुकती हुई दिखाई पड़ती है पर टूटी हुई कभी नहीं, जीवन संग्राम में वह क्षतशीश भले हो, नतशीश कभी नहीं होती। सारंग हिन्दी उपन्यासों की एक अद्वितीय पात्र है-अद्वितीय और स्मरणीय।

अतरपुर का ऐसा क्या है जो चाक में नहीं है। अतरपुर का यानी गाँव का। गाँव के नदी-पोखर, पेड़-पौधे, जीव जन्तु, अंधविश्वास, टोने-टोटके, देव-चुड़ैल, नाच-नखरे, प्रपंच, कुचक्र, छिनाला, हत्याएँ, आत्म हत्याएँ, मेले-ठेले-सब कुछ मैत्रेयी पुष्पा ने जैसे फर्स्ट हैंड जानकारी से लिखे हैं, बहुत रची-बसी हैं वे गाँव के जीवन में। चुड़ैल शापित स्त्री का वर्णन करते हुए मैत्रेयी कहती हैं-'चुड़ैल चढ़ी औरत में दस पट्ठों के बराबर ताकत आ जाती है। किसी ने धोती पहनाई, उसने तुरंत उतारकर फेंक दी। किसी ने ब्लाउज फँसा दिया, उसने धनकुटा एक ओर पटककर, ब्लाउज चीर-चीर कर डाला। नंगी देह को हँस-हँसकर देखती है ज्यों अपना ही मखौल बना रही हो। गूगल, सिन्दूर, आम के पत्ते, ध्वजा, नारियल, देवी के पूजन की सामग्री, मोरपंखी का फाड़, मिर्चों की धूमनी, जलते अंगारे, चुड़ैल विदा करने के उपाय।'

मैत्रेयी पुष्पा आधुनिक, पढ़ी-लिखी महिला हैं। वे इन अन्धविश्वासों पर यकीन नहीं करतीं। जहाँ गाँव की औरतें चुप रह जाती हैं, वहाँ से वे प्रारम्भ करती हैं-"यह जिरोली वाली न भूत न चुड़ैल। उसका पति साला नपुंसक। जिरोली वाली का खोटा करम। इस नामर्द को ब्याह कर आई। इस गाँव के किसी मर्द को इस तरह मिर्चों से नहीं धौंसाया किसी ने।"

मैत्रेयी अपनी कुछ सम्वेदना सारंग को देती हैं-कुछ बौद्धिकता श्रीधर को। सारंग का परम्परा द्रोह और श्रीधर की बौद्धिकता उपन्यास को आधुनिकता प्रदान करती है-श्रीधर जानते हैं-"यह पुरुष शासित समाज की नृशंसता है। यदि अपने औरतपने के लिए औरत लड़ने लगे तो वह चुड़ैल।" गाँव में एक जिरौली वाली होती तो गनीमत थी। कितनी जिरौली वालियाँ, कितनी राममूर्तियाँ, कितनी रेशमाएँ हैं। इन सब सताई हुई, दबाई हुई लांछित औरतों का मैत्रेयी जी ने बड़ी सम्वेदना से चित्रण किया है। स्त्री के प्रति किए जानेवाले पुरुष शासित समाज के अन्याय के विरुद्ध मैत्रेयी पुष्पा वन मैन (या वन वूमन) कमीशन की तरह है। मैत्रेयी की स्त्रियाँ गाँव के जंवई जवार की स्त्रियाँ हैं, मेहनत करने में निपुण सार पानी में दक्ष। सारंग फावड़ा पकड़े क्यारी काटती है।

मैत्रेयी अपनी कथा में मिथक, पुराण जनश्रुतियाँ, किवदंतियाँ सब जोड़ती चलती हैं। इससे पात्रों की पहचान बनती है और कथारस गाढ़ा होता है। गाँवों के लड़कों को जगाने के लिए वे एकलव्य नाटक करवाती हैं। मास्टर श्रीधर उन्हें द्रोणाचार्य और एकलव्य की कथा सुनाते हैं। मंडल कमीशन की जानकारी बच्चों को मिल रही है। युग-युग से चलने वाले शोषण और दमन के विरुद्ध जनमानस तैयार किया जा रहा है। मैत्रेयी पुष्पा स्वयं कम कहती हैं। पात्रों से ज्यादा कहलवाती हैं-पात्रों से, घटनाओं से और सन्दर्भों से, पाठक का मन भटकाव नहीं है-बहुत हुआ तो बेताल इस डाल से कूदकर उस डाल पर बैठ जाता है।

हिन्दी उपन्यास लेखिकाओं में रति प्रसंगों का चित्रण करने की इधर होड़ सी लगी

है। हिन्दी ही क्यों कमलादास, शोभा डे, अरुन्धती राय के उपन्यासों के यौन प्रसंग भी चर्चित हुए हैं। कृष्णा सोबती मित्रो मरजानी में, अमृता प्रीतम रसीदी टिकट में, मृदुला गर्ग चितकोबरा में, मन्नू भंडारी आपका बंटी में रति प्रसंगों का चित्रण करती हैं। इनमें से कुछ तो जहाँ इस तरह के चित्रणों का मौका नहीं है, वहाँ भी मौका निकाल लेती हैं। इनमें से सभी प्रसंग आवश्यक या कलात्मक नहीं हैं। औरत की लिखी आत्म कथाओं या उपन्यास में इस तरह के चित्रण उसे एक तरह के बोल्डनेस की पहचान देते हैं। इस तरह की बोल्डनेस से लेखिका चर्चित हो जाती है। हिन्दी में रति प्रसंगों का उल्लेख प्रेमचन्द में बिल्कुल नहीं है। प्रेमचन्द के बाद जैनेन्द्र ने साड़ी जम्पर उतारोवाद का जो सिलसिला शुरू किया, उसमें स्त्री की साड़ी और जम्पर उतरता जरूर है पर वास्तविक रतिरंग के चित्र जैनेन्द्र में भी नहीं है। यशपाल के यहाँ रत्यात्मकता तो है पर वह वादात्मक ज्यादा है। अपनी परवर्ती कहानियों में यशपाल रति प्रसंगों को लेकर प्रकृतिवादी हो गए हैं। अज्ञेय के रति प्रसंग भी सांकेतिक और वायवीय है। मैत्रेयी पुष्पा पर चतुर सुजानों ने यह आरोप लगाया है कि सारंग श्रीधर प्रजापति की ओर खिंचती चली जाती है, यहाँ तक कि वह अपनी देह भी उसे सौंप देती है। सारंग नैनी जाटनी है और श्रीधर प्रजापति कुम्हार। हाय, हाय! मैत्रेयी ने यह क्या किया? इस तरह का सियापा करनेवाले एक समीक्षक लिखते हैं–"यहाँ पाठकों के संस्कारों को झटका लगता है" उनके हिसाब से यह झटका तितरफा है–पहला यह कि शहरी उच्चवर्ग की स्त्री की उन्मुक्तता हम स्वीकार करने लगे हैं पर गाँव की सूती साड़ी छाप औरत दबोचे जाने पर तो ठीक है, अपने मन से यौन सम्बन्ध तक आना पच नहीं पाता। दूसरा यह कि सारंग जाट जाति से है, जाटनी जेब में बिछुआ रखती है पर सिर्फ दूसरे जाट के लिए श्रीधर ससुरा प्रजापति है प्रजापति यानी कुम्हार। यूँ पुरुष श्रेष्ठ होता है पर प्रथम द्रष्ट्या छोटी जाति का पुरुष ही इस मामले में दोषी माना जाएगा। तीसरे यह कि छोटी जाति का होने पर भी वह कलेक्टर, कमिश्नर, मिस्टिर वर्ग का होता, इससे कम थानेदार, तहसीलदार ही होता तब भी चलता पर दो कौड़ी का मास्टर!" इन तीनों आपत्तियों में कोई दम नहीं है। सूती छाप स्त्री भी उतनी ही स्त्री होती है जितनी पराग या सनटेक्स पहननेवाली स्त्री। सारंग नैनी का श्रीधर के सामने समर्पण एक भावनात्मक रिश्ते को चरम तक पहुँचाने का उपक्रम है।

"लालटेन की मद्धिम सी लाल रोशनी में चूमती रही वह उनके होंठों...

...मगर जैसे ही श्रीधर की बाँहों की जकड़न देह पर कसने लगी च्‌च्‌ करती हुईं मछली सी छटपटाने लगी।

गिरफ्त ढीली कर दी श्रीधर ने।

"मनाऊँ तुम्हें"? वे याचना भरी आँखों देखते हुए कहते हैं

'तब क्या ऐसे ही! रोटी दाल की तरह?'

'सो तो है।' पंख पसारते-पसारते मोरनी केंक-केंक करती है। श्रीधर कभी ब्लाउज

के ऊपर हाथ धरते हैं, तो कभी कनपटी पर चुम्मा लेते हैं।

ज्वार उमड़ा तो खुद ही बटन खोल दिए ब्लाउज के।

श्रीधर एकटक देखते रह गए, "ये पिड़कुलिया के नटखट बच्चे! दूधिया।"

...आनन्द के लम्बे, बहुत लम्बे क्षण! निर्विकार हो चली वह।

यह भावनात्मक रिश्ते की परिणति है–प्रेमी और प्रेमिका के रिश्ते का। मैत्रेयी ने कुछ पृष्ठों पहले ही पति और पत्नी के बीच दैहिक रति का चित्र खींचा है।

"रंजीत ने सारंग को अपनी बाँहों में खींच लिया। उसके कपड़ों से जूझने लगे। कोई बटन टूटा–टक्क। कहीं से सिलाई उखड़ी–चिर। उसने प्रतिरोध नहीं किया। उलटे सहयोग ही किया। मैं खुद उतार देती हूँ। तुम्हें बड़ी उतावली मची है। सबर करो।

पलिका के ऊपर लेटी सारंग अँधेरे कोठे में हमले पर हमला झेल रही है...पति ने पूरी ताकत निचोड़ दी। मर्दानगी के बोझ से कुचल डाला...उसे परास्त कर रंजीत सन्तुष्ट है।"

क्रिया एक ही है पर प्रेमी और पति के अन्तर ने शब्दों का रूप बदल दिया है बलाघात भिन्न हो गए हैं–और तो और शब्दों की ध्वन्यात्मकता में भी अन्तर आ गया है। मनुहार और अधिकार की अन्तर्क्रिया सामने आ गई है। मैत्रेयी पुष्पा के ऐसे वर्णन कलात्मक रहे आते हैं–वे अनुभवों का बखान तो करती हैं पर उनके चटखारे नहीं लेतीं। यदि वे थोड़ा भी रस लेने लगें तो ऐसे प्रसंग भौंडे और बेहूदे हो जाएँगे। आपका बंटी और चितकोबरा के ऐसे प्रसंगों में लेखिकाओं का संश्लेष साफ प्रकट होता है। वे कथा प्रवाह में अनावश्यक फलत: अकलात्मक हो जाते हैं। मैत्रेयी पुष्पा के रति प्रसंग कथा का अनिवार्य अंग हैं, पात्रों के अनुकूल, उनकी मन:स्थितियों की अभिव्यक्ति के प्रेमी और मर्द में, प्रेमिका और मादा का अन्तर स्पष्ट करते हैं।

सारंग पढ़ी–लिखी औरत है चीजों को समझनेवाली बौद्धिक सोच–विचार वाली। गांव की सर्वाधिक प्रबुद्ध महिला। श्रीधर प्रजापति से उसकी वेवलैंथ मिलती है। जाटनी बिछुआ रखती है पर सिर्फ दूसरे जाट के लिए। यह आरोप भी गलत है। सारंग का ससुर अर्थात् रंजीत का पिता अपनी पत्नी यानी रंजीत की माँ की हत्या कर डालता है–"एक दिन भीतर से छोड़ो–छोड़ो की आवाज आई और संग में खनखनाती हँसी। तेरी अम्मा की जहरीली हँसी ने कानों के परदे जैसे फाड़ डाले। मैंने आव देखा न ताव। डंडा उठाया और निशाना ताककर मारा कुंठाव।" रंजीत की माँ को सजा मिली। बाबा स्वीकार करते हैं–"बेटा, हम जाट हैं, खुले मन की कौम मानी गई है हमारी, बाम्हन–बनियों की तरह पाखंडी होना भारी पड़ेगा हमें। क्योंकि जो खुले और बहादुर संस्कार हमारे खून में हैं, वही दबंगपना हमारी बैयरों में है। लुगाइयों के लहंगा की चौकीदारी करना हमें शोभा नहीं देता।" रंजीत सारंग के लहँगे की चौकीदारी कर रहा है–सारंग का प्रेम भावनात्मक है। ऐसा प्रेम बाका के शब्दों में, "न तो तलवार से काटा जा सकता है, न ही गोली मारकर खतम किया जा सकता है।" कलेक्टर, कमिश्नर द्वारा ही जाटनी स्वयं को दबोचे

जाने देगी, महेश कटारे का यह विश्लेषण भी सही नहीं है। मास्टर को इतना गया-गुजरा मत बनाइए महेश जी, सारंग नैनी ने प्रेम पात्र के रूप में एक मास्टर को स्वीकार किया। अमृतलाल नागर की निर्गुणिया तो एक भंगी पर रीझ गई थी और स्वयं भंगन हो गई थी।

चाक उपन्यास में जो चाक पर चढ़ा है, वह केवल अतरपुर का समय और समाज, वहाँ का जीवन ही नहीं है, हम जिसे हिन्दी कहते हैं वह भाषा भी है। चाक में हिन्दी के जिस स्वरूप का प्रयोग हुआ है, उसमें स्थानीयता की छौंक है। लगता है कि हिन्दी कथा-साहित्य ने जाने-अनजाने अपनी सफलता और सार्थकता के लिए यह सूत्र स्वीकार कर लिया है कि भाषा का व्याकरण समान, साधु, परिनिष्ठित, प्रांजल होना ही पर्याप्त नहीं है। मोपांसा ने कहा था कि सती, साध्वी स्त्रियाँ उपन्यास के बहुत काम की नहीं होतीं, वे घर में ही पतियों को खुश करें और बच्चों के पोतड़े धोएँ। व्याकरण समान हिन्दी पाठ्य पुस्तकों में रहे और अध्यापक सामान्य हिन्दी के पाठ्यक्रम में छात्रों से शुद्ध अशुद्ध वाक्यों का प्रयोग करवाए। उपन्यासों में ऐसी सती-साध्वी हिन्दी जायका पैदा नहीं करती। बच जा जीणे जोगिए, हट जा पुत्रां त्यारिये किस हिन्दी पाठक के जेहन का अंग नहीं है। गुलेरी जी ने तेरी सगाई हो गई को तेरी कुड़माई हो गई कहकर क्या प्रस्तुत किया कि कुड़माई मानो हिन्दी का अपना शब्द हो गया। परिनिष्ठित हिन्दी और बोलियों की यह कुड़माई आज भी हिन्दी उपन्यास की ताजगी और पठनीयता के लिए जरूरी है। हिन्दी उपन्यासों में प्रामाणिकता और जीवन्तता भरने क लिए कभी मैथिली की बघार लगानी पड़ती है (मैला आँचल में) कभी बुंदेलखंडी की (डूब में) तो कभी पंजाबी की (जिन्दगीनामा में)। हिन्दी के ये ठाठ हिन्दी को नया स्वाद देते हैं। हिन्दी का यह जायका पात्रों का चलता-फिरता, धड़कता हुआ, साँस लेता हुआ अस्तित्व प्रदान करता है। चाक की भाषा इगलास (हाथरस) में बोली जानेवाली ब्रज की छौंकों का स्वाद लिए है। मैत्रेयी बन्दूक का फायर नहीं करतीं, बन्दूक का फैड़ करती हैं, इस उपन्यास में चक्की नहीं चलती, चाखी चलती है, उस्तादजी उस्ताज जी हो जाते हैं, लाइसेंसी बन्दूक लहसंसी रूप अख्तियार कर लेती है। अतरपुर की लुगाइयाँ नाक में लोंग नहीं पहिनती, छतरीदार सेंठा पहिनती हैं,वहाँ की गाजर में जड़ नहीं होती चेंदी होती है। वहाँ जो जुलूस निकलता है, झुल्लूस बन जाता है। इक बंझिया, हिरनखुरी, रई, पुरबर्त्त, पलेटा जैसे अनेक नए शब्द मैत्रेयी पुष्पा ने हिन्दी को दिए हैं। हिन्दी शब्दों की विवक्षा बढ़ाने में ये शब्द बड़े काम के हैं। मैत्रेयी गाँव में प्रचलित मुहावरों और कहावतों की पोटली साथ लेकर चलती हैं। लगता है मैत्रेयी जी ठेठ गँवई गाँव की बैयार हैं फसक्का मारकर बोलने बतियाने में उन्हें मजा आता है, जहाँ तक चाक में प्रयुक्त भाषा का प्रश्न है, वह हिन्दी विदों को सोचने में बाध्य करती है कि उन्हें चाक चौबंद हिन्दी चाहिए या इंशा अल्ला खाँ की आतियाँ जातियाँ साँसोंवाली हिन्दी। वास्तव में हिन्दी उपन्यासकारों ने मुसमरी हिन्दी की तुलना में फुदकती हुई गौरैया के पक्ष में अपना

मत दिया है। आज यदि आचार्य महावीर प्रसाद द्विवेदी होते तो वे हिन्दी के इस लोक व्यापीकरण को रोक नहीं पाते। आखिर वे अपने शिष्य मैथिलीशरण गुप्त के तरुओं को झीमने (झूमने) से कहाँ रोक पाए थे! कोई भी उपन्यासकार कितना ही सार्वदेशिक क्यों न हो, अपनी प्रामाणिकता और विश्वसनीयता के लिए कोई न कोई विशिष्ट क्षेत्र या स्थान की माँग जरूर करता है। अलीगढ़ के सिकुर्रा गाँव में जन्मी और झाँसी के खिल्ली गाँव में घुटनों के बल चलनेवाली उपन्यास लेखिका को ब्रज और बुन्देली घुट्टी में मिली है। उसने रोना ब्रज में सीखा है और हँसना बुन्देली में। इसलिए जब वह कोई मार्मिक बात कहना चाहती है, जनपदीयता को छोड़ नहीं पाती। साझा सरकारों के इस दौर में लगता है कि पार्टियाँ और उनकी माँगें ही जरूरत नहीं है, वे भाषिक जीवन की भी वास्तविकता हैं। हमारी भाषा में, जीवित पात्रों की भाषा में स्थानिकता ही वह सिल्वर थ्रेड है जिससे वहाँ का जीवन और वहाँ की संस्कृति प्रामाणिक बनती हैं। अरुंधती राय की भाषा को भ्रष्ट अँग्रेजी कहा गया है–होगी पर यदि गॉड ऑफ स्माल थिंग्स को विश्व प्रतिष्ठा इसी भ्रष्ट अंग्रेजी से मिलती है तो हम अंग्रेजी का वर्जिनिटी टेस्ट करवाएँ अथवा जीवन का। जीवन की ताजगी जरूर है, भाषा का असूर्यम्पश्या होना नहीं।

गाँवों के जीवन के अनेक सामान्य अनुभवों को मैत्रेयी पुष्पा घाघ मडुरी बनकर व्यक्त करती हैं। उनका अनुभव जैसे लोक का अनुभव हो–सार्वकालिक, सार्वजनिक और सार्वदेशिक। मैत्रेयी पुष्पा ने जगह-जगह इस घाघ-अनुभव के बेलबूटे चाक की कथा के चादर पर काढ़े हैं–"राजनीति साली रंडी-बेसा से कम नहीं। जिसका दाँव पड़ता है, वही दबोच लेता है।" औरतों के बारे में लोकमत क्या है–यह मैत्रेयी पुष्पा से ज्यादा शायद ही कोई जानने का दावा करे–"अपनी सी पर आ जाए औरत तो मर्द को दस पटखनी।" स्त्री को गहनों से बाँध-छेदकर रखे जाने के ग्रामीण समाज के अपने तर्क हैं–"लोग माने न माने, स्त्री आदमी से दो गुना खाती है, चार गुनी लज्जाशील, छह गुनी हिम्मती और आठ गुनी कामिन। कामिन यानी सेक्सी।" पर अब औरत बाँधने छेदने का मर्म समझने लगी है। वह अब बँधने छेदने पर भी खौफनाक यानी मर्द के लिए। पंचायती राज में मर्द के घर में ही उसकी प्रतिद्वन्द्विनी हाजिर है। चाक की कथा का चरम उन्मेष तब होता है जब सारंग इगलास जाकर प्रधानी का पर्चा भर देती है। सारे गाँव में भूचाल आ जाता है। रंजीत अपी पत्नी सारंग के प्रधानपद का पर्चा भरने से इतने नाराज हैं कि सारंग के प्रति उनकी घृणा रह-रहकर फूटती है–"गद्दार, बदकार, छिनाल, साली, पुरुष के प्रतिद्वन्द्विता में खड़ी भारतीय स्त्री जैसे पुरुष शासित समाज के संस्कारों को ललकारती हो।" चुनाव लड़ती हुई स्त्री अब किसी की पत्नी या भाभी नहीं, शान्ति से सुन लो। भाभी यहाँ तुम्हारी स्त्री नहीं सारंग है। सारंग केवल सारंग। पर उसके खसम को यह बात नहीं पचती, रंजीत का तर्क है कि सारंग ने खसम का नाम भी तो लिखवाया होगा ही। गद्दारी, पाप और अधर्म की सजा ढूँढ़ कर दी जाती

है औरतों को–आज भी भारतीय पुरुष मनु की इस व्यवस्था को भूलने को तैयार नहीं है कि कौमार्यपने में पिता रक्षा करता है, भर्त्ता रक्षति यौवने और बूढ़ी हो जाने पर बेटे को उसकी रक्षा करनी पड़ती है। औरत को कभी स्वतन्त्र नहीं रखा जा सकता। यदि इस स्वतन्त्रता को कोई चुनौती देने की जुर्रत करता है तो मर्द के पास उसे दंडित करने के सौ–सौ उपाय हैं। रंजीत सारंग से उसका बेटा चन्दन छीन लेना चाहते हैं। वे पूरे समाज से भिड़ जाते हैं–"अब रंजीत तुम ऐसा करो कि ये मोंछे मुड़वा डालो।" रंजीत की काया में काली प्रवेश किया...'आँखें मूँद ली' लगा कि चलते चाक पर बैठे हैं।

समय ने भारतीय ग्रामीण समाज को चाक पर चढ़ा दिया है। यह चाक कुछ बदल रहा है। मैत्रेयी पुष्पा को चाक के बाद जल्दी ही नया उपन्यास लिखना चाहिए। चाक जब घूमता है तो बहुत कुछ बहुत जल्दी बदल देता है। जो बदल रहा है उसको लिखने की क्षमता मैत्रेयी पुष्पा में है।

आधुनिक संस्कृति के निर्माण की कथा

खगेन्द्र ठाकुर

कुछ साल पहले हिन्दी में कहा जाने लगा था कि उपन्यास विधा खत्म हो रही है। एक कथाकार ने तो एक गोष्ठी में यहाँ तक कह दिया था कि हिन्दी उपन्यास मर गया। ऐसा कहने का कोई सामाजिक-ऐतिहासिक आधार नहीं था, और न है। बात इतनी सी थी कि उस समय कई वर्षों से हिन्दी में कोई महत्त्वपूर्ण उपन्यास प्रकाश में नहीं आया था। रचनाओं का प्रकाशित होना या नहीं होना किसी विधा के जीवन्त या मृत होने का आधार नहीं बन सकता। जिन परिस्थितियों में, जिस यथार्थ की भूमि पर हिन्दी में या किसी दूसरी भाषा में भी उपन्यास का उद्‌भव हुआ वह यथार्थ आज भी मौजूद है। अत: हिन्दी उपन्यास के मरने का प्रश्न उठाना या मन्तव्य देना अप्रासंगिक है। मैं इस प्रसंग में यह कहने की स्थिति में हूँ कि मैत्रेयी पुष्पा के दो उपन्यास 'इदन्नमम' और 'चाक' इस बात के ज्वलन्त प्रमाण हैं कि हिन्दी उपन्यास न केवल जिन्दा है, बल्कि मजबूती से आगे भी बढ़ रहा है। इस दौर में और भी अनेक ऐसे उपन्यास हिन्दी में लिखे गए हैं, जिन सबको एक साथ देखने पर तो ऐसा लगता है कि एक बार फिर हिन्दी-उपन्यास समृद्धि के उस ऊँचे धरातल पर है, जहाँ उसे प्रेमचन्द ने पहुँचाया था, जहाँ उसे जैनेन्द्र, अज्ञेय, यशपाल, इलाचन्द्र ने या फिर नागार्जुन, रेणु, अमृत लाल नागर, भीष्म साहनी आदि ने पहुंचाया। यहाँ आज के उपन्यासों की चर्चा में न जाकर मैं यह कहना चाहता हूँ कि मैत्रेयी पुष्पा ने 'इदन्नमम' और 'चाक' के आधार पर हिन्दी के कालजयी उपन्यासकारों की कतार में अपना स्थान सुरक्षित करा लिया है।

'इदन्नमम' और 'चाक' दोनों ही उपन्यास स्वतन्त्र भारत की पूँजीवादी विकास और जनतान्त्रिक सामाजिक जागरण के दौर में संक्रमणशील समाज के गाँव का स्वरूप चित्रित करते हैं। संक्रमणशील समाज के परिवर्तनशील यथार्थ का विश्वसनीय, सजीव और समग्र रूप दोनों में मिलता है। यों दोनों की कथा अलग-अलग है, सन्दर्भ अगल-अलग है, लेकिन समानता यह है कि दोनों में आधुनिक नारी शक्ति के उद्‌भव और विकास के संघर्ष को प्रतिनिधित्व करनेवाले चरित्र हैं। दोनों में एक नई संस्कृति के

निर्माण के संघर्ष की गाथा वर्णित है। 'इदन्नमम' यह मेरा नहीं या यह मेरे लिए नहीं, यह ऋषि-परम्परा की परमार्थ मूलक संस्कृति का सूत्र है। इस सूत्र की अभिव्यक्ति मन्दाकिनी के व्यक्तित्व और चरित्र के माध्यम से होती है। यह दृष्टान्त उस समाज के सामने लेखिका ने प्रस्तुत किया है, जिसमें यह मेरा है, यह मेरा है साबित करने के लिए मारामारी हो रही है। 'चाक' में यही संस्कृति भिन्न सन्दर्भ में सारंग के माध्यम से व्यक्त होती है, लेकिन इस संस्कृति के निर्माण का उत्प्रेरक है एक शिक्षक श्रीधर प्रजापति जो शिक्षा के चाक पर मनुष्य का नया सामाजिक व्यक्तित्व गढ़ता है। इन कथाओं में चित्रित संस्कृति तथाकथित 'भारतीय संस्कृति' यानी यथास्थिति की रक्षा करने के लिए अतीत का गौरव-गान करनेवाली संस्कृति नहीं, बल्कि पिछड़ेपन और शोषण-उत्पीड़न से मुक्त मानवीय सम्बन्ध की स्थापना करनेवाली आधुनिक संस्कृति है। 'चाक' में इस प्रसंग में स्त्री-पुरुष सम्बन्ध की समस्या भी सामने आती है, लेकिन कथा-प्रवाह में नारी-शक्ति के विकास, नारी की स्वतंत्रता और उसकी राजनीतिक सत्ता कायम करने के संघर्ष का साक्षात्कार करता है। यहीं पर मैं यह भी कह देना चाहता हूँ कि यद्यपि 'चाक' नारी की मुक्ति और उसकी सत्ता कायम करने के विकट संघर्ष की कथा है, फिर भी यह नारीवादी कथा नहीं है। ऐसा कहने का आधार यह है कि 'चाक' की सारंग लड़ती तो है पुरुषों की प्रभुता के खिलाफ, बराबरी का हक पाने के लिए लेकिन वह पुरुष मात्र को दुश्मन नहीं मानती, इसलिए नारी-मुक्ति के लिए नारीवाद का सिद्धान्त नहीं स्थापित करती। समाज में नारी की सत्ता कायम करने के संघर्ष में श्रीधर प्रजापति और भँवर उसके प्रेरणास्रोत होने के साथ ही शक्ति के भी स्रोत हैं। और बाबा (गजाधर सिंह) उसके संरक्षक। उसका पति रंजीत कभी उसके साथ होता है, कभी उसके खिलाफ। यह भी ऐसा इसलिए है कि पत्नी के रूप में साथ रहनेवाली नारी की स्वतन्त्रता और सत्ता कायम करने का संघर्ष सापेक्ष रूप से व्यक्ति और चरित्र को जटिल या पेचीदा बना ही देता है। जाहिर है कि नारी स्वतन्त्रता या किसी की भी स्वतन्त्रता, एकदम निरपेक्ष नहीं हो सकती। नारी-मुक्ति के जागरण के साथ ही गाँव में नया सामाजिक जागरण भी आया है, जिससे समाज में जातीय संघर्ष भी छिड़ा हुआ है, लेकिन कथा में यह संघर्ष भीतर-ही-भीतर चलता रहता है, अनेक बार इस संघर्ष की कटुता ऊपर चली आती है, फिर भी जातीय कतारबन्दी और भिड़न्त का कोई प्रसंग कथा में नहीं है। गाँव में पूँजीवाद कई रूपों में पहुँचा है, ट्रैक्टर और हारवेस्टर कम्बाईन और पूँजी बाजार, तथा नए कारबार के जरिए पूँजी जमा करने की प्रवृत्ति दिखाई पड़ती है। 'चाक' में यह सब है। परिस्थिति और वातावरण में इन प्रवृत्तियों और मनोभावों की गूँज का प्रभाव सभी स्त्री-पुरुष चरित्रों पर पड़ा हुआ महसूस होता है। इसी पृष्ठभूमि में हम यह महसूस करते हैं कि 'चाक' का गाँव आधुनिक भारतीय समाज का प्रतिनिधि है और वह आधुनिक मानवीय संस्कृति के निर्माण के संघर्ष की कथा है।

कथ्य को प्रस्तुत करने के लिए जीवन-सन्दर्भों या प्रसंगों की जो शृंखला तैयार की जाती है,वही कथानक कहलाता है। कथानक के सन्दर्भों या प्रसंगों और उनके माध्यम चरित्रों के जीवन एवं व्यक्तित्व का निचोड़ या निष्कर्ष कथ्य होता है। कथ्य और कथानक के सम्बन्ध की स्वाभाविकता और विश्वसनीयता से उपन्यास का स्वरूप, स्तर एवं कलात्मक सौन्दर्य निर्धारित होता है। इस प्रकार की सामान्यीकृत बातों के आधार पर हम 'चाक' को देखते हैं तो यह अत्यन्त सधा हुआ,कलात्मक सौन्दर्य की दृष्टि से अत्यन्त सन्तुलित एवं सुगठित मालूम होता है। हिन्दी-उपन्यास में विविध प्रकार के शिल्पगत प्रयोग किए गए हैं। प्रेमचन्द, यशपाल, नागार्जुन, भीष्म साहनी उपन्यास के शिल्पी नहीं माने जाते हैं। मैं यहाँ इस बहस में नहीं उलझना चाहता कि कौन कितना अच्छा शिल्पी है। लेकिन यह प्रसंग छेड़कर इतना जरूर कहना चाहता हूँ कि मैत्रेयी पुष्पा ने किसी नए शिल्प का इजाद करने की घोषणा करने की बात तो दूर उसका संकेत भी नहीं दिया है, फिर भी 'चाक' में हमें एक खास प्रकार का नया शिल्प या शिल्पगत नया आकर्षण दिखाई पड़ता है। चार सौ चौंतीस पृष्ठों के इस मोटे उपन्यास को शुरू से अन्त तक पढ़ते हुए पाठक कहीं ऊब नहीं महसूस करता, वह किसी प्रकार का दबाव भी अपने मानस पर नहीं मसहूस करता। ऐसा भी नहीं लगता है कि उपन्यास का आकार किसी अवान्तर दबाव या प्रेरणा से फैला दिया गया है। कथानक में पात्रों या चरित्रों की भीड़ है, ऐसा लगता है कि गाँव के सभी टोलों और टोलों के सभी घरों के लोग कथा में पात्र बनकर आ गए हैं और प्राय: सभी प्रमुख पात्रों के जीवन से जुड़ी एक कथा है। उन सारी कथाओं को अत्यन्त मनोयोग और संयम से गूँथ कर पूरे उपन्यास की कथा तैयार की गई है। कोई कोशिश करे तो इस उपन्यास के कथानक से अनेक कहानियाँ निकाली जा सकती हैं, जैसे रेशम की कहानी, सारंग की कहानी, जो सबसे लम्बी होगी, गुलकन्दी की कहानी, रंजीत की कहानी, बाबा की कहानी, प्रधान फत्ते सिंह की कहानी, थान सिंह की कहानी, लौंगसिरी की कहानी, विसुनदेवा की कहानी, चन्दन की कहानी, कैलासी सिंह की कहानी, श्रीधर प्रजापति की कहानी, साधजी और डोरिया की कहानी, आदि-आदि। लेखिका ने इस जैसी तमाम कहानियों को गुम्फित करने में सधा हुआ कौशल दिखाया है। कौशल इस बात में है कि कहानियों को कहाँ किस प्रकार गूँथा गया है, यह दिखाई नहीं पड़ता, यानी जोड़ या सिलाई का स्थान नजर नहीं आता। यही तो कौशल या कलात्मक सौन्दर्य है। उपर्युक्त तथा कुछ अन्य कहानियों के समुच्चय के माध्यम से 'चाक' का कथ्य प्रस्तुत होता है। इस उपन्यास का कथ्य यह है कि स्वतन्त्रता जीवन के लिए आवश्यक तो है, लेकिन उसे पाना अत्यन्त कठिन है, रेशम को जान देनी पड़ी, गुलकन्दी, उसकी माँ हरि प्यारी और उसके पति विसुनदेवा को भी जान देनी पड़ी, सारंग को मार खानी पड़ी कई बार अपने पढ़े-लिखे पति रंजीत के हाथों, श्रीधर को भी घातक हमला झेलना पड़ा, लेकिन ये सभी प्रसंग कुछ-न-कुछ नयापन लिए

हुए हैं, यानी एकदम परम्परागत या रूढ़िवादी नहीं हैं। ये चरित्र नए प्रश्न उठाते हैं जीवन में, जिन्हें संक्रमण शील समाज भी झेल नहीं पाता। रेशम की हत्या कर दी गई, लेकिन दहेज के लिए नहीं, उसका पति मर गया, वैधव्य में उसने गर्भ धारण कर लिया, परम्परा से गाँव के उसके प्रतिष्ठित परिवार की बड़ी बूढ़ी औरतों ने इज्जत बचाने के लिए गर्भपात कराने की सलाह दी और रेशम ने इनकार कर दिया। इसी पर एक रात उसे दुनिया से विदा कर दिया गया। यह हत्या का एक नया रूप है। नया प्रश्न है विधवा को भी गर्भ धारण करके सन्तान पैदा करने और जीने का अधिकार क्यों नहीं मिले? भारतीय नारी के जीवन के लिए यह नई स्वतन्त्रता है। जीवन में आज भी शायद ही कोई इसे स्वीकार करे, लेकिन लेखिका ने यह प्रश्न नारी के पक्ष में उठाया है। यह प्रश्न विधवा विवाह के अधिकार से भी भिन्न है। सारंग इस अधिकार के पक्ष में है। हत्या का विरोध करती है, संगठित विरोध। रेशम की हत्या किए जाने पर सारंग सोचती है–'अंधियारी ने ढँक लिया उजियारा।' सारंग उजियारी की रक्षा में खड़ी होती है। असल में वह गाँव का इतिहास बदलना चाहती है, क्योंकि 'गाँव' के इतिहास की दास्तानें बोलती हैं–रस्सी के फन्दे पर झूलती रुक्मिणी, कुएँ में कूदनेवाली रामदेई, करबन नदी में समाधिस्थ नारायणी–ये बेबस औरतें सीता मइया की तरह भूमि प्रवेश कर अपने शील–सतीत्व की खातिर कुरबान हो गईं। ये ही नहीं और भी न जाने कितनी...।' बूढ़ी खेरापतिन इस तरह की कथाएँ सुनाती है। सारंग चाहती है कि बूढ़ी अब नई कथा सुनाए। उस कथा की शुरुआत सारंग के संघर्ष से होती है। वास्तव में यही कथा तैयार करना उपन्यास लेखन का ध्येय है।

सारंग की कथा नई है यानी कुरबान होने के सिलसिले में पूर्ण विराम लगा देने के संघर्ष की कथा। इसी प्रक्रिया में नई कथा बनती है जो 'चाक' में वर्णित है। इस इतिहास को नया मोड़ देने का प्रयत्न है। नया इतिहास लिखने के लिए नया प्रश्न उठाना जरूरी है। रेशम की हत्या के बाद सारंग प्रश्न उठाती है–'तमाम बूढ़े–बड़े गुमसुम क्यों रह गए? इनकी जिह्वा क्यों लकड़ा गई? ये पुरुष–महापुरुष शाबाशी के पात्र हैं या धिक्कार के? इनकी लाज–लिहाज हम क्यों करते हैं?' हमें ऐसा लगता है कि सारंग के रूप में महाभारत की द्रौपदी बोल रही है।

पुराने इतिहास का विरोध करना और नया इतिहास लिखना क्या आसान है? सारंग का पति रंजीत हिचकता है, सहमता है। अन्ततः रंजीत तैयार होता है, रिपोर्ट लिखाता है, स्वयं गवाह बनता है, तोता की बहू को गवाह बनाता है। इस मामले में डोरिया गिरफ्तार किया गया। रंजीत थोड़े दिनों के लिए गाँव का हीरो बन गया लेकिन निचली अदालत में रंजीत हार गया। वह हाईकोर्ट में अपील करना चाहता है, लेकिन यह आसान काम नहीं है। यह नए इतिहास का पहला अध्याय है, जो आगे की विकटता का संकेत देता है।

विरोध करने की इस प्रक्रिया में, विरोध करने की कठिनाई झेलने के प्रसंग में भी

हम महसूस करते हैं कि गाँव बहुत बदल गया है। बदलाव पर नजर डालें। हीरो बनकर रंजीत का मन बढ़ा तो यह सोचने लगा कि वह गाँव की गुंडागर्दी का मुकाबला कर सकता है, किसानों को राजा बना सकता है। कृषि विज्ञान पढ़ा यह बेरोजगार नौजवान अपने को गाँव के लायक बनाने की कोशिश करता है। गुंडागर्दी ऐसी है कि एक दिन डोरिया ने सारंग का रास्ता रोक निपूती हो जाने की धमकी दे दी। उसी हालत पर रंजीत का बड़ा भाई दलजीत जो पुलिस में हवलदार है शहर में, कहता है–'गाँव से सीधापन कब का उड़ गया...रंजीत जिनके दुख–दर्दों में तुम बहे जा रहे हो, वे तुम्हें पार पर नहीं डालेंगे, उलटा धार में धकेल देंगे।...अब यहाँ आदमी की सुरक्षा नहीं है। खतरा ज्यादा बढ़ गया है। गुण्डागर्दी का बोलबाला है जो जितना बदमाश हो, वह उतना ही पुजता है। लट्ठ के दम पर लोग भैंस हाँके ले जा रहे हैं। ऐसा न होता तो नम्बरदार भींगी बिल्ली की तरह दुबके रहते? भवानी दास साधजी के बेटों की तामील कर रहे होते? साँढ़ के आग बछिया की लाचारी।' रंजीत पर असर पड़ता है दलजीत के तर्कों का। दलजीत ने पूँजीवादी विकास से प्रेरित होकर और भी समझाया कि गाँव की जगह–जमीन बेचकर शहर में प्लॉट ख़रीदने–बेचने का धंधा करो, वह भी नहीं तो मुर्गी–पालन करो, सरकार से कर्ज मिल जाएगा। बैठा–बैठी का रोजगार है यह। लेकिन गाँव के वातावरण में ये धंधे नहीं हो सकते और जमीन बेचकर गाँव छोड़ना भी सम्भव नहीं। गाँव की सामंती नई चेतना आदि से समन्वित ग्रामीण चेतना और आधुनिक पूँजीवादी चेतना के बीच द्वन्द्व का अच्छा उदाहरण है यह। रंजीत यह समाधान मान लेता है कि वह तो गाँव में ही रहे, लेकिन उसका बेटा चन्दन दलजीत के साथ आगरा चला जाएगा पढ़ने के लिए। सारंग चन्दन को भी शहर भेजने के खिलाफ है। वह गाँव के दरन्दिों से लड़ना चाहती है। चन्दन को शहर भेजने के प्रश्न पर रंजीत और सारंग के बीच जो विवाद होता है उसमें नारी के अधिकार का नया रूप या एक आधुनिक रूप सामने आता है। सारंग कहती है–'जैसे चन्दन अकेले तुम्हारा ही बालक हो! तुम ही उसके कर्ता धर्ता तुम ही पालनहार, ...मैं कुछ नहीं...मैं कुछ नहीं, कुछ भी नहीं...ऐसा क्यों लग रहा है आज?' प्रश्न इस रूप में सामने आता है कि बालक का अभिभावक क्या केवल पुरुष है, स्त्री नहीं? उसके बारे में निर्णय क्या केवल पिता करेगा माँ की राय का कोई महत्त्व नहीं? इस प्रश्न का उत्तर भी उपन्यास में अत्यन्त कुशलता के साथ दिया गया है। यह उत्तर देने के क्रम में एक कथा ही बन जाती है।

पहले तो रंजीत की बात चल जाती है और चन्दन अपने चाचा दलजीत के साथ आगरा चला जाता है। चन्दन का जाना सारंग को वैसा ही लगता है, जैसा कुछ दिन पहले धौरी गाय के बछड़े 'प्रथम' का मर जाना। बछड़े के मर जाने पर 'सारंग' की नजरें बालू भरे पाट की तरह वीरान हो गईं और चन्दन के शहर चले जाने पर 'चंदन के बिना वियावान...आँखें बरसने लगीं।' लेकिन आगे चलकर सारंग चुपके से पत्र

लिखकर चन्दन को गाँव बुलवा लेती है। यह है अधिकार का उपयोग। सारंग यह स्थापित कर देती है कि पुत्र के बारे में वह भी स्वतन्त्र निर्णय कर सकती है।

रंजीत ने मान लिया कि 'ताल ठोंककर जीना आसान नहीं...छाती तान कर रहने की कीमत मँहगी पड़ती है।' वह यह भी कहता है–'मैं बीज–खाद के चक्कर में, ट्रैक्टर माँगने के फेर में दिन–रात भागा फिरता हूँ और तुम कहती हो कि हाईकोर्ट–सुप्रीम कोर्ट का दरवाजा खटखटाऊँ? नामुमकिन।' रंजीत की यही नई मनोदशा उसके और सारंग के बीच विभाजक रेखा खींच देती है। सारंग इस मनोदशा को नहीं कबूल करती। यहीं से सारंग अपनी स्वतन्त्रता यानी आत्मनिर्णय के अधिकार के लिए रंजीत से भी लड़ने लगती है। सारंग की लड़ाई यानी नारी स्वतन्त्रता की लड़ाई कितनी जटिल और कठिन है यह सारंग की लड़ाई पर गौर करने से अच्छी तरह समझ में आ जाता है। सारंग ने अपने पहलवान ननदोई कैलासी सिंह को अपने निर्णय से चुपके बुलवा लिया दंगल में डोरिया को पटखनी दिलवाने के लिए। रेशम की हत्या का बदला लेने का संघर्ष जारी रखने का यह एक तरीका है, यह सारंग का पहला स्वतन्त्र निर्णय था। कैलासी सिंह आए। दंगल में भाग लिया, डोरिया को चित्त कर दिया। गाँव में तहलका मच गया। साथ ही, प्रधान जी आदि समझ रहे हैं कि यह काम सारंग का है। लेकिन सारंग का कलेजा ठंडा हुआ आज। दूसरा स्वतन्त्र निर्णय सारंग ने रंजीत से पूछे बिना किया, चन्दन को आगरा से वापस बुलाने के लिए और चन्दन आ भी गया। गाँव के स्कूल में उसका दाखिला करा दिया। यह तीसरा स्वतन्त्र निर्णय था। रंजीत क्रुद्ध होता है, सारंग से झगड़ता है, लेकिन सारंग दृढ़ है। दाखिला वही कराती है अभिभावक बनकर। बालक के अभिभावकत्व का अधिकार माँ को क्यों नहीं। यह भी एक नया अधिकार है जो नारी को चाहिए। चौथा निर्णय सारंग ने किया श्रीधर के आग्रह पर 'एकलव्य' नाटक की पांडुलिपि लिखने का भार स्वीकार करके। एक और महत्त्वपूर्ण निर्णय उसने बाबा के कहने पर कर लिया रंजीत की स्वीकृति की जरूरत समझे बिना घायल श्रीधर की सुश्रुषा के लिए उसके साथ अलीगढ़ जाने का। यह निर्णय ऐसा है, जो रंजीत और उसके बीच खाई बना देता है। वह श्रीधर के अत्यन्त करीब चली जाती है, यहाँ तक कि वहाँ से लौटने पर सेवा के लिए एक रात श्रीधर के साथ रह कर रति कर बैठती है लौंगसिरी के घर में। यह सेक्स की स्वतन्त्रता के अधिकार का उपयोग है। यह उपयोग जनतान्त्रिक और श्रेयस्कर है या नहीं, यह बहस अभी चल ही रही है। स्वतन्त्रता और मर्यादा के रिश्ते को कायम रखने या खत्म कर देने का प्रश्न भी है।

अन्तिम स्वतन्त्र निर्णय है पंचायत के चुनाव में प्रधान (मुखिया) पद के लिए चुनाव लड़ने का रंजीत से पूछे बिना। यह वृत्तान्त इस उपन्यास की कथा की प्राणधारा है, तमाम उपकथाओं और पात्रों की चारित्रिक पहचान की कसौटी बन गया है। इससे इस उपन्यास की असल कथा को गरिमा मिलती है, साथ ही मैत्रेयी पुष्पा की उपन्यास–कला का मानवीय सौन्दर्य चमकता हुआ दिखाई पड़ता है। मेरे कहने का मतलब यह

है कि 'चाक' का सौन्दर्य उसकी कथा में उठे उपर्युक्त प्रश्नों में है।

चंदन का आगरा चला जाना सारंग को परिवार में कमजोर कर देने का कारक मालूम पड़ता है। कथा-क्रम में एक जगह लेखिका कहती है आदमी को कमजोर करना होता है तो पहले उसकी संस्कारी प्रकृति को कुचला जाता है। सारंग के नए संस्कार को कुचलने की कोशिशें की गईं, रंजीत के द्वारा, समाज के द्वारा, साध जी और प्रधान जी के द्वारा, लेकिन सारंग की चेतना और प्रज्वलित ही होती गई।

इस उपन्यास में एक अनोखा चरित्र है गाँव के सकूल में आया नया मास्टर श्रीधर प्रजापति। यह मास्टर सारंग को आकृष्ट करता है, संघर्ष की नई ताकत देता है। इस चरित्र का अनोखापन केवल शिक्षक होने के कारण नहीं, बल्कि शिक्षक होना तो साधारण बात है। असल बात यह है कि वह शिक्षक है सामाजिक-राजनीतिक अधिकार पाने के लिए लड़ने के नए दौर में। उसके व्यक्तित्व में जागरण की चेतना तो है ही, जागरण के पीछे काम कर रही शक्तियों का आधार है। इनसे श्रीधर को शक्ति मिलती है। यही कारण है कि श्रीधर एक स्कूल मास्टर होकर भी गाँव की खूँखार, आततायी, और रूढ़िवादी शक्तियों के सामने डटकर खड़ा हो जाता है और डटा रहता है। मार खाकर भी डटा रहता है। गाँव के सामाजिक ही नहीं राजनीतिक शक्ति सन्तुलन को भी बदलने के लिए योजनाबद्ध रूप से लड़ता है। इसके लिए शिक्षा के माध्यम से बच्चों से लेकर महिलाओं और अन्य तबकों में नई चेतना फैलाता है। वह आने के साथ ही नई चेतना यानी जनतान्त्रिक अधिकार के लिए संघर्ष की चेतना फैलाने लगता है। गुलकन्दी नए मास्टर के बारे में सारंग को बताती है-नया मास्टर रामायण नहीं, आल्हा की चौपाई सुनाता है-हम न भगि हैं रण समुहे से। सारंग को भी नई ताकत मिलती है, क्योंकि रंजीत लड़ाई से भाग चुका है। रंजीत ने प्रधान फत्ते सिंह का समझौता प्रस्ताव मान लिया। वह सोचता है-मैं उनमें से भी नहीं कि शेखी में आकर अपना नाश कर लूँ। साँप के मुँह में हाथ दे दूँ कि देखो मैं कितना बहादुर हूँ। यह सामनी चेतना में आ रहे परिवर्तन का सूचक है, यह पूँजीवादी चेतना है, जिसके केन्द्र में खानदान और परम्परा या जात-पाँत की रक्षा के लिए जान देने और लेने की आन नहीं, बल्कि अपने लाभ के लिए कहीं, किसी से भी समझौता कर लेने की प्रवृत्ति रहती है। रंजीत सारंग को समझाता है-सँभालो खुद को। ये नादानी की बातें करना भूल जाओ, त्रिया चरित्र पसारना तुम जैसी औरत को शोभा नहीं देता। तुम जैसी औरत कहने का मतलब है यह याद दिलाना कि सारंग गुरुकुल में पढ़े हुए हैं और फिर रंजीत की पत्नी है। रंजीत कृषि विज्ञान में एम.एस-सी. है, गाँव को बदलना वह भी चाहता है।

सारंग अपनी जगह पर अडिग है, तभी तो वह आल्हा गानेवाले मास्टर श्रीधर के प्रति अनयास ही आकर्षण महसूस करती है। स्कूल के एक आयोजन के प्रसंग में श्रीधर गाँव में घूमता हुआ उसके दरवाजे पर आ गया। उसने देखा उसे बराबरी से मूढ़े पर बैठा तो दिल जुड़ा गया उसका। वह सोचती है-'तो तुम वही हो मास्टर, जिसकी

मुझे तलाश है। बहादुरी के नाम पर मक्कारी के किस्से नहीं सुनाते। इन छोटे-छोटों के दिल में वीरता के बीज बोने आए हो, यही मानसिकता है, जो सारंग को 'नारीवाद' की सीमा से ऊपर उठाकर उदात्त बना देती है। श्रीधर प्रजापति बच्चों के साथ सारंग के आँगन में चला गया तो सारंग ने उसे तिलक लगाया और अनायास ही पैर भी छू लिए। यह वीरता का अभिनन्दन है और उसी के प्रति नमन भी। एक क्षत्रिय जाट महिला कुम्हार के पैर छू लेती है। जैसे मीरा ने रैदास को गुरु बनाकर किया था।

लौंगसिरी बीबी ने मास्टर के पैर छूने पर एतराज किया, तो सारंग कहती है– 'आजकल जति बिरादरी! तुम भी बीबी पुराने समय की बात...!' यह सामाजिक द्वन्द्व का सूचक है–प्रगति और रूढ़ि का द्वन्द्व। सारंग प्रगति की प्रतीक हैं, लौंगसिरी रूढ़ की। यह द्वन्द्व कथा का मुख्य विषय नहीं है। जाहिर है कि समय बदल रहा है, तो उसका रूप एकहरा नहीं, सरल नहीं, जटिल है। पुराने शोषक नया रूप ले रहे हैं। अब लाठी नहीं, बन्दूक का समय है। 'जब गली-गली रन छिड़ेंगे तो द्वार-द्वार बन्दूकें भी तनेंगी।' शोषण और जुल्म के खिलाफ लड़नेवाले भी नया रूप ले रहे हैं। यों यह ध्यान देने की बात है कि आर्थिक हितों की दृष्टि से जो वर्ग संघर्ष होता है, वह 'चाक' में कही नहीं है। 'इदन्नमम' में पत्थर तोड़ मजदूरों को संगठित करने, ठेकेदारों के शोषण का विकल्प खोजने के माध्यम से उस अर्थ में वर्ग संघर्ष होता है। लेकिन 'चाक' में वर्ग संघर्ष का आर्थिक नहीं वैचारिक या चेतनागत रूप है। वैचारिक लड़ाई लड़ना बहुत कठिन है। इस लड़ाई का नायक है श्रीधर प्रजापति। वह भी अडिग रहकर लड़ाई जारी रखता है। सामाजिक जुल्म के खिलाफ लड़ाई का नायकत्व सारंग के हाथ है। यही तो दोनों के नजदीक आने का ठोस आधार है। बाबा यानी गजाधर सिंह और भँवर इस लड़ाई में सारंग के मददगार बने रहते हैं हमेशा।

श्रीधर की लड़ाई नए क्षेत्र में प्रवेश कर जाती है, जब वह स्कूल का नया भवन बनवाने की प्रधान की योजना पर हस्ताक्षर करने से इनकार कर देता है। यह लड़ाई मात्र वैचारिक नहीं है, यों श्रीधर के नए विचार की लड़ाई में उसे अडिग रखते हैं। चित्रण की खूबी यह है कि भ्रष्टाचार का जिक्र किए बिना लेखिका ने बता दिया है कि स्कूल भवन तो ठीक-ठाक है, फिर नए भवन के निर्माण की जरूरत क्या है? जाहिर है कि नए भवन-निर्माण योजना की रकम लेकर प्रधान थोड़ा-बहुत मरम्मत का काम करा कर लगभग सारी रकम अपने पास रखकर चुनाव कोष के रूप में उसका इस्तेमाल करना चाहते हैं। श्रीधर किसी भी कीमत पर हस्ताक्षर नहीं करने के संकल्प पर अड़ा रहता है। वह भ्रष्टाचार का समर्थन नहीं कर सकता। प्रधान ने रंजीत का सहारा लिया, रंजीत ने सारंग का सहारा लिया, लेकिन श्रीधर किसी भी तरह नहीं हिलता। जैसे नकसे मास्टर का तबादला करा दिया गया था, वैसे श्रीधर का तबादला नहीं कराया जा सकता। जिला के अधिकारी श्रीधर का समर्थन दूसरे कारण से करते हैं। उलटे हेड मास्टर थान सिंह का ही तबादला हो गया है। यह देश या राज्य के स्तर

पर सामाजिक शक्ति सन्तुलन में आए बदलाव के प्रभाव से घटित राजनीतिक परिवर्तन की अभिव्यक्ति है गाँव के स्तर पर। इससे गाँव में राजनीतिक संघर्ष का नया रूप प्रकट होता है। यों इस परिवर्तन का वर्णन कथा में कही नहीं है। संकेत से बातें कह जाना इस उपन्यास के शिल्प का प्रमुख तत्त्व है।

'चाक' का गाँव अतरपुर पूँजीवादी व्यवस्था, चेतना और राजनीति में व्यापक प्रसार के दौर का गाँव है। इसलिए अतरपुर में चल रहा संघर्ष स्थूल नहीं सूक्ष्म है। गाँव में पुराने धनाढ्य भी हैं और नए भी। दोनों के व्यवहार में कुछ फर्क जरूर है, लेकिन दोनों एकजुट होकर लड़ते हैं नए उभार के खिलाफ। आज के गाँव के निहित स्वार्थी और शासक वर्ग के लोग सामन्ती जमाने की तरह मूँछ की लड़ाई नहीं लड़ते। साध जी हों या फत्ते सिंह या थान सिंह छोटी-मोटी लड़ाई में अपनी हार और बेइज्जती पर कोई उग्र प्रतिक्रिया नहीं व्यक्त करते। कुश्ती में डोरिया मात खा गया, फिर भी फत्ते सिंह रंजीत को समझौते के लिए बुला लेते हैं। डोरिया को गिरफ्तार भी होना पड़ा, लेकिन साध जी ने सामन्ती ढंग से बदला नहीं लिया। थान सिंह की बदली हो गई, तब भी श्रीधर के खिलाफ कोई प्रतिशोधात्मक कार्रवाई नहीं की गई। सारंग श्रीधर के पैर छू लेती है, तिलक लगाती है, फिर भी क्षत्रिय जाट दम मारे रहता है। यह सब कार्यनीतिक रवैया है, पंचायत पर अपना राजनीतिक प्रभुत्व बनाए रखने के लिए। इसी उद्‌देश्य से फत्ते सिंह रंजीत को प्रधान बना देने का प्रलोभन देकर अपना पिछलग्गू बना लेता है, उसका इस्तेमाल स्कूल भवन की जाली योजना पर श्रीधर से दस्तखत कराने के लिए करता है। रंजीत प्रधान बनने के नशे में इस प्रकार गर्क है कि श्रीधर के इनकार करने पर उसे पिटवा देता है, खुद भी उसमें शामिल रहता है, इस पर फत्ते सिंह खुश नहीं होता, बल्कि रंजीत को डाँटता है, ऐसा मूर्खतापूर्ण कार्य करने के लिए। रंजीत नव धनाढ्य बनने की प्रक्रिया में है। इसलिए वह पुराने धनाढ्य वर्ग से ज्यादा मूर्ख और उग्र व्यवहार करता है। नव धनाढ्य मनुष्य पुराने से ज्यादा क्रूर होता है कभी-कभी। वह दो बार अपनी पत्नी सारंग की भी पिटाई कर देता है। यों उसके चरित्र में भी कुटिलता और जटिलता है, पेचीदगी है। एक तरफ उसे श्रीधर का अपने घर आना सारंग से मिलना बर्दाश्त नहीं होता, सारंग को मानसिक यातना देता है इसके लिए और पिटाई भी करता है, दूसरी तरफ स्वयं श्रीधर और चरन सिंह बौहरे को अपने घर आमन्त्रित कर एक साथ बिठा कर स्वयं परोस कर खिलाता है, वह भी पितृ अमावस्या के दिन। चरन सिंह तो ब्राह्मण है, लेकिन श्रीधर कुम्हार, फिर भी रंजीत दोनों को पितरों के तर्पण के लिए साथ खिलाता है। सारंग भी सोचती है-रंजीत के भीतर कितनी परतें हैं।...पितरों के तर्पण के लिए छोटी कौम...। यानी छोटी कौम के श्रीधर को भोजन कराया। 'वाह रे रंजीत! मेरी तारीफ करवाकर खुश हो रहे हो!' लेकिन यह सब भी राजनीतिक है। यों रंजीत फत्ते सिंह आदि की दूरगामी चाल को समझ नहीं पाता, क्योंकि राजनीतिक तिकड़म के अनुकूल उसकी चेतना है नहीं।

अतरपुर का संघर्ष जो रेशम की हत्या किए जाने और उसका विरोध करने से शुरू हुआ था, वह अन्ततः पंचायत पर कब्जा करने की लड़ाई में तब्दील हो जाता है। सारंग ने जो संघर्ष अपने या नारी के स्वतन्त्रता अथवा आत्मनिर्णय के अधिकार के लिए शुरू किया था, वह नारी की राजनीतिक सत्ता कायम करने यानी पंचायत पर नारी का प्रभुत्व कायम करने के लिए सारंग के उम्मीदवार के रूप में मैदान में उतरने तक पहुँचता है। आत्मनिर्णय भी इस हद तक कि उम्मीदवार बनने की अनुमति रंजीत से लेने का तो प्रश्न ही नहीं उठता, यह जानते हुए कि रंजीत भी उम्मीदवार बन सकता है, सारंग उसको अपनी उम्मीदवारी की सूचना तक देना जरूरी नहीं समझती और श्रीधर एवं भँवर के कहने पर उम्मीदवार बन जाती है। श्रीधर ने जो संघर्ष बच्चों को नई चेतना और निर्भीकता की शिक्षा देने, स्कूल को प्रधान के प्रभुत्व से मुक्त करने से शुरू किया था, वह भी पंचायत के चुनाव में फत्ते सिंह मंडली को पराजित करने और नई सामाजिक राजनीतिक चेतना की प्रतीक सारंग को पंचायत की गद्दी पर बैठाने तक पहुँच जाता है। सारी घटनाएँ पंचायत चुनाव के संघर्ष में आकर सिमट जाती हैं। स्वाभाविक है कि सारी उपकथाएँ इससे पहले की प्रासंगिक ढंग से अपने-अपने निष्कर्ष पर पहुँच कर राजनीतिक धारा में मिल जाती है। इस प्रकार अत्यधिक फैली हुई, चारों तरफ बिखरी हुई घटनाएँ कम होती हुई गोपुच्छा की तरह सिमटती हुई राजनीतिक संघर्ष में समाहित हो जाती है।

यहाँ पर फिर कहूँ कि घटनाओं को समेटने के लिए, चरित्रों को कम करने के लिए लेखिका को कोई कृत्रिम उपाय नहीं करने पड़े। दो खेमे बन गए। एक तरफ सारंग, श्रीधर, भँवर, बाबा गजाधर सिंह आदि और दूसरी तरफ फत्ते सिंह, साध जी, भवानी दास, थान सिंह, रंजीत आदि। सारंग खेमे के पक्ष में तमाम जातियों की नारियों की गोलबन्दी, फत्ते सिंह के खेमे में उपर्युक्त महानुभावों के साथ पुलिस, दारोगा आदि को लेकर बूथ कैप्चरिंग की योजना। गाँव की राजनीति को केन्द्र में लाकर लेखिका ने जिस तरह कथानक की परिणति दिखाई है, वह अत्यन्त कलात्मक है। कलात्मकता का सार-तत्व है निष्कर्ष की तरफ बढ़ने की तार्किक संगति और स्वाभाविकता। राजनीति केन्द्र में लाई नहीं गई है, बल्कि आ गई है, क्योंकि आज के युग में सारे अधिकारों के मूल में है राजनीतिक अधिकार। जीवन की सारी समस्याओं और उसके समाधानों के मूल में है राजनीति। अतः हर प्रकार के संघर्ष के केन्द्र में राजनीति को आना ही है। इस एहसास से 'चाक' जैसे उपन्यास की कलात्मकता रूप लेती है। कहने का अर्थ है कि कला अलग से कोई चिपकाई हुई चीज नहीं है। वह कथा के विकास की प्रक्रिया का अंग है।

पूरे उपन्यास में पार्टियों के, राजनीतिक नेताओं के, राजनीतिक नारेबाजी के नहीं होते हुए भी 'चाक' आज के युग का महत्त्वपूर्ण राजनीतिक उपन्यास है। यह भी 'चाक' की श्रेष्ठ कलात्कता का प्रमाण है। यह भी उसी कला का एक उत्तर रूप है

कि पंचायत के लिए मतदान कराने और मतगणना परिणाम आने के निष्कर्ष तक उपन्यास के कथानक को नहीं पहुँचाया गया है। रंजीत बैठा है फत्ते सिंह खेमे में, वह सारंग के साथ नहीं है। लेकिन जनमत से जीतने की उम्मीद नहीं रह जाने पर जब वह मंडली पुलिस की मदद से 'बूथ कैप्चरिंग' की योजना बनाने लगती है, फलतः अचानक उसके शरीर में अद्‌भुत ताकत आ जाती है और वह फत्ते सिंह तथा दारोगा समेत मंडली के अन्य सदस्यों पर टूट पड़ता है, उन्हें औचक ही मारकर उलट देता है और अपने घर की ओर भागता है। रात का समय है, दरवाजा बंद है, लेकिन वहाँ पहुँचते-पहुँचते उसका आवेश शान्त हो जाता है, वह शोर नहीं मचाता, दरवाजा नहीं पीटता, क्रोध नहीं व्यक्त करता। दरवाजे के पास बैठ जाता है सुबह होने और दरवाजा खुलने की प्रतीक्षा में। रंजीत में आया यह परिवर्तन, यानी उसका पक्ष-परिवर्तन सांकेतिक रूप से बता देता है कि चुनाव का परिणाम क्या होगा। पहली बार भीतर से रंजीत सारंग के पक्ष में हो गया है। रात बीतने या सुबह होने की, दरवाजा खुलने की प्रतीक्षा करना जैसे सारंग की विजय की प्रतीक्षा करना है और अब वह यह भी महसूस करेगा कि यह उसकी भी विजय है। बन्द किवाड़ पर सिर टिकाकर वह गहरे अपनेपन का एहसास कर रहा है। यह एक वाक्य ऊपर से निष्कर्ष पेश कर देने में सक्षम है, लेकिन एक छोटा-सा वाक्य और भी है-लगा कि चलते चाक पर बैठा है। यह चाक मास्टर श्रीधर का है, कुम्हार का नहीं बल्कि समाज में नई चेतना के वैतालिक श्रीधर का और रंजीत अपने जीवन में पहली बार अनुभव कर रहा है कि उसका भी व्यक्तित्व श्रीधर के चाक पर गढ़ा जा रहा है। अब उसे सारंग के आत्मनिर्णय के अधिकार से एतराज नहीं होगा। सारंग को जो अधिकार मिले हैं या मिलेंगे वे उसके भी होंगे।

उपन्यास में एक प्रेम कथा भी है सारंग और श्रीधर की। पहले भी इसका जिक्र हो चुका है। लेकिन यहाँ मैं फिर से उल्लेख करके पाठकों का ध्यान इस ओर खींचना चाहता हूँ कि यह प्रेम असाधारण है, क्योंकि यह प्रेम जीवन में किसी फिसलन और फूहड़पन से या किसी आवेश से नहीं पैदा हुआ है। इस प्रेम का आधार है अन्याय के खिलाफ संघर्ष। समान विरोधी के खिलाफ संघर्ष से परस्पर आकर्षण पैदा होता है,आकर्षण लगाव का रूप लेता है, लगाव मानसिक, सांस्कृतिक और सामाजिक हर तरह का। घायल श्रीधर की सेवा-सुश्रूषा की अवधि में यह लगाव और आगे बढ़कर शारीरिक सम्पर्क तक अनायास ही पहुँच जाता है। इसके कारण रंजीत की प्रताड़ना उसे सहनी पड़ती है, जो परम्परागत दाम्पत्य जीवन की मान्यता के आधार पर अस्वाभाविक नहीं है। सारंग भी कहती है श्रीधर से अपने रति कर्म पर-गाँव की औरतों के हिसाब से तो मैंने अपना धर्म भ्रष्ट कर डाला श्रीधर। लेकिन मेरे मन में प्रश्न उठता है कि शहर में क्या पति की जानकारी में कोई स्त्री पर-पुरुषगमन करती है तो क्या पति या और कोई उसे धर्मभ्रष्ट होना नहीं मानते? शहर में गुपचुप यह व्यापार चलता रह सकता है, यह सम्भव है। सो तो गाँव में भी चलता है। यह प्रसंग

गाँव और शहर का भेद नहीं करता।

सारंग असल सवाल उठाती है 'मेरा मन जिद्दी है श्रीधर! कहता है, जिस मर्द के साथ मेरे पिता ने विदा कर दिया, उस मालिक से वापस माँग लो अपनी देह।' कहने का अर्थ यह है कि 'मन और देह दोनों एक साथ रहे।' इस विचार के बाजवूद श्रीधर के साथ रति क्रिया के दौर में सारंग के मन में द्वन्द्व है, छत में पति की आँख उग आती हैं, लेकिन द्वन्द्व बहुत कमजोर है। पूरे उपन्यास में दाम्पत्य के बारे में श्रीधर की धारणा या मान्यता कहीं व्यक्त नहीं हुई है। यह आश्चर्यजनक है। ऐसा क्या इस प्रसंग का औचित्य दिखाने के लिए है? इन सबके बावजूद यह ध्यान देने योग्य है कि अन्ततः रंजीत और सारंग का दाम्पत्य कायम रह जाता है और उपन्यास के अन्त में जिस प्रकार रंजीत किवाड़ से मुँह लगाकर बैठ जाता है, सुबह की प्रतीक्षा में, उससे यही अर्थ निकलता है कि आगे सारंग का मन और शरीर दोनों रंजीत के साथ रहेंगे। और रंजीत भी सारंग की स्वतन्त्रता को कबूल कर लेता है। यह पूरा प्रसंग यानी रंजीत और सारंग का सम्बन्ध तथा सारंग और श्रीधर का प्रेम स्त्री–पुरुष सम्बन्ध के साथ ही समाज में स्त्री के स्थान और सामाजिक परिवर्तन में स्त्री की भूमिका पर सोचने का अवसर तो प्रदान करता ही है, सोचने की सही दिशा भी देता है। स्त्री को किससे स्वतन्त्रता चाहिए और कितनी स्वतन्त्रता चाहिए और फिर यह भी कि किस बात के लिए स्वतन्त्रता चाहिए–ये सारे प्रश्न उठते हैं और उनका मर्यादित उत्तर भी मिलता है।

उपन्यास में एक और रति प्रसंग वर्णित है, लेकिन वह आवश्यक और स्वाभाविक नहीं लगता। ऐसा लगता है कि वह स्त्री–पुरुष सम्बन्ध के बारे में आधुनिकतावादियों या नव रीतिवादियों के प्रभाव से गढ़ा गया प्रसंग है। सारंग ने दंगल के लिए ननदोई कैलासी सिंह को बुलवाया है। कैलासी सिंह कहता है कि अब वह किसी काम का नहीं है, उसकी मर्दानगी जाती रही। अब उसकी मर्दानगी को जगाने के लिए सारंग पड़ोस की कलावती चाची से जो विधवा है आग्रह करती है। और कलावती चाची ने रात भर कैलासी सिंह के साथ मेहनत करके वह काम किया। यह अलग प्रसंग है, जो कथा में नहीं भी रहता तो कोई नुकसान कथा का नहीं होता। एक इस प्रसंग को छोड़कर कोई भी प्रसंग अनावश्यक अथवा अतिरिक्त नहीं लगता। संघर्ष के व्यूह की तरह संगठित कथा और तराशी हुई, मर्मभेदी भाषा है उपन्यास में शुरू से अन्त तक।

गाँव की घटनाओं को कथा–प्रवाह का रूप देने और उसे अबाध गति से क्रमशः आगे ले चलने की अद्‌भुत क्षमता है मैत्रेयी पुष्पा में। भाषा के स्वरूप और गति को समझने के लिए कथा प्रवाह पर नजर डालना जरूरी है। भाषा यानी रचना की भाषा कोई मन में तो नहीं गढ़ी जाती, हाँ मन या रचनाकार का रचनात्मक विवेक उसे व्यवस्थित और सन्तुलित करता है। इस दृष्टि से मुझे लगता है कि 'चाक' के भाषा सौष्ठव के पीछे कथा–प्रवाह और उस प्रवाह में गतिशील एवं सक्रिय पात्रों की मनोदशा, उनकी आकांक्षाओं और योजनाओं की मैत्रेयी की पकड़ प्रशंसनीय है, क्योंकि पात्रों की

मनोदशा की यह पकड़ किसी मनोवैज्ञानिक उपन्यास से कम नहीं है। यह बात खामख्वाह फैली हुई है कि मनोवैज्ञानिक या मनोविश्लेषणात्मक उपन्यासों में लेखक पात्रों के अन्तर्जगत में प्रवेश करता है और सामाजिक या यथार्थवादी उपन्यासों में लेखक बहिर्जगत का चित्रण करता है। इस उपन्यास में सारंग, श्रीधर, रंजीत, प्रधान जी, बाबा गजाधर सिंह आदि के अन्तर्जगत में मैत्रेयी ने इस तरह प्रवेश किया है कि लगता है यह उसके लिए एकदम सहज है। एक खूबी यह है कि मैत्रेयी पात्रों के अन्तर्जगत में प्रवेश करके वहाँ रह नहीं जाती, बल्कि निकलकर समाज को बताती हैं कि किस पात्र के अन्तर्जगत में क्या है? इस अन्तर्जगत और बाह्य जगत के अन्तर्सम्बन्ध और अन्तर्क्रिया का चित्रण कुशलता से किया है मैत्रेयी ने और इस चित्रण में भाषा की बहुविध छटा दिखाई पड़ती है। उपन्यास में प्रारम्भ का यह गद्य देखिए–'गाँव की सहज सरल दिनचर्या में अचानक धमका हुआ, धरती हिल उठी। रात–दिन काँप गए। हाय–हाय, त्राहि–त्राहि के भयानक दर्द भरे कोलाहल में डूब गई गँवई धरती... लेकिन कुछ घड़ियों के उफान के बाद ठंडी शान्ति की फरेबी परते...धीरे-धीरे उतरने लगी।' रेशम की हत्या से उत्पन्न वातावरण का चित्रण करनेवाला गद्य है यह। लेकिन यह गद्य केवल वातावरण नहीं गाँव के नए चरित्र का भी संकेत देता है। गाँव की सहज, सरल दिनचर्या में धमाका हुआ यानी गाँव के लोगों के चरित्र में सहजता और सरलता नहीं रही।

मनोदशा से भाषा का जो सम्बन्ध है वह यहाँ देखिए–सारंग का मुख गुलाब के फूल–सा खिला हुआ। हर चिन्ता से मुक्त। जैसे जिन्दगी के रथ की खुद सारथी हो। गुलाब के फूल सा खिला मुख तो बहुत सी नायिकाओं का बहुतेरे नायकों को दिखा होगा और आमतौर से कारण रहा करता है नायिका की जवानी, प्रेम की कान्ति आदि। लेकिन यहाँ मुख के गुलाब की तरह खिलने का कारण उनसे भिन्न है–अपनी जिन्दगी के रथ की खुद सारथी होना। मन की स्वतन्त्रता यानी आत्मनिर्णय के अधिकार के प्रभाव से खिला हुआ मुख। ऐसे मुख वाली नायिका यथार्थवादी उपन्यासों के सिवा और कहाँ मिल सकती है?

सांकेतिक भाषा का एक नमूना यह है–'श्रीधर लालटेन लिए बाहर निकले कि रंजीत भैया की राह में जहाँ तक उजाला कर सकें करें।' यहाँ लालटेन राह और उजाला तीनों द्वयार्थक हैं और प्रतीकात्मक संकेत से यह अर्थ निकलता है कि श्रीधर रंजीत का अज्ञान यानी रूढ़ि से उत्पन्न अन्धकार को दूर कर उसकी चेतना को प्रकाशित करना चाहते हैं।

ऐसे ढेर सारे उदाहरण जुटाए जा सकते हैं। उपन्यास की भाषा पर अलग से काम हो तो वहाँ यह सम्भव है। मुख्य बात यह है कि जीवन प्रवाह और रचना के आन्तरिक उद्देश्य के अनुकूल भाषा सहज भाव से बनती चली गई है। पूरे उपन्यास में अनेक नाटकीय प्रसंग और उनकी जरूरतों के अनुकूल छोटे–मोटे वाक्यों वाले संवाद भरे

पड़े हैं। ध्यान देने की बात है कि इतने मोटे उपन्यास में कहीं नारी मुक्ति की समस्या अथवा राजनीतिक सामाजिक बदलाव पर बहस का आयोजन नहीं है। यह अच्छी बात है। विचार या विचारधारा का अनुभव भी जीवन प्रवाह में ही होता है। यही कारण है कि भाषा की बनावट या संवादों का स्वरूप गपसप के प्रसंगों की तरह है। संवादों के उदाहरण देना यहाँ जरूरी नहीं है। ऐसे संवाद सारंग-रंजीत-वार्ता या सारंग-श्रीधरी-वार्ता या फिर रंजीत-फत्ते सिंह वार्ता, श्रीधर-रंजीत-वार्ता आदि में देखे जा सकते हैं।

कहीं-कहीं कुछ स्थानीय शब्द ऐसे आ गए हैं, जिनका अर्थ विशाल हिन्दी क्षेत्र में भी दूसरे बोली क्षेत्र में समझ में नहीं आते जैसा 'सक्का', बिटौरा, नौहरे आदि। लेकिन ऐसे शब्द 'चाक' में 'इदन्नमम्' से कम है।

कुल मिलाकर यह उपन्यास आज के गाँव के माध्यम से समकालीन भारतीय समाज के एक महत्त्वपूर्ण अंग के यथार्थ और उसकी गतिशीलता का परिचय तो देता ही है, हिन्दी गद्य की आधुनिक सामर्थ्य का भी एहसास कराता है।

स्त्रीवाद की जमीनी सच्चाई

जानकी प्रसाद शर्मा

'चाक' पर आकार लेती सूरतें। सारंग, रेशम, बूढ़ी खेरापतिन, कलावती चाची, हरप्यारी, गुलकन्दी, लौंगसिरी, चुनिया, जिरौली वाली और ऐसी ही कितनी स्त्री-छवियाँ हैं जो कथाकार मैत्रेयी पुष्पा की दृष्टि के चाक पर आकार लेती हैं। इन सूरतों में ब्रज की मिट्टी की रस-गंध रची-बसी है। इन सूरतों से होकर हम ब्रज के किसान जीवन तक पहुँच जाते हैं। मैत्रेयी पुष्पा बुन्देलखंड के आँचलिक जीवन को वाणी देनेवाली कथाकार के रूप में अपनी पहचान बनाती हैं। 'चाक' (1997 ई.) से पहले का 'इदन्नमम' उपन्यास इसकी मिसाल है। 'चाक' में वे बुन्देलखंड से सटे ब्रज की ओर रुख करती हैं। सांस्कृतिक दृष्टि से देखें तो इस उपन्यास की लोकेल अलीगढ़ जनपद तक परिमित लगती है। लेकिन इस चाक की परिधि में पूरा पश्चिमी उत्तरप्रदेश, बुन्देलखंड, पूर्वी मालवा और ब्रज की सीमा से लगे राजस्थान के इलाके आ जाते हैं। यह आधी से ज्यादा हिन्दी पट्टी का सांस्कृतिक आख्यान है। इकहरे रूप में सांस्कृतिक भी नहीं क्योंकि इसमें राजनीति, धर्म, जातिवाद और कृषि-सम्बन्धों से वाबस्ता बहुत से मुद्दे जेरे बहस रहे हैं।

लेखिका ने बीसवीं शताब्दी के उत्तरार्द्ध के समय को 'चाक' की कथाभूमि के रूप में चुना है। कथानक के लिए सीमित समय-फलक का चयन सप्रयोजन है। विस्तृत समय-फलक को चुनने के खतरे भी हैं। घटनाओं का लेखा-जोखा देने में गैरजरूरी तफसीलें जगह पा सकती हैं जिससे कथाकार के मुख्य फोकस में बिखराव पैदा हो जाता है। मैत्रेयी पुष्पा ने कथानक की जिस तरह से योजना की है, उसमें वे आँगन लीपती, घर सहेजती और खेतों में काम करती औरतों के प्रति करुणा के लिए ज्यादा-से-ज्यादा स्पेस बचाकर रख सकी हैं।

'चाक' में रंजीत और सारंग के दाम्पत्य सम्बन्धों की हिलती हुई बुनियाद की थरथराहट सुनाई देती है। उनकी मुख्य समस्या है आपसी विवास के सूत्र की तलाश। रंजीत एक शिक्षित युवक है-एम.एस-सी. ए.जी.। सारंग कन्या गुरुकुल की पढ़ी हुई लड़की है। उसे कन्या गुरुकुल इसलिए भेजा गया था कि वह अपनी विमाता के

आनन्द पर भारी पड़ती थी। सारंग और रंजीत के बीच तनाव की शुरुआत उनके बालक चन्दन को आगरा भेजने की घटना से होती है। रंजीत का भाई दलवीर आगरा में पुलिस की नौकरी में है। सारंग को लगता है कि 'चन्दन पढ़ने के लिए तो कतई नहीं गया। वह तो ढकेला गया है। बोझ की तरह किसी दूसरे के आँगन में पटक दिया गया है।' रंजीत की सोचना यह है कि गाँव के लगातार दूषित होते हुए वातावरण से बचाने के लिए चन्दन को आगरा भेजा गया है। अविश्वास का दूसरा कारण है रेशम की हत्या के मुकदमे से रंजीत का पीछे हटना। सारंग चाहती है रंजीत ऊपर अदालत में पहुँचकर रेशम के हत्यारों को सजा दिलवाए। अविश्वास का तीसरा कारण है, सारंग के जीवन में स्कूल मास्टर श्रीधर प्रजापति का आना। वह भावातिरेक में एक बार श्रीधर के चरण स्पर्श कर लेती है। श्रीधर उसे दो तरह से आकृष्ट करता है। एक तो यह है कि सारंग के अनुसार गांव में ही उसके बेटे चन्दन को उचित मार्गदर्शन देनेवाला अध्यापक आ गया है। दूसरे, रंजीत से बढ़ती हुइ दूरी के कारण सारंग, श्रीधर में भावात्मक अवलम्ब खोज लेती है। उसे लगता है कि श्रीधर के रूप में 'घुटन भरे आसमान को फोड़कर हवा का कोई ताजा झोंका आया है।' (पृष्ठ 210)। इधर पूरे जाट समुदाय और गाँव में तिल का ताड़ बन जाता है। हर जबान पर एक ही चर्चा है कि सारंग श्रीधर मास्टर के साथ आशनाई कर रही है। रंजीत को यह रुस्वाई असह्य है। यहाँ तक कि वह सारंग के साथ मारपीट करता है। तंग आकर वह कह उठता है, ''किस ताल-पोखर में गिरूँ मैं? या रोज तुम्हारी ठोका-पीटी करूँ।'' दूसरी ओर सारंग श्रीधर के बारे में यहाँ तक सोच बैठती है, 'भोग करने से तुम्हारे प्राण तृप्त हों, तो आओ, रात बाकी है अभी। भवसागर से पार उतर जाऊँगी।' (पृष्ठ 239)

रंजीत, सारंग और श्रीधर-यह एक त्रिकोण बनता है। दरअसल यह 'नयी कहानी' वाले प्रेम के त्रिकोण का पिष्टपेषण नहीं है क्योंकि न तो रंजीत सारंग का प्रेमी है और श्रीधर को लेकर तो वह अपने सम्बन्धों को कोई नाम ही नहीं दे पाई है। मुहब्बत के सिवा जमाने के दूसरे गम उसे ज्यादा परेशान करते हैं। गाँव की क्षुद्र राजनीति, रेशम और गुलकन्दी जैसी अनेक स्त्रियों की त्रासदी और बालक चन्दन के विछोह की पीड़ा उसके भीतर एक प्रेमिका कही जानेवाली स्त्री का एहसास ही नहीं जागने देतीं। लेखिका इस विडम्बना को लक्षित करना चाहती है कि कभी-कभी पुरुष के समक्ष देखने का सिर्फ एक ही कोण बचा रहता है और स्त्री एक ही स्थिति को कई कोणों से देखने की दृष्टि रखती है। रंजीत और सारंग इसी विडम्बना में जी रहे हैं। रंजीत केवल यह देख पा रहा है कि श्रीधर एक खलपात्र की तरह सारंग और उसके बीच नमूदार हो गया है। उसका समग्र आचरण इसी मनोग्रन्थि या वहम से नियन्त्रित है। इस मनोग्रन्थि के दबने या उभरने के अनुपात में सारंग और श्रीधर के प्रति उसके रवैए में नर्मी या सख्ती आती है। सारंग की पीड़ा यह है कि रंजीत अपनी सहजता खो बैठता है। कभी वह सारंग को टूटकर चाहनेवाला रंजीत बन जाता है और

कभी उसके पुरुष दम्भ की कठोरता चरम पर होती है। इन हालात में जी रही एक आम स्त्री की वेदना को लेखिका ने सारंग के एक स्वगत कथन के जरिए यों व्यक्त किया है, 'जिस घर की मिट्‌टी का रेशा-रेशा मेरे हाथों से सजा सँवरा है, जिसके आँगन में मेरे पाँव के निशान जीवित हैं, विश्वास नहीं होता रंजीत कि एक पल में वह मुझसे कैसे छिन गया। तुम्हारा कोई नया सूत्र खुलता है और मुझे कुम्हार के डोरे की तरह चाक से काट ले जाता है...' (पृष्ठ 309) इस तरह सारंग एक बार नहीं, अनेक बार चाक से काटी जाती है।

रंजीत जिन दबावों में साँस ले रहा है, उनमें कुछ सकारात्मक सोच पाना उसके वश में नहीं है। शिक्षा से उसे कृषि वैज्ञानिक कहा जा सकता है। उसने रासायनिक खाद और उन्नत बीजों की किस्मों के बारे में ज्ञान प्राप्त किया है। कृषि की नई-नई तकनीकों और धरती को उर्वर बनाने के तरीकों को जानकारी हासिल की है। लेकिन सच यह है कि अब इस धरती में सिर्फ कुण्ठाएँ उगने की सम्भावना रह गई है। कारण, अब रंजीत फत्ते सिंह प्रधान के जाल में फँसता जाता है जो कि गाँव की फ़ज़ा को खराब करनेवालों में से एक है। एक शिक्षित युवक के विपथन की प्रक्रिया शुरू हो जाती है। सारंग और रंजीत के बीच तनाव की इन्तहा पंचायत चुनाव के दौरान सामने आती है। बात-बात में श्रीधर प्रधानी के लिए सारंग का पर्चा भरवा देता है। रंजीत को सारंग की उम्मीदवारी नागवार गुजरती है। वह सिर्फ यह कहकर अपने क्रोध को पी जाता है, 'सारंग यह जिद! आखिर किसलिए?' चुनाव के माहौल में यहीं एक बिन्दु पर रंजीत में एक अप्रत्याशित बदलाव आता है। एक दलित प्रत्याशी कुँवरपाल (जिसका भाई कलेक्टर है) की बैठक में दारू-मुर्गे की दावत चल रही है। इसमें दारोगा गिरीश त्यागी, सुलेमान सिंह, फत्तेसिंह प्रधान आदि शरीक हैं। दारू के नशे में गिरीश त्यागी और सुलेमान सिंह सारंग की ओर लक्ष्य करके अश्लील बातें करने लगते हैं। यह सुनकर रंजीत की काया में काली प्रवेश कर जाती है। वह संहार की मुद्रा में मुट्‌ठी कसकर उठता है और पूरी महफिल को तहस-नहस कर देता है। घर वापस आता है। बन्द किवाड़ों तक मुँह ले जाता है। परिचित गंध अपनेपन का गहरा एहसास जगाती है और उसे लगता है कि वह चलते चाक पर बैठा है। संयोग से यह उपन्यास का समापन भी है। रंजीत के बदलाव से लेखिका की क्या मुराद है? दरअसल रंजीत के चारित्रिक परिवर्तन में एक ओर आत्मग्लानि और पश्चात्ताप के भाव शामिल हैं तो दूसरी ओर यह एक असफल युवक के व्यवस्था के प्रति आक्रोश का इजहार भी है। यहाँ चलते चाक पर बैठे होने की अनुभूति में गहरा संकेत निहित है। इसी चाक पर से उसके अहंकार के सूत्र ने सारंग को कई बार काटा है। गोया स्वयं को चाक पर रखकर रंजीत यही असर सारंग को देना चाहता है।

उपन्यास की सम्वदेना में ग्रामीण व कस्बाई समाज में स्त्री की नियति से जुड़े प्रश्नों को केन्द्रीय स्थिति प्राप्त है। कथासाहित्य में स्त्री-विमर्श अब कोई नई चीज

नहीं रह गई है। लेकिन स्त्रीवाद से सम्बन्धित बौद्धिक बहसें और एक कहानी या उपन्यास में जीवन की राह से स्त्री-विमर्श को अभिव्यक्ति देने में बहुत फर्क है। हमारी बौद्धिक बहसें अक्सर स्त्रीवाद के पश्चिमी मॉडल के इर्द-गिर्द चलती हैं। जबकि एक रचनाकार स्त्री की नियति को जमीनी वास्तविकता से जोड़कर देखता है। मैत्रेयी पुष्पा निश्चय ही इधर स्त्री पर हुए सोच-विचार में कुछ नए आयाम जोड़ती हैं। कभी-कभी यह देखा गया है कि रचनाकार बहसों को सम्पादित कर देते हैं, उनमें जीवन नहीं होता। कम-अज-कम 'चाक' में मौजूद हिन्दी पट्टी के इस अंचल में स्त्री की जो स्थिति है उसके मूल में यहाँ की विशिष्ट परिस्थितियाँ कारण रूप में विद्यमान रही हैं। स्त्री की यह नियति एक साँचे में ढली हुई नहीं है। सारंग, रेशम, गुलकन्दी और जिरौली वाली अपने-अपने ढंग से मुक्ति के रास्ते ढूँढ़ने के लिए जूझती हैं। वे सब अपने दायरे में अकेली हैं। गाँव-देहात के अर्द्ध सामन्तीय परिवेश में संगठित होने का अवकाश ही उन्हें नहीं मिलता। इनमें से वह कोई भी स्त्री हो, उसकी चेतना पर बद्धमूल जड़ संस्कारों की गिरफ्त इतनी मजबूत है कि वह मुक्ति के लिए बार-बार उद्यत होने के बावजूद खुद की पिंजरे में कैद पाती है। हम पश्चिमी स्त्रीवाद की तर्ज पर उच्च मध्यवर्ग की स्नॉब औरतों के खुलेपन और औद्धत्य की बात करते समय 'चाक' जैसे उपन्यास में मौजूद समाज को ध्यान में नहीं रखते। जहाँ पुरुष के सामने अब भी स्त्री को कभी 'घी का मटका' और कभी 'धौरी गाय' समझा जाता है। सारंग की बहन रेशम के पति करमवीर की मृत्यु के बाद उसे अपने जेठ डोरिया की बाँह थामने के लिए विवश किया जाता है। सास उसे समझाती है, 'रेसमिया, बैयर घी का मटका होती है, आदमी की आँच पाए भसम उसी को होना पड़ता है।' (पृष्ठ 19) रेशम के नहीं मानने का दुष्परिणाम यह होता है कि उसे अपने पेट में पल रहे बच्चे के साथ बिटौरे में जिन्दा दबा दिया जाता है। हम जिस बदलाव की बात करते हैं वह समाज के ऊपरी तबकों तक ही सीमित है। लाला भवानी दास की पत्नी के सामने सारंग इस सच्चाई को खोलकर रख देती है, 'तुम कहती हो बीबी, जमाना बदला है, पर कुछ नहीं बदला। सिलसिला बदस्तूर चल रहा है। कभी बदलेगा भी नहीं...' तब बीबी के भी यह स्वीकार करना पड़ता है, 'हमारी दसा धौरी गाय से बेहतर नहीं।'

मैत्रेयी पुष्पा की खूबी यह है कि ये स्त्री के प्रति 'घी का मटका' और 'धौरी गाय' वाले दृष्टिकोण के बरअक्स स्त्री की मुक्ति-आकांक्षा के पक्ष में, धीमे ही सही, आवाज उठाती हैं। कुल एक हजार की आबादी वाले इस अतरपुर गाँव में ब्राह्मण, बनिया, जाट जैसी ऊँची कही जानेवाली कौमें हैं तो तेली,गड़रिया, कुम्हार, खटीक, चमार और नाई जैसी छोटी जातियाँ भी हैं। सक्का मुसलमान भी हैं। वैसे इस गाँव में जाटों की अक्सरियत है। लेकिन नम्बरदार और भवानीदास (चाचा-भतीजे) के दो वैश्य परिवारों का दबदबा है। जातिगत अन्तर्विरोध सिर्फ पुरुषों तक सीमित है। सभी

जातियों की स्त्रियाँ एक जैसे उत्पीड़न की शिकार हैं। उदाहरण के लिए हरप्यारी नाइन की बेटी है गुलकन्दी। वह लोक-कलाकार बिसुनदेवा खटीक से प्रेम करती है। यहाँ जाति आड़े आज जाती है। माँ हरप्यारी बिसुनदेवा को लेकर आगबबूला हो जाती है, 'तिलक-छापे का ढोंग करता है। मूँड़ में ईंट मारकर सब धजा बिगाड़ दूँगी मुँहपजारे की।' लोग गुलकन्दी को छिनाल और बिसुनदेवा को छिनट्टा कहते हैं। वह विद्रोह करके बिसुनदेवा के साथ भाग भी जाती है। वापस आने पर आखिरकार हरप्यारी, गुलकन्दी और बिसुनदेवा को घर में जिन्दा जाला दिया जाता है। जानेवाला है गुलकन्दी का चचेरा भाई हरप्रसाद। बम्बई रिटर्न नाई। दरअसल जैसा हमने यहाँ देखा है, समाज का यथार्थ इससे भी भयावह है। अभी जुलाई, 2009 की खबर है, जींद (हरियाणा) में सगोत्र विवाह को लेकर एक युवक की हत्या कर दी गई।

इसी तरह मनोहर बाम्हन की पत्नी जिरौलीवाली जिस अमानवीय यंत्रणा को सहती है, वह मर्मांतक है। इस घटना के माध्यम से लेखिका स्त्री-स्वतन्त्रता की ऊँची-ऊँची बहसों के आगे आईना रख देती है। पति मनोहर जिरौलीवाली पर लांछन लगा देता है कि जिरौली वाली के पेट में पल रहा बच्चा उसका नहीं, चरनसिंह बोरे का है। इसलिए वह हाथरस की 'डाकधरनी' से कटवा-कटवाकर बच्चे को निकलवा देता है। इस क्रूर और पाशविक आचरण से पीड़ित होकर जिरौली वाली विक्षिप्त-सी हो जाती है। उसे चुड़ैल करार दे दिया जाता है। बड़ी हृदय विदारक स्थिति होती है जब जिरौली वाली अपने बच्चे के लिए बनाए हुए कपड़े फाड़ने लगती है। यह वह समाज है, जहाँ औरत यह सब सह ले तो पतिव्रता और बगावत करे तो चुड़ैल कहलाती है।

लौंगसिरी के माध्यम से लेखिका ने स्त्री-नियति के कुछ नए पक्ष उद्‌घाटित किए हैं। लौंगसिरी को कर्कशा नारी के रूप में प्रस्तुत किया गया है। उसकी विधवा माँ बद्री बाम्हन से लगी हुई है। वह माँ की पहरेदारी में अपनी जवानी बिता देती है। उधर उसका पति हतीसा वाला दूसरी औरत से नैना जोड़ बैठता है। उसकी स्थिति सुहागन विधवा की है। वह एक ऐसी विकट स्त्री है 'जिसकी अपनी माँ से नहीं निभी, खसम को लतिया दिया, पूत दस कोस ही से हाथ जोड़ते हैं, बहुएँ शक्ल नहीं देखना चाहतीं।' अपने 'कढ़ी खाये' तकिया कलाम के साथ वह किसी भी पुरुष को फटकारने का अधिकार रखती है।

उपन्यास में दो ऐसे पात्र भी हैं जो स्त्री-अस्मिता की बहस को नया आयाम देते हैं। वे हैं बनिया की बहू और कलावती चाची। इन पात्रों के चरित्रांकन में लेखिका ने स्त्रियों की बाबत गढ़े गए शुचिता के पैमानों पर प्रश्नचिह्न लगाया है। पोर्नोग्राफी बनाम जैनुइन साहित्य या अश्लील बनाम श्लील की बहसें साहित्य में लम्बे समय से चलती रही हैं। इन बहसों का समाहार भी लगभग इस निष्कर्ष के साथ हो चुका है कि इसका निर्णय रचना की समग्र संवेदनात्मक परिणति के आधार पर ही किया जा

सकता है। नए हालात के पेशेनजर रचनाकार को नैतिकता के वर्जित क्षेत्रों में दाखिल होने की जरूरत है। जिस रूढ़ नैतिकता के कारावास में स्त्री कैद रही है उसे आजाद करने के लिए अभिव्यक्त के स्तर पर साहसिक हस्तक्षेप दरकार है। यहाँ लेखिका ने बनिया की बहू और कलावती चाची को लेकर यह पहल की है। उन्होंने वर्जनाओं पर से पर्दा हटा दिया है। यहाँ यह रचना की अनिवार्य स्थिति भी लगती है। संयोग से दोनों स्त्रियों का सम्बन्ध कैलासी सिंह पहलवान से जुड़ता है। बनिया की बहू को उसके ससुराल वाले बाँझ मानते हैं। आदमी कहता है, 'बंसबेल नहीं चलाएगी तो तुझे हम चाटेंगे धरकर? जिस पेड़ पर फल नहीं लगते उसको काटकर आग में झोंक दिया जाता है।' लेकिन उसके मुताबिक वह बाँझ नहीं है, उसका पति ही नामर्द है। वह कैलासी सिंह पहलवान के संसर्ग से अपनी कोख में एक बालक चाहती है। सिर्फ दो बूँदों का दान। कैलासी सिंह को डर है कि यह दान देने से उसकी साधना खंडित हो जाएगी। अत: संसर्ग से पहले ही उसकी मर्दानगी क्षीण हो जाती है।

उस स्थिति की कल्पना पीड़ादायक है जहाँ एक स्त्री परपुरुष के सामने इस स्तर पर आकर याचना करने लगे। यहाँ सआदत हसन मंटो की 'हतक' जैसी अनेक कहानियाँ हमारे जेहन से होकर गुजर जाती हैं।

कलावती चाची हिन्दी उपन्यास का विरल चरित्र है। वह समाज द्वारा खड़े किए फाहिशा कहलाने के डर से मुक्त हो चुकी है। तथाकथित लोकलाज से उसने पीछा छुड़ा लिया है। वह गाँव में 'दूती लुगाई' के लकब से मशहूर है। चाची का अधपगला पति घर छोड़कर भाग जाता है! वह छुट्टल गाय की तरह फिरती है। जहाँ स्त्रियाँ इतना बंद जीवन जी रही हों, वहाँ कलावती जैसा खुला और निधड़क आचरण कई सवाल खड़े करता है। लेखिका शायद यह संकेत करना चाहती है कि कलावती चाची जैसी स्त्री ने अपनी पीड़ा के लिए निकास का मार्ग ढूँढ़ लिया है। वह मार्ग है सेक्स। दूसरे यह है कि कलावती चाची की चरित्र-सृष्टि के माध्यम से लेखिका स्त्री-पात्रों की विविधता दिखाना चाहती है। कलावती चाची अपने से उम्र में छोटे कैलासी सिंह पहलवान के साथ सेक्स के अनुभव को बहुत खुले शब्दों में सारंग के सामने रखती है। चाची की जुबान से मैत्रेयी ने सहवास के एक-एक क्षण का जिस तल्लीनता से वर्णन किया है, उसमें उन्होंने कुछ ज्यादा ही आजादी ले ली है। कैलासी सिंह के बारे में कलावती चाची के शब्द सुनिए 'आठ-नौ साल के बालक की सी चोचनी! वह भी मरी मुसटिया सी...!' हमें इस बोल्ड भाषा के सामाजिक स्रोतों की छान-बीन करनी होगी। बहरहाल।

लेखिका ने श्रीधर प्रजापति के चरित्र में बहुत-से पहलू निकाले हैं। स्थिति के अनुसार उसकी भूमिका बदलती रहती है। वह सारंग का भावनात्मक अवलम्ब तो है ही, इसके साथ ही स्त्रियों में मुक्ति-चेतना जगाने में भी वह अहम भूमिका अदा करता है। कई बार लगता है कि लेखिका का निजी मन्तव्य बहुत अंशों में श्रीधर के

जरिए ही व्यक्त हो सका है। उपन्यास के समूचे वातावरण में नैराश्य और टूटन व्याप्त है। हर मुकाम पर श्रीधर का हस्तक्षेप एक सकारात्मक परिवर्तन की उम्मीद जगाता है। जैसाकि ऊपर प्रसंग आया है, जिरौली वाली की यन्त्रणा और दुर्दशा को देखकर वह अपनी डायरी में दर्ज करता है, "यही प्रताड़ना देखकर तुम्हारे ही बीच से कोई मंझा उठेगी सारंग, जो अपनी मर्जी से अपना बच्चा पैदा करेगी। भले बालक हींसबिरे (जंगल) में जन्मे। उसकी कोख का फैसला करनेवाला कोई राजा होगा, न मालिक और न कोई देवता। नल की तरह जन्म लेने वाला प्यारा-सा बच्चा सिर्फ अपनी माँ को पहचानेगा, किसी राजा पिरथम को नहीं। जिरौली वाली को दी गई यातना व्यर्थ नहीं जाएगी...तुम्हारे मन में विक्षोभ की एक चिनगारी छिटकी, यही क्या कम है?" (पृष्ठ 214) इस उद्धरण में कई विचारणीय बातें हैं। स्त्री की मुक्ति-चेतना की कई शक्लें हो सकती हैं। 'चाक' के समाज में वह जमीन नहीं है जिस पर सशक्त और मुखर प्रतिरोध सम्भव हो सकता है। यहाँ हमें विक्षोभ की एक चिनगारी को प्रतिरोध के रूप में तस्लीम करना होगा। इस समाज में इतने की गुंजाइश ही बामुश्किल पैदा हो सकी है। वह श्रीधर ही है जो शहरों में पनप रही नारी-उत्थान केन्द्र, सहेली, जागो री, नारी सहायता केन्द्र आदि संस्थाओं की हकीकत से आगाह करता है। हमारा यह अनुमान शायद सही हो कि लेखिका ने श्रीधर के माध्यम से अपना पक्ष रखने की गुंजाइश निकाल ली है।

उपन्यास में कई सन्दर्भ और ब्योरे ऐसे हैं जिन्हें एक सजग महिला रचनाकार की दृष्टि ही पकड़ सकती है। यहाँ हम महिला-लेखन की बनाम पुरुष-लेखन की अतार्किक बहस में पड़े बगैर यह कहना चाहेंगे कि मैत्रेयी पुष्पा ने ब्रज तथा ओर-पास के स्त्री जीवन में जिस आत्मीयता और इनवाल्वमेंट के साथ झाँका है, वह अद्‌भुत है। एक विधवा को दूसरे पुरुष के नाम के बिछिए पहनने का क्या अर्थ होता है? बिछिए पहनने की लाचारी में निहित पीड़ा को एक स्त्री का संवेदनशील मन ही जान सकता है। उपन्यास में विधवा रेशम और उसके जेठ डोरिया का प्रसंग हमें याद है। यह उपन्यास के अनेक मार्मिक प्रसंगों में से एक है। इसी तरह पुत्र-जन्म के मौके पर चरुए रखने और दस्टौन आदि की रस्मों के बहुत प्रामाणिक ब्यौरे उपन्यास में मिलते हैं। इन रस्मों का चलन यह बताता है कि हम स्वयं को भीतर से कितना बदल पाए हैं?

मैत्रेयी पुष्पा ने अपने अभिप्रेत को प्रभावशाली बनाने के लिए लोककथाओं और लोक-संगीत का बहुत औचित्यपूर्ण उपयोग किया है। चन्दना तथा राजा पिरथम-रानी मंझा की लोकगीत कथाएँ उपन्यास के कथानक में पार्श्व संगीत की तरह आद्योपांत विद्यमान रहती हैं। लोकगीत कथाओं के उपयोग की प्रविधि मैत्रेयी पुष्पा की उपन्यास-कला की एक सिफत है। वर्णन-लाघव की सिफत। वे इस प्रविधि के उपयोग से थोड़े में बहुत कुछ कह जाती हैं। हर लोकगीत कथा में उनके किसी स्त्री

पात्र का जीवन झाँकता नजर आता है। चन्दना की कथा सुनाते हुए बूढ़ी खेरापतिन का दिल कलप-कलप उठता है–

अब के तो बिछड़े पाँखी पंछी कब मिलें जी
ए जी कोई हुए री करेजा के टूँक
जतन बता जा चंदना अपने मिलन कौ जी

कमोबेश उपन्यास के सभी स्त्री-पात्रों के जीवन की व्यथा-कथा इन गीत पंक्तियों में कहीं छुपी हुई है।

पात्र अपनी धरती की भाषा में बोलते हैं तो कथ्य भी कुछ न कुछ समृद्ध होता है। 'चाक' के संवादों में ब्रजभाषा का माधुर्य बिखरा पड़ा है। विशेष रूप से स्त्रियों की मुहावरेदार ब्रजी देखते ही बनती है। लोकभाषा की व्यंजना शक्ति को लेखिका ने बहुत आत्मीय रूप से पहचाना है। यह उपन्यास का एक सशक्त पक्ष है।

हदें पार करने के खतरे

सुरेश पंडित

मैत्रेयी पुष्पा का कहना है कि उन्होंने अपनी जो लेखन यात्रा 1990 में शुरू की थी उसका तीसरा पड़ाव 'चाक' उपन्यास है। यह 'मन नाहिं दस बीस' नामक कहानी का विस्तारित उपन्यासीकरण है। इसका प्रकाशन 1997 में हुआ। जाहिर है इसका लेखन काल 95-96 के बीच रहा होगा। इस तरह इसको लिखे 15-16 साल गुजर चुके हैं। इस अवधि में और भी दर्जनों उपन्यास बाजार में आए। कुछ समय तक उन पर आयोजित/प्रायोजित चर्चा-परिचर्चाएँ होती रही और फिर इतिहास के स्मृति बैंक में लॉक कर दिए गए। पर 'चाक' आज भी न केवल सरवाइव कर रहा है बल्कि पाठकों-आलोचकों के बीच बहस का केन्द्र भी बना हुआ है। हाँ, यह बताना जरा मुश्किल है कि वह उनकी प्रशंसा से संजीवनी प्राप्त कर रहा है या निन्दा से। उसकी यह दीर्घजीविता प्रकट करती है कि उसमें जरूर कुछ ऐसा है जो विशिष्ट है, उल्लेखनीय है।

इसकी कहानी रेशम की हत्या से शुरू होती है। पाठक के सामने उसका मृत वर्तमान है। जिसे नायिका सारंग जीवित बनाए रखने की दमतोड़ कोशिश में लगी है। इसलिए नहीं कि वह उसकी बहन है बल्कि इसलिए कि वह सारंग को बर्बर पुरुष सत्ता से निरन्तर पीड़ित होती हुई एक आम औरत लगती है। सारंग को यह गवारा नहीं होता कि उसे इसलिए मार दिया जाए क्योंकि वह पितृसत्ता द्वारा आरोपित आचर संहिता को मानने से इनकार कर देती है और अपनी जिन्दगी अपने ढंग से जीने की जिद पर अड़ जाती है। होता कुछ इस तरह से है कि उसका पति करमवीर, जो फौज में नौकरी करता है उसे इस हद तक चाहता है कि उसका लिए अपनी नौकरी तक छोड़ देने को तैयार हो जाता है। पति का यह उत्कट लगाव साबित करता है कि वह सचमुच में ऐसी औरत है जो प्यार करने और प्यार पाने लायक है। उससे किसी को कोई शिकायत नहीं है। लेकिन जहरीली शराब पी लेने के कारण हुई उसके पति की मौत पलक झपकते ही उसके प्रति लोगों के रवैये को बदल देती है। करमवीर का बड़ा भाई डोरिया चाहता है कि रेशम उसके नाते चली जाए। घर के और लोगों की भी इसमें सहमति

है क्योंकि ऐसा करने से परिवार की जमीन जायदाद का वह हिस्सा जिसकी वह पति की मृत्यु के बाद हकदार होती है घर में ही बना रहेगा। गाँवों में जमीन की क्या कीमत है इसे शहरी लोग नहीं समझ सकते। वहाँ घर के ही किसी पुरुष का हाथ थाम लेने की रिवाज आम है। लेकिन यह ऐसी रिवाज है जो औरत को अपनी इच्छा से कोई फैसला करने का हक नहीं देती। रेशम का सबसे बड़ा अपराध यह है कि वह इस रिवाज को मानने से इनकार कर देती है। उसे यह स्वीकार नहीं होता कि पिता की उम्र के बराबर के जेठ डोरिया का हाथ पकड़ ले। उसका यह इनकार और अपने अनाम प्रेमी से गर्भधारण परिवार में एक ऐसा भूचाल पैदाकर देता है जिससे सभी सदस्य तिलमिला उठते हैं। करेले पर नीम तब चढ़ता है जब रेशम ऐसा करने से न केवल सन्तप्त नहीं होती बल्कि गर्भ गिराने से भी साफ-साफ मना कर देती है। सास हुकम कौर जब उसके इस कामोन्माद की लानत मलामत करती है तो रेशम बड़े भोले भाव से कहती है–'अम्मा तुम तो बिरथा ही दाँत किटकिटा रही हो। तुम्हारे पूत की चिता ठण्डी हो जाने से क्या मेरी देह की आग बुझ जाती? जीतों मरतों का भेद भी भूल गई तुम। बेटा के संग में भी मरी मान ली।' यहाँ अनायास कृष्णा सोबती के उपन्यास 'मित्रो मरजानी' का वह प्रसंग याद आ जाता है जिसमें मित्रो मुँह खोलकर यह कहती है कि उसका पति उसके तन की आग को नहीं बुझा पाता है। इसलिए उसका आचरण अन्य स्त्रियों जैसा नहीं है। सचाई यह है कि पुरुष प्रमुख समाज ने विधवा को ऐसा प्राणी मान लिया है जिसके तन-मन की तृषा पति की चिता के साथ ही भस्म हो जाती है। उसके लिए दो ही रास्ते बचते हैं या तो वह जीवित सती की तरह रहे या पति के संग मरकर स्वर्ग प्राप्त करे। उसे जीकर मनमर्जी करने की इजाजत नहीं मिलती। मरकर जरूर वह परलोक का सुख लूट सकती है।

रेशम फिर अपनी सास से पूछती है–'आज को मेरी जगह तुम्हारा बेटा होता तो पूछती कि तू किसके संग सोया था?...मेरे मरे पीछे तेरही तक का सबर नहीं करता। तुम खुश हो रही होती कि पूत की उजड़ी जिन्दगी बस गई।' इसकी सफाई में बुढ़िया कहती है–'मेरा बेटा पेट टाँग कर न आ गया होता। मर्द जात दस गली नाँखे तक भी नहीं जान सकता कोई।' दरअसल स्त्री की कोख ही वह अवयव है जो उसे पुरुष से अलग और निम्न बनाती है, पुरुष को स्वच्छन्दता की छूट देती है। गर्भ गिरा देने के सास के प्रस्ताव के जवाब में वह कहती है–'बिना बाप के बालक को भगवान पाप मानता तो कुँआरी-विधवा की कोख सुखा डालता।' अर्थात् भगवान की नजर में बालक बालक होता है फिर चाहे समाज उसे जायज-नाजायज कुछ भी मानता रहे। अफसोस है सास इतना समय गुजर जाने के बाद भी अपने बेटे के चले जाने पर तो रोती है लेकिन रेशम के बालक की हत्या करके राहत महसूस करना चाहती है। रेशम और हुकम कौर के बीच चला यह तीखा संवाद सास को एक खलनायिका के रूप में प्रस्तुत करता है और पुरुषों द्वारा प्रचारित उस धारणा को पुष्ट करता है कि औरत ही औरत

की दुश्मन होती है। लेकिन दोनों ही बातें सही नहीं हैं। वह भी एक औरत है और दूसरी औरत के दर्द को उतनी ही शिद्दत के साथ महसूस करती है। जितनी कोई मर्द के लिए करता है। इसीलिए वह अन्त में कहती है–'रेशमिया मेरा बस चले तो मैं तुझे अपनी पलकों में छिपा लूँ पर मर्दों को क्या जवाब दूँगी री!' उसकी रेशम के लिए नाराजगी इसलिए है क्योंकि मर्दवादी समाज में वह ऐसा ही करके रह सकती है।

सारंग चाहती है कि रेशम की हत्या का बदला लिया जाए क्योंकि ऐसा करना न्याय के पक्ष में खड़े होना है। वह पति रंजीत को इसका विरोध करने और हत्यारे डोरिया को सजा दिलवाने के लिए उकसाती है। उसका मानना है कि यदि समाज पुरुष के पीछे खड़ा होकर उसको जुर्म से बचा लेता है तो कानून से तो यह अपेक्षा की ही जा सकती है कि वह हत्यारे को दंड देगा। पर रंजीत कानून की सचाई से सारंग को अवगत करवाते हुए कहता है–'कानून कायदे पैसा देकर कागज के ऊपर पोंछ देनेवाली इबारत के सिवा कुछ नहीं। और औरत के हक में तो बिल्कुल नहीं।' वह इसे एक सामान्य दुर्घटना मानते हुए कहता है–'सारंग, संसार में जो आया है, जाएगा। रेशम के जाने का बहाना यही था। संसार की लीला यही है। तुम गीता पढ़ा करो, धीरज बँधेगा।' उधर औरतें भी इसे विधि का विधान, भैमाता का लिखा बतलाकर सारंग को चुप हो बैठने की सलाह देती हैं। इन सब बातों से वह साबित होता है कि धर्मशास्त्र, विधि, भैमाता या कर्मफल जैसी मान्यताएँ इसलिए गढ़ी गई हैं ताकि औरतें अन्याय का विरोध न करें और पुरुषवादी मानसिकता को कोई चुनौती न दें। पर सारंग इस तरह के बहकावों में आने वाली औरत नहीं है। वह रंजीत से साफ-साफ कहती है–'तुम इसलिए चुप लगाए बैठे हो कि रेशम मेरी सगी बहन नहीं थी। सगी बहन भी होती तब भी तुम लापरवाही बरत सकते थे, टाल सकते थे कि मेरी कौन-सी घरवाली थी, घरवाली होती तब भी आदमी बहाना खोज सकता है कि मरनेवाली चली गई, केस मुकदमा करने से क्या होगा। गवाह गिरफ्तारी के चक्कर में कौन फँसे। सजा हो भी जाए तब भी मरनेवाला लौटता नहीं है। मैं यह जानती हूँ कि औरत के मरने का गम ज्यादा देर नहीं मनाते। उम्र भर तो कौन मनाए। मगर तुम उन लोगों से अलग हो। मैं तो समझती हूँ कि इस बेईमान जमाने में तुम न्याय की बात को लेकर ऊँची आवाज कर सकते हो। तुम चुप हो तो क्या मैं तुम्हें कायर मान लूँगी। रंजीत यह समझ लो कि रेशम नहीं सारंग मरी है।'

आखिर रंजीत डोरिया के खिलाफ मुकदमा कर देता है। लेकिन एक गवाह के तोड़ लिए जाने और दूसरे हथकंडों के काम में लाए जाने से डोरिया छूट आता है। रंजीत इस हार से बहुत दुखी होता है। सारंग उसे सान्त्वना देते हुए कहती है–'सच रंजीत, तुमसे मैंने ऐसी ही आशाएँ बाँधी हैं। तुम इतने ही बहादुर हो। मुझे जीत नहीं तुम्हारी बहादुरी चाहिए।' वह रंजीत को बेहद प्यार करती हैं लेकिन उसे अपने मन में अंकित छवि के रूप में ढालना भी चाहती है। एम.एस.सी. (ए.जी.) होकर भी रंजीत

का गाँव में रहकर एक उन्नत किस्म की खेती करने का निर्णय सारंग को अन्दर तक अभिभूत कर देता है। वह सहज ही यह मान लेती है कि रंजीत ही वह व्यक्ति है जो उसका प्यार पाने के योग्य है। उसके रहते सारंग को और कुछ पाने की जरूरत नहीं रहेगी। लेकिन जैसे-जैसे कहानी आगे बढ़ती है रंजीत का चरित्र वैसे वैसे, खासकर जैसा सारंग चाहती हैं, ऊँचा नहीं उठता। उसे एक आदर्श किसान न बन पाने, डोरिया, थान सिंह आदि की गुंडागर्दी का जवाब न दे पाने, डर कर बेटे चन्दन को आगरा छोड़ आने जैसी बहुत सी लाचारियाँ कुण्ठाग्रस्त करने लगती हैं। इस कुंठा को गाँव के स्कूल में श्रीधर मास्टर के आने और उसके प्रति सारंग के बढ़ते झुकाव और बढ़ाते हैं। यह कुंठा उसमें एक तरह का दुचित्तापन पैदा करती है। कभी वह किसानी सम्बन्धी सपने को साकार करने, श्रीधर को कुम्हार होते हुए भी अपने बराबर बैठाने और सारंग के उसके साथ बनते सम्बन्धों को सहज मन से स्वीकारने की कोशिश करता है तो कभी निराश हो ठीक उलटे तरह का आचरण करने लगता है। उसका अन्तर्द्वन्द्व, जो निश्चय ही एक सहज स्वाभाविक प्रक्रिया है, उसे चैन नहीं लेने देता। कभी वह कहता है– 'मास्टर जी, मैं दकियानूसी, ऊँच-नीच माननेवाला नहीं जैसे और लोग हैं। मैं किसी कुबड्ड ब्राह्मण को ब्राह्मण नहीं मानता। आप बालकों को ज्ञान देते हैं सही माने में ब्राह्मण आप हैं।' लेकिन दूसरे ही पल उसके बारे में सारंग से कहता है–'इस लड़के का मास्टर न हो गया साला मन्दिर का महादेव बना बैठा है, जबकि गाँव-गाँव की लड़कियाँ भगाने का काम किया है इसने...यह साला बिष्ठा में मुँह मार रहा है और तुम आँचल पसारे उसका थूथड़ा पोंछने के तैयार खड़ी हो।' उसे खलता है कि काफी योग्य होते हुए भी उसने नौकरी न करने और गाँव चले आने का जो निर्णय लिया वह सही नहीं था। उसका भाई दलवीर और कुँवरपाल का भाई आज नौकरी करने के कारण ही गाँव के समाज में सम्मान योग्य हो गए हैं। लोग उनके गुण गाते हैं और रंजीत को कोई पूछता तक नहीं। सारंग भी इसलिए श्रीधर की ओर झुक रही है क्योंकि वह नौकरी में है। यदि ऐसा नहीं होता तो वह उसकी ओर देखती तक नहीं। रंजीत अपने टूटते जाने के दर्द को तो महसूसता है पर यह जानने की कभी कोशिश नहीं करता कि आखिर वह क्यों टूट रहा है। इसके विपरीत सारंग पति के स्वभाव को और उसमें आ रहे बदलाव को बड़ी अच्छी तरह समझती है। तभी तो भँवर से कहती है–'जिन्दगी में बेकीमत इनसान होकर जीना ही तो तोड़ रहा है रंजीत को। नौकरी न मिलने की बात को तुमे फख्र बना लिया किसानी में रमकर...पर रंजीत को वही बात खोखला करती रही।' वह कोशिश करती है कि किसी तरह रंजीत के आत्मविश्वास को लौटा लाए। उसके मन में कुलबुलाते सन्देह के कीड़े को कुचल डाले। पर सफल नहीं होती। जब रंजीत ग्राम प्रधान फत्तेसिंह की चापलूसी इसलिए करता है कि अगले चुनाव में वह उसे ग्राम प्रधान बनवा देगा। तब सारंग कहती है–'तुम खुद खड़े होते। जीतते या हारते। पर तब तुम अपने बूते के नेता होते। विरोधी बनकर हर अन्याय पर लड़ तो सकते थे।

बिका हुआ आदमी लड़ेगा तो क्या मुँह खोलने का भी हकदार नहीं।'

रंजीत को डोरिया के विरुद्ध किए गए मुकदमे में हार जाना पस्त कर देता है। लेकिन सारंग रेशम और उसके पेट के बच्चे के हत्यारे, प्रथम को मौत की नींद सुला देनेवाले और चन्दन को आगरा भेजने के लिए मजबूर कर देनेवाले डोरिया को भूलती नहीं। वह बदला लेना चाहती है। इसीलिए एक बार फिर रंजीत से कहती है कि-'तुम बीमार नहीं हो, कमजोर नहीं हो और न ही बूढ़े हो गए हो। आज भी तुम चाहो तो डोरिया को उसके कुकर्मों का सजा दिल सकते हो।' लड़की के जेठ तड़फड़े वाले कैलासी सिंह को, जो बलवान भी है और गुणी भी, गाँव में बलवाने की योजना बनाती है ताकि रक्षाबन्धन पर होनेवाले दंगल में डोरिया को मजा चखा सके। कैलासी सिंह आते हैं लेकिन पता लगता है कि वे दंगल में उतरने लायक ही नहीं है क्योंकि वे अपना पुरुषत्व खो चुके हैं। आखिर सारंग के लिए कलावती चाची उस उपाय से कैलासी सिंह को चंगा करती हैं जिसे कोई औरत विकट संकटकाल में ही अपनानने के लिए तैयार हो सकती है। दंगल में डोरिया की भयानक हार होती है और सारंग के कलेजे में ठंडक पड़ जाती है। लेकिन यह ठण्डक अधिक देर तक नहीं रहती। क्योंकि रंजीत को यह शक हो जाता है कि यह सब सारंग का किया धरा है। गाँव में फैली इस तरह की अफवाह उसके यकीन को और मजबूत करती है। इसे वह अपनी इच्छा के विरुद्ध किया गया काम मानता है और सारंग को बुरी तरह से ताड़ता है।

हो सकता है कुछ लोग इसे एक सामान्य त्रिकोणात्मक प्रेम की कथा कहें। लेकिन यदि ऐसा है भी है तो इसमें कुछ ऐसी विशेषताएँ अवश्य हैं जो इसे सामान्य नहीं रहने देती। जैसे-तीनों व्यक्ति सारंग, रंजीत और श्रीधर एक-दूसरे से प्यार तो करते ही हैं। अनेकों उतार-चढ़ावों के बावजूद एक-दूसरे के प्रति समर्पण में कमी नहीं आने देते। सारंग रंजीत से इतना प्यार करती है कि श्रीधर से सम्बन्ध बनाने के बावजूद उसे छोड़ने की कल्पना तक उसके मन में नहीं आती। वह श्रीधर को इसलिए चाहती है क्योंकि उसमें वह निर्भीकता है जो वह रंजीत में देखना चाहती है। श्रीधर सारंग को इसलिए चाहता है क्योंकि उसमें वह एक ऐसी सम्भावना देखता है जो उसे एक जाग्रत, सशक्त महिला बना सकती है। रंजीत सारंग के दृढ़ निश्चयी चरित्र से अभिभूत है यद्यपि यह कभी-कभी उसके लिए डर व गुस्से का कारण भी बन जाता है। खास बात यह है कि वे एक मर्यादा में रहकर यथास्थिति को तोड़ने की कोशिश करते हैं। उनमें से किसी के मन में भी किसी को नुकसान पहुँचाने का इरादा नहीं है। रंजीत का श्रीधर को आहत करना एक तात्कालिक प्रतिक्रिया है कोई स्थायी भाव नहीं है। सारंग के श्रीधर के प्रति झुकाव को वह कभी खानदानी मर्यादा का उल्लंघन, कभी सामाजिक परम्पराओं का खंडन, कभी अपने पुरुषत्व को चुनौती मानता है और इसके लिए दोनों को भला-बुरा कहता है। लेकिन उसकी प्रत्येक प्रतिक्रिया सन्दर्भों को देखते हुए अस्वाभाविक नहीं लगती। हम चाहे प्यार को कितना ही उन्मुक्तकारी घोषित करें लेकिन वास्तव में

होता वह पोजेस्सिव ही है। कोई भी पति/प्रेमी अपनी पत्नी/प्रेमिका का दूसरे से गहराता सम्बन्ध पसन्द नहीं करता। बच्चा अपने प्रिय खिलौने दूसरे बच्चे को छूने नहीं देता। वह इस बात के लिए भी कभी तैयार नहीं होता कि उसकी माँ की गोद में कोई दूसरा बैठे। इसी तरह पत्नी/प्रेमिका को भी यह सहन नहीं होता कि उसके पति/प्रेमी के प्यार को कोई दूसरा शेयर करे। प्यार की तरह ईर्ष्या भी एक सहज स्वाभाविक प्रवृत्ति है। यदि कोई ईर्ष्या नहीं करता तो शायद वह प्यार भी नहीं कर सकता। यही कारण है कि सारंग का श्रीधर के प्रति झुकाव रंजीत को उत्तेजित कर देता है कि वह आक्रामक प्रतिक्रिया करने लगता है लेकिन बाद में पश्चात्ताप भी करता है। ईर्ष्या जब क्लाइमेक्स पर पहुँच जाता है तब उसकी परिणति प्यार में होती है। रंजीत जब मात्रा से अधिक शराब पीकर आता है और घर के आँगन में उलटी कर देता है तब सारंग तुरन्त चन्दन को दरवाजा बन्द करने के लिए कहती है। वह नहीं चाहती कि पति को इस हालत में कोई और देखे। दूसरों की नजरों में वह उसे नीचे गिरता नहीं देख सकती। उसे पीड़ा होती है कि यह देखकर कि उसका पति इस हाल में इसलिए पहुँचा है क्योंकि ईर्ष्या के दाह से उसे बेचैन कर दिया है और किसी हद तक वह स्वयं ही इसके लिए जिम्मेदार है। उपन्यास के अन्त में जब फत्ते सिंह के घर पर खराब पार्टी हो रही है और लोग सारंग को लेकर भद्दे-भद्दे मजाक करने लगते हैं तो रंजीत को यह बरदाश्त नहीं होता। वह अकेला ही उनसे भिड़ जाता है। यह दिखलाता है कि हर तरह के मतभेदों के बावजूद कोई सारंग के बारे में अपमानजनक शब्द कहे उसे वह मजा चखाने को तैयार रहता है। पत्नी उसकी है। किसी को यह अधिकार नहीं कि कोई उसका मजाक उड़ाए। तीनों एक-दूसरे को चाहते हैं और इसलिए एक-दूसरे के बिना रह नहीं पाते। श्रीधर कभी यह नहीं चाहता कि वह सारंग की गृहस्थी को तबाह कर दे। सारंग भी यह नहीं चाहती कि वह श्रीधर के साथ रहने के लिए चली जाए। रंजीत भी यह नहीं चाहता कि श्रीधर गाँव छोड़कर चला जाए या सारंग पर इतना दबाव बनाए कि वह श्रीधर से मिलना छोड़ दे। कोई भी एक-दूसरे का संग छोड़ना नहीं चाहता न ही परिवार नामक संस्था को खंडित करना चाहता है। इसलिए मैत्रेयी पर यह आरोप नहीं लगाया जा सकता कि उसका महिला मुक्ति से आशय स्त्री का परिवार तोड़कर स्वच्छन्द व स्वेच्छाचारी हो जाना है। महिला मुक्तिवाद के विरोध में अक्सर यही भय दिखाया जाता है।

कल्पना कीजिए कि सारंग पति से लड़-झगड़कर श्रीधर के साथ चली या भाग जाती तो क्या होता? पहली बात तो यही होती कि उसे खाप या जातीय पंचायतें किसी भी कीमत पर सहन नहीं करती। हो सकता है कि उसे और श्रीधर को मौत के घाट उतार दिया जाता या उनका जीना दूभर कर दिया जाता है। दूसरे रंजीत और दोनों के बीच वैमनस्य बढ़ता हुआ शत्रुता में बदल जाता और उसके परिणाम कुछ भी हो सकते थे। तीसरी बात सारंग और श्रीधर के रिश्ते वैसे ही बने रहते जैसे पहले थे इसकी

सम्भावना कम है। हमें कोई चीज तभी तक लुभाती है जब तक वह हमें मिल नहीं जाती। मिलने के बाद उसके प्रति लगाव प्राय: दीर्घस्थायी नहीं होता। फिर यह भी साबित हो जाता कि श्रीधर और सारंग के रिश्ते उतने पवित्र न थे जितने इसमें दिखाए गए हैं और आखिरी बात यह है कि मैत्रेयी समेत अनेक स्त्री सरोकारों की वकालत करनेवाली लेखिकाओं पर लगता यह आरोप कि ये स्त्री मुक्ति के नाम पर परिवार नामक संस्था को छिन्न-भिन्न कर देना चाहती हैं सही साबित हो जाता है और उपन्यास की तो जान ही निकल जाती।

उपन्यास में बाबा अर्थात् रंजीत के पिता और सारंग के श्वसुर गजाधर सिंह का चरित्र ऐसा है जिसके हर डॉयलॉग पर दर्शक तालियाँ बजा सकते हैं। आश्चर्य है फौज से रिटायर्ड और उम्र दराज बाबा जिस तरह की आधुनिक सोच रखते हैं वैसी तो बहुत से वयस्क लोग भी नहीं रखते। लगता है बाबा को मैत्रेयी ने कुछ खास तरह की मिट्टी से रचा है। निस्सन्देह बाबा उनके प्रिय पात्र हैं। वे अपना जीवन दर्शन समझाते हुए रंजीत से कहते हैं-'बेटा, हम जाट हैं। खुले मन की कौम मानी गई है हमारी। बाम्हन बनियों की तरह पाखंडी होना भारी पड़ेगा। क्योंकि जो खुले और बहादुर संस्कार हमारे खून में हैं वहीं दबंगपन हमारी बैयरों में है। लुगाइयों के लहँगों की चौकीदार करना हमें शोभा नहीं देता।' यह कथन उन सवर्ण लोगों की नैतिकता की पोल खोलता है जो दिन में राम नाम जपते हैं और रात को औरतों का शिकार करते हैं। उनकी औरतें भी सतियों और पतिव्रताओं की कथाएँ सुनते-सुनते वैसा ही बनने का ढोंग करती हैं लेकिन लुके-छिपे सब तरह के खेल खेलने के मौके नहीं चूकती। बाबा की नजरों में जाट मर्द और औरतें एक जैसा चरित्र, आचरण रखते हैं। उनकी नैतिकता उस खुलेपन में निवास करती है जिसमें कथनी और करनी के बीच कोई भेद नहीं होता। कलावती चाची का यह वाक्य इस मनोवृत्ति को और अधिक स्पष्ट करता है-'हम जाटनी जेब में बिछिया धरे रहती हैं। मन आया ताके पहन लिए।' रेशम भी ऐसा ही करती है लेकिन घर परिवार के सदस्यों से ही सजा पाती है। उसे डोरिया इसलिए मार देता है क्योंकि रेशम उसका हाथ पकड़ने से इनकार कर देती है। परिवार की जमीन के कुछ हिस्से का बाहर चले जाने का उसे डर लगता है और सवर्ण लोगों की नैतिकता उस जैसे पिछड़ों पर भी हावी होने लगी दिखाई देती है।

बाबा की सोच जितनी आधुनिक है उतनी व्यावहारिक भी है। वे स्त्री के चरित्र को उन नजरों से नहीं देखते जिनसे सवर्णवादी पुरुष सत्ता देखती है। रंजीत सवर्ण तो नहीं है लेकिन उनके संस्कारों से प्रभावित हुए बिना स्वयं को रोक नहीं पाता। इसीलिए सारंग को उसकी हैसियत बताने के लिए कहता है-'गाँव की नजर में तुम रंजीत सिंह जाट की बहू हो। यही तुम्हारी पहचान है। और हम जिस कौम, जिस समाज से जुड़े हैं उससे अलग वजूद नहीं रखते।' इसलिए मर्द की भूल को तो आई गई कर देते हैं लोग, क्योंकि वह दस दरवाजे झाँकने के बाद भी धुला पुँछा सा लौट आता है अपने

घर। मगर औरत! अच्छे होने की निशानी ही केवल चरित्र, चाल चलन है। गन्दी नजरवाली औरत को लोग रंडी-वेश्या ही कहकर पुकारते हैं। रंजीत की ऐसी सोच कैसे बन गई इसका कारण भी बाबा जानते हैं तभी तो कहते हैं-'असल में हम भी क्या करें। रण में तेग तलवार चलाना बन्द हो गया। अब हमारी आन-बान शान सब लुगाइयों के कूल्हे पर चढ़कर बोलती है या थाने कचहरियों को अँगूठे दिखाकर।' अफसोस है जिस पीढ़ी की सोच अपने बुजुर्गों से आगे बढ़नी चाहिए थी वह अब पीछे लौट रही है। बाबा हर अन्याय का मुकाबला करने, हर गलत बात का जवाब देने और रूढ़ियों को दिमाग से बाहर निकाल देने के लिए तत्पर रहते हैं। वे कभी हिम्मत नहीं हारते। उनमें हर विषम स्थिति का सामना करने की तैयारी सदा बनी रहती है। फौजियों की तरह वे टूट सकते हैं। वे रंजीत सारंग और श्रीधर के बीच चलने वाले द्वन्द्वों को अच्छी तरह से समझते हैं और यही समझ उन्हें नई पीढ़ी का फ्रेंड, फिलॉसफर और गाइड बनने में मदद करती है।

मैत्रेयी का मानना है कि सामाजिक नैतिकताएँ निश्चित ही लेखक की मर्यादाएँ नहीं हो सकती, जिनका वह नियमपूर्वक पालन कर पाए। लेखकीय स्वतन्त्रता परम्पराबद्ध नैतिकता पर समाज के सामने सवाल खड़े करते हैं और हर हाल में टकराहट की स्थिति बनती है। धर्माधिकारी समाज में यथास्थिति बनाए रखने की वकालत करते हैं। लेकिन लेखक भविष्यदृष्टा होता है। वह वर्तमान के आईने में भविष्य की झलक देखता है। वह केवल समाज के यथार्थ की अभिव्यक्ति तक ही स्वयं को सीमित नहीं रखता बल्कि आगे की राह कैसी हो सकती है यह भी बताता है। इसीलिए प्रेमचन्द साहित्य को राजनीति की आगे चलने वाली मशाल कहते हैं। तात्पर्य यह कि राजनीति और साहित्य के चरित्र में एक बुनियादी फर्क होता है। राजनीति के बहुत से निर्णय रणनीतिक होते हैं। वह ऐसे कदम भी उठा लेती है जो दूरगामी दृष्टि से सही नहीं हो सकते। परन्तु सामयिक स्थितियों में पैदा हुए संकट या अवरोध को दूर करने में कारगर हो सकते हैं। साहित्य के क्षेत्र में ऐसा करना न तो सम्भव है और न उचित। जीवन की सच्चाई को देखने, परखने और बदलने के जो तरीके राजनीति के होते हैं वे साहित्य के नहीं। साहित्य जब राजनीति के पीछे चलने लगता है तब निश्चय ही अपने धर्म से च्युत होने लगता है।

अपने समय की नैतिकता को चुनौती देते हुए ही कभी डीएच लारेंस ने 'लेडी चेटर्लेज लवर' या नोबोकोव ने 'लोलिता' की रचना की थी। उनके प्रति समाज के बढ़ते आक्रोश से भयभीत होकर सरकारों ने इनके खिलाफ कदम उठाए लेकिन न्यायालयों ने इनके फैसलों को उलट दिया। कहना होगा उन तथाकथित अनैतिक उपन्यासों ने ही प्रचलित नैतिकता के प्रतिमानों को बदलने का रास्ता साफ किया। प्रस्तुत उपन्यास 'चाक' के लिखने के बाद अब तक लोगों की सोच में काफी बदलाव आया है और वे इसके चरित्रों की हकीकत को अधिक अच्छी तरह से समझने लगे

हैं। यह बात अलग है कि सहजीवन (लिव इन) समलिंगी विवाह और सरोगेसी (कोश किराए पर देना) जैसी बातें कानून सम्मत और समाज के अग्रगामी सोचवाले लोगों द्वारा व्यवहार में लाने के बावजूद यदि कोई आँखें मूँद कर एक सदी पहले के ही सुनहरी सपने देखता रहे तो ऐसे लोगों को ऐसा लेखन कभी पसन्द नहीं आएगा। यह कैसी विडम्बना है कि लोग समय और परिस्थितियों के अनुसार अपने रहन-सहन, खान-पान और यहाँ तक कि अपनी जीवन शैली को भी खुशी-खुशी बदल रहे हैं लेकिन स्त्री से यही अपेक्षा रखते हैं कि वे अपनी नैतिकता के आचरण को वैसा ही बनाए रखे जो मुगलकाल में प्रचलित था। वे नैतिकता को देशकाल से निरपेक्ष बनाए रखना चाहते हैं शायद इसलिए क्योंकि तभी उनका समाज में वर्चस्व बना रह सकता है।

'चाक' की नैतिकता को परखने के लिए हमें जिन तीन महिला पात्रों को फिर से जाँचना होगा वे हैं रेशम, कलावती चाची और सारंग। तीनों प्रचलित नैतिक मान्यताओं की सरहदों का उल्लंघन करते हैं और कलावती चाची को छोड़कर, सामाजिक आलोचनाओं का शिकार होते हैं। रेशम विधवा होने के बाद अपनी शर्तों पर जीवन जीने का फैसला करती है और अपने मन चाहे पुरुष से सम्बन्ध स्थापित कर लेती है। यह सम्बन्ध यदि छिपा रहता या डोरिया से हो जाता तो समाज को कोई ऐतराज नहीं होता। लेकिन रेशम की यह जिद कि वह छिपाकर कुछ नहीं करेगी इसलिए अपने गर्भस्थ बालक को जन्म देगी और उसका पालन-पोषण करेगी, प्रचलित नैतिकता को चुनौती देती है और वह समाज व खानदान की इज्जत के नाम पर खत्म कर दी जाती है। प्रश्न यह है कि उसके क्रियाकलाप में अनैतिक क्या है। शायद अपने प्रिय पुरुष के साथ संसर्ग कर लेना और उस पर क्षमा प्रार्थी होने की बजाय उसे वैध बनाने की कोशिश करना। वह अपनी सास से पूछती है कि यदि भगवान की नजर में ऐसा करना पाप है तो उसे पति की मृत्यु के बाद ही उसकी कोख भस्म कर देनी चाहिए थी। जब पेट है तो उसे भूख भी लगेगी और जैसे भी खाना मिलेगाा उसे शान्त किया जाएगा। फिर कोख के साथ ऐसा होना गलत क्यों है? पति मर गया पर वह तो जीवित है और यदि जीवित है तो उसे तन और मन की भूख भी लगेगी। इसमें गलत क्या है। गलती शायद उतनी परपुरुष से संसर्ग की नहीं है जितनी उसके परिणाम के निर्भीकतापूर्वक समाज के सामने रख देने की है अर्थात् यदि वह गर्भ गिरा देती है या डोरिया का हाथ थाम लेती है तो वह गलती-गलती नहीं रहती। अजीब दुमुँही सोच है कि एक काम यदि छिपकर किया जाए तो उसे अनैतिक नहीं माना जाता लेकिन प्रकट कर दिया जाए तो दंडनीय अपराध बन जाता है। बहरहाल नैतिकता के ठेकेदार चाहे इस बारे में कुछ भी कहते/करते रहें टेक्नोलोजी से उपलब्ध हुए गर्भ निवारक उपायों और बदलते कानूनों ने अब इस तरह की समस्या पर काफी सीमा तक विराम लगा दिया है। लोग झखमार कर ऐसे बदलावों को स्वीकार कर रहे हैं।

कलावती चाची के साथ कैलासी सिंह के संभोग का उपन्यास में कुछ खास विरोध

इसलिए नहीं होता क्योंकि उसे सारंग के अलावा और कोई जान नहीं पाता है। इसे इसलिए भी आपत्तिजनक नहीं माना जा सकता क्योंकि इसका उद्देश्य आनन्द प्राप्ति नहीं है बल्कि एक तरह के उद्देश्य की पूर्ति है। यह संभोग एक ऐसी यांत्रिक प्रक्रिया है जिसमें वासना नहीं है और न ही प्यार की अपेक्षित परिणति है। न कैलासी सिंह ऐसी स्थिति के लिए मानसिक रूप से तैयार होकर आगे बढ़ता है और न कलावती चाची ऐसा करती है। यह सब तो बस हो जाता है। इसलिए इसे अनैतिक मानना दोनों के प्रति घोर अन्याय करना है।

जहाँ तक सारंग का प्रेम प्रसंग है यह जरूर विवादोत्प्रेरक है। इसका विरोध एक ओर तो विवाहेतर प्रेम को लेकर हो सकता है तो दूसरी ओर उस प्रेम में सैक्स की उपस्थिति को लेकर। पहली बात को श्रीधर इस तरह स्पष्ट करता है–'प्रेम और सम्बन्ध दो अलग चीजें हैं। तुम्हारा सम्बन्ध रंजीत से है, घरवालों से है ...पर मुझसे तुम्हारा प्रेम है, केवल प्रेम। यही मेरा खजाना है।' इस उक्ति में प्रेम के वासना से परे, रखने की निहित मंशा है। इस तरह जब सारंग श्रीधर से संसर्ग बनाती है तो उसमें आनन्द प्राप्त करने की इच्छा उतनी दिखाई नहीं देती। जितनी प्रेम की अभिव्यक्ति की। वह एक ओर तो इस तरह अपने पति द्वारा श्रीधर के साथ दुर्व्यवहार का प्रायश्चित करती है तो दूसरी ओर अकेले गाँव समाज के अन्याय से लड़ते मास्टर के लिए यह आश्वस्ति प्रदान करती है कि इस लड़ाई में वह अकेला नहीं है सारंग भी उसके साथ है। इन्हीं दो वजहों के चलते न तो श्रीधर यह चाहता है कि सारंग रंजीत से सम्बन्ध विच्छेद कर ले और उसके साथ हो जाए और न सारंग की यह इच्छा दिखाई देती है कि वह घर बार छोड़कर श्रीधर की हो जाए। दरअसल वह श्रीधर में उस खासियत को देखती है जो रंजीत में कभी थी पर अब नहीं है। उधर श्रीधर उसमें वह स्त्री देखता है जो अपनी स्वतन्त्र अस्मिता बनाने के लिए प्रयत्नशील है लेकिन जिसे एक सहयोगी की चाह है। इस दृष्टि से इनके प्रेम प्रसंग में कोई प्रयत्नशील है लेकिन जिसे एक सहयोगी की चाह है। इस दृष्टि से इनके प्रेम प्रसंग में कोई आपत्तिजनक बात नहीं दिखाई देती। सारंग अपनी सीमाएँ पहचानती है इसीलिए श्रीधर से कहती हैं–'तुम मर्द की जात हो श्रीधर, कुछ भी कर गुजर सकते हो। तुम्हारी निर्भीक गैल ही मुझे तुम्हारे संग के लिए खींच रही है, क्योंकि मैं बन्धन में बँधी, रग-रग में दहशत लिए, पाँवों की बेड़ियाँ झनझनाती तुम्हारी ओर बढ़ रही हूँ।'

इस उपन्यास के साथ समस्या यह है कि यह स्त्री द्वारा स्त्री की बात रखने की कोशिश करता है। इसमें स्त्रीवाद को उस रूप में नहीं देखा जा सकता जो किताबों में या इस विषय के प्रवचनों में पाया जाता है। यह तो उस ग्राम परिवेश को सामने रखने की कोशिश करता है जिसे मैत्रेयी ने देखा, परखा और भोगा है। इसे यदि स्त्री लिंगी चश्मे से नहीं देखा जाता है तो अनिवार्यत: इसमें कुछ लोगों को नैतिकता का संकट, दिखाई दे सकता है। पर दरअसल यह नैतिकता का संकट उतना नहीं है जितना पितृ

सत्ता के वजूद का संकट है। सच्चाई यह है कि जब-जब स्त्री को लेकर प्रचलित नियमों में बदलावों को लाने की कोशिशें हुई हैं। लोगों ने उनके विरोध में सामाजिक समरसता के भंग होने, परिवार के टूटने और भारतीय संस्कृति के पतित होने का डर दिखाया है। डॉ. अम्बेडकर ने जब हिन्दू कोड बिल संसद में रखा था और स्त्री को तलाक का हक दिलाने की वकालत की थी तब भी इसी तरह के तर्क दिए गए थे। जब पैत्रिक सम्पत्ति में लड़कियों को भी बराबर का हिस्सा दिलाने की बात हुई थी तब भी ऐसा ही हुआ था और अब जब औरत को स्वयं अपने निर्णय लेने के अधिकार की माँग हो रही है वही बातें सामने आ रही हैं। यद्यपि इतिहास ने यह साबित कर दिया है कि ये खतरे दिखावटी थे। इनमें कोई दम नहीं था।

स्त्री के जनतन्त्र की संकल्पना–'चाक'

रंजना जायसवाल

मैत्रेयी पुष्पा द्वारा रचित उपन्यास 'चाक' अतरपुर नामक एक छोटे से गाँव की कहानी है। इस गाँव की कुल आबादी एक हजार है। गाँव में ब्राह्मण, बनिया, जाट, तेली, गड़रिया, कुम्हार, खटीक, चमार, नाई जैसी ऊँची और छोटी कही जानेवाली जातियों के साथ सक्का मुसलमान भी हैं। गाँव के किसानों में लगाव और स्नेहपूर्ण रिश्ते हैं, तो ईर्ष्या, डाह भी। यह कोई पिछड़ा गाँव नहीं, क्योंकि चकरोड ने इस गाँव को सड़क से जोड़ यिा है। ट्यूबवेल के बहाने बिजली आ गई है। सरकारी स्कूल भी हैं, जिसमें गाँव के बच्चे पढ़ते हैं। गाँव के कई युवकों ने अच्छी शिक्षा ग्रहण की है। रंजीत एम.एस.सी. (एजी) है, तो उसका चचेरा भाई भँवर बी.ए. है। इनमें सबसे खास बात यह है कि ये किसानी करने और किसान कहलाने में गौरव का अनुभव करते हैं। जहाँ तक औरतों की बात है, गाँव की ज्यादातर औरतें अपढ़ हैं। जो पढ़ी-लिखी भी हैं, वे गोबर-पानी के काम में खपकर अपनी विद्या भूल चुकी हैं। रंजीत की पत्नी सारंग कन्या गुरुकुल से ग्यारह कक्षा पढ़ी है, पर वह भी अपनी गृहस्थी में साधारण स्त्री की तरह रमी हुई है।

अतरपुर को भारत का प्रतिनिधि गाँव कह सकते हैं, पर वह एक खास वजह से और भी चर्चित हो जाता है कि वहाँ पहली बार एक स्त्री 'सारंग' ग्राम प्रधान बनने के लिए पर्चा भरती है। इसके लिए उसे अपने पति और पुरुष-समाज से लम्बी लड़ाई लड़नी पड़ती है, पर वह कदम पीछे नहीं हटाती। उसके समर्थन में गाँव की हर जाति, वर्ग की स्त्रियों के साथ श्रीधर मास्टर और भँवर जैसे पुरुष भी आ जाते हैं। यह एक बड़ा क्रान्तिकारी कदम है, जिससे जाने कितनी जड़ परम्पराएँ, मान्यताएँ व वर्जनाएँ टूटती हैं और अन्ततः सारंग का पति रंजीत भी उसके पक्ष में आ खड़ा होता है। इस तरह से 'चाक' ग्रामीण स्त्री सम्बन्धी इस मान्यता को खारिज करता है कि वे असभ्य, अपढ़ और चेतनाशून्य होती है। उपन्यास में सारंग, रेशम, कलावती चाची जैसी स्त्रियों के तेवर, निजी फैसले व सक्रिय हस्तक्षेप देखते ही बनते हैं। 1997 में ऐसी तेजस्विनी, जीवन्त, उत्साही, साहसी, न्यायप्रिय और वर्जनामुक्त ग्रामीण स्त्रियों की संकल्पना मैत्रेयी

पुष्पा ही कर सकती हैं। नारी मुक्ति के पुरोधा, देह की आजादी के समर्थक भी 'चाक' के स्त्री पात्रों की बोल्डनेस पर दाँतों तले अँगुली दबा सकते हैं। विवाहिता सारंग का श्रीधर मास्टर से प्रेम और इस प्रेम में देह की भागीदारी, कलावती चाची का कैलासी सिंह पहलवान के पौरुष को फिर से जगाने का उपक्रम, विधवा रेशम का ससुराल में रहकर ही अवैध बच्चे को जनम देने की जिद जैसे अनेक उदाहरण उपन्यास को बेहद बोल्ड बनाते हैं और स्त्री स्वाधीनता के महत्त्वपूर्ण प्रश्नों पर पुनर्विचार को विवश करते हैं। स्त्री का स्वतन्त्र प्रेम, देह की आजादी, कोख पर अधिकार, आर्थिक स्वतन्त्रता,समाज और राजनीति में हस्तक्षेप जैसे अनेक मुद्दे हैं, जो स्त्री की आजादी, उसके स्वतन्त्र-समर्थ व्यक्तित्व के साथ जुड़े हैं। उपन्यास में इन प्रश्नों को कुशलता से प्रस्तुत कर स्त्री पक्ष को मजबूती दी गई है।

सदियों से ग्रामीण समाज की स्त्री सम्बन्धी सोच संकुचित रही है। स्त्री मायने चूल्हा-चौका, घर-गृहस्थी, बाल-बच्चे और शील-सतीत्व। स्त्री को प्रेम करने का अधिकार नहीं, चाहे वह कुमारी हो या बाल-विधवा। विवाहित स्त्री तो खैर किसी भी स्थिति में 'पर पुरुष' के बारे में सोच ही नहीं सकती। पर प्रेम कहीं सोच-समझकर होता है? इतिहास गवाह है...। गीत कथाएँ भरी पड़ी हैं ऐसी दास्तानों से, जब प्रेम ने कोई बंधन नहीं माना। कोई बाधा स्वीकार नहीं की। वर्जनाओं के बाँध को तोड़कर नदी-सा बहता रहा। किसी भी डरसे नहीं डरा, चाहें वह समाज, राज्य या धर्म का ही डर क्यों न हो! यह अलग बात है कि इस प्रेम की सजा स्त्री को ज्यादा मिली। स्त्री की कोमलता, परावलम्बन, उपजाऊ कोख ने उसे और भी संकट में डाला। एक तो बचपन से ही घुट्टी में उसे शील-सतीत्व का पाठ पिलाया गया, जिससे वह खुद भी मुश्किल से निकल पाई, और अगर निकल गई, तो उसके सामने समाज और परिवार ने हत्या या आत्महत्या के सिवा कोई विकल्प नहीं छोड़ा। गाँवों में तो स्त्री की स्थिति और भी दयनीय है। वहाँ तो उनकी स्थिति गाय-भैंस से भी बदतर है। अपनी मर्जी वहाँ अपराध है। अतरपुर गाँव भी इसका अपवाद नहीं-'इस गाँव के इतिहास में दर्ज दास्तानें बोलती हैं-रस्सी के फँदे पर झूलती रुक्मणी, कुएँ में कूदनेवाली रामदेई, करबन नदी में समाधिस्थ नारायणी...ये बेबस औरतें सीता मईया की तरह 'भूमि प्रवेश' कर अपने शील-सतीत्व की खातिर कुर्बान हो गईं। ये ही नहीं, और भी न जाने कितनी...।' गाँव की पुरोहिताईन बूढ़ी खेरापतिन हमेशा इसी तरह की करुण कथाएँ सुनाती हैं, भले ही वे आधी-अधूरी हों। ख्याली राम, ढोलावाले 'दादू' भी तन्मय होकर ऐसी ही अनेक गीत-कथाएँ सुनाते हैं। स्त्री की अकाल मौत को विपत्ति या भाग्य कहकर टाल देने की प्रथा हमेशा से ग्रामीण समाज में रही है। असली कातिल को कभी सजा नहीं मिलती। गीत कथाएँ किस्से-कहानियाँ नहीं हैं, जिन्दगी और मौत की अनमिट दस्तावेज है। उपन्यास की नायिका सारंग की फुफेरी बहन रेशम भी जब मौत के घाट उतार दी जाती है, तब उसे गीत कथाओं और करुण कथाओं की सच्चाई का भान होता है और वह

तड़पने लगती है। सामन्ती समाज में स्त्री की 'यौन स्वतन्त्रता' सबसे बड़ा अपराध है। स्त्री का स्वतन्त्र प्रेम उसे समाज की नजरों से गिरा देता है। वह कठोर से कठोर दंड की अधिकारी मानी जाती है। चन्दना की कथा भी ऐसी ही थी, जिसे सुनाकर बूढ़ी खेरापतिन दादी गाँव की स्त्रियों को चेतावनी देती रहती थी कि वे ऐसा कोई कदम ना उठाएँ। उसका मानना है कि "जो माता बेटी जनती है, उसकी साँसें मरते दम तक काँटों में उलझी रहती है। आत्मा शूलों में बिंधी रहती है। जिन्दगी सूली पर टँगी रहती हैं। लोकाचार और जगत व्यवहार में आनेवली परम्पराएँ सारे अपयश की गठरी बेटी के सिर पर धरकर न जाने कब संगीन से संगीन सजा देने की हिमायती हो उठें।" घर की आबरू धिय-बेटी की देह में धजा की तरह गड़ी रहती है, इसलिए बेटी की मइया कभी सुख की नींद नहीं सोती। हालाँकि बूढ़ी खेरापतिन भैमाता (सृष्टि की देवी) से पूछना चाहती है कि-"मईया, तेरी सिरजना में ऐसी दुभाँति! कोख देकर कोख का महापातक दिया बेटियों को...।"

गीत कथा की 'चन्दना' को उसके पति कुँवर जी मौत की सजा देते हैं, क्योंकि विवाह के बाद भी वह अपने सखा सकल को प्रेम करती रही थी। चन्दना को विदाई के बहाने जंगल में ले जाकर कुँअर जी ने मार दिया था। मारने से पहले वे उससे सकल के बारे में पूछते हैं। चन्दना मन ही मन जननी को कोसती है-'मइया होते ही टेंटिया मसक देती। इसी घड़ी के लिए कोख में लादे रही थी? मैं सकल की पिरीत की कसूरवार...। साँची बताना रे बाबुल, पाप किया मैंने? हाँ, पाप है बेटी, महापाप! ब्याहता बैयर बिराने आदमी की झाँई-परछाईं भी छुए तो नरक की सामा...।' चन्दना सकल से सम्बन्ध को नकारती है, पर जब भगवान राम जी ने तिरिया का विश्वास नहीं किया था, तो कुँवरजी क्यों करते? हर वर्ष गाँव की कुँआरी, ब्याही-सुहागिनें इस कथा को सुनती हैं और चन्दना के दुखद अन्त पर आँसू बहाकर रह जाती हैं, पर सारंग अब इस कथा को सुनना नहीं चाहती। वह कहती है-"दादी, मुझे चन्दना से रेशम तक की कहानी मालूम है, पर अब आगे मत जाना दादी...आगे जाओगी तो प्रलय... आगे जाओगी तो संसार खतम... आगे जाओगी तो रसातल...बस करो दादी, बस।" रेशम की चीख, उसका बदन सारंग को बेचैन करता है। वह उसके हत्यारों को सजा दिलाना चाहती है। रेशम का अपराध भी वही था, जो चन्दना का था पर वह उससे भी एक कदम आगे थी...उसने ना केवल प्रेम किया था, बल्कि प्रेमी के बच्चे को जनम देना चाहा, जबकि 'रेशम विधवा थी-जमाने के लिए रीति-रिवाजों के लिए, शास्त्र-पुराणों के चलते घर और गाँव के लिए। विधवा सिर्फ विधवा होती है। वह औरत नहीं रहती फिर!' पर रेशम ने अपने औरतपन को नहीं मारा। वह मानती थी कि-'पेड़ हरा-भरा रहे, तो फल-फूल क्यों नहीं लगेंगे? ऐसा हो सकता है कि ऋतु आए और बल्लरी लता फूले नहीं? औरत ऋतुमती हो और आग दहके नहीं?' रेशम ने दिलेरी से ऐलान कर दिया-मैं पेट से हूँ। और जब उसकी सास हुकमकौर ने उसे पापिन करार देकर सजा का अधिकारी

माना, तो वह बोली–'क्यों दोगे सजा? पाप मैंने किया है कि पाप तुम करोगे।' सास के यह कहने पर कि 'मेरे पूत की चिता तो सीरी हो जाने देती।' वह भोले भाव से कहती है,–तुम्हारे पूत की चिता ठंडी हो जाने से क्या मेरे देह की आग बुझ जाती? जीतो–मरतो का भेद भी भूल गई तुम? बेटा के संग मैं भी मरी मान ली? मेरा फजीता करने पर क्यों तुली हो। उसकी बेशर्म सफाई को सुनकर सास हुकुमकौर उससे स्त्री पुरुष के अन्तर को बताती है–'मेरा बेटा पेट टाँगकर न आ गया होता। मर्द जात दस गली नाँखे तब भी नहीं जान सकता कोई। तू लुगाई की जात होकर मर्दों जैसा हौसला जुटा रही है? रेसमिया, बैयर घी का मटका होती है, आदमी की आँच पाए भसम उसी को होना पड़ता है। तू स्वाहा हो जाएगी...।' रेशम फिर भी हार नहीं मानती। वह अपने कोख के बालक को पाप मानने को तैयार नहीं। तर्क देती है–'मैं जो पुन्न कर रही हूँ अम्माँ, इसे पाप न कहो। बिना बाप के बालक को भगवान पाप मानता तो कुँआरी–विधवा की कोख सुखा डालता।'

हुकुमकौर भी एक स्त्री है। वह रेशम के इस अपराध को छिपा सकती है, पर उसे भी घर के मर्दों को जवाब देना है। वह रेशम को मायके चले जाने या फिर कुँवारे जेठ का हाथ थाम लेने को कहती है, पर रेशम तैयार नहीं होती–"जो बच्चे का बाप है ही नहीं, उसको बाप का दर्जा क्यों दूँ?" रेशम किसी भी तरह नहीं मानती। ना तो वह गर्भ गिराने को राजी, ना मायके जाने को और ना ही जेठ डोरिया का हाथ थामने को। उसे नहीं लगता कि उसने कोई गलत काम किया है। वह अपनी देह पर अपना अधिकार समझती है। उसके सहवास और गर्भधारण में दूसरे क्यों अपनी इच्छा थोपें? उसके पच्चीस वर्षीया युवा शरीर को पुरुष की जरूरत थी, तो उसने अपनी मनमर्जी का पुरुष चुना और अब उसी पुरुष से सन्तानवती होना चाहती है, तो परिवार–समाज को ऐतराज क्यों हो? यह एक नई नैतिकता है। वह सारंग से कहती है–"बीबी, वे लोग कभी मुझे देवी बनाते हैं, तो कभी राच्छसी। देवी तो पत्थर की होती है, मैंने कह दिया। उसका ठौर मन्दिर में होता है और राच्छसी लोगों का सत्यानाश करती है। मैं दोनों की तरह की नहीं। हाड़–मांस की बनी लुगाई हूँ, जिसके पेट में बालक है...अपनी नाँद पर चरती गाय–भैंसों से भी गई–बीती करके मान रहे हो मुझे?...सास अपने पूत को तो रोती है, और मेरे बालक की हत्या पर उतारू है।"

रेशम यह जानती है कि उसके ससुराल पक्ष का विरोध इसलिए ज्यादा है कि–"हुक्का–पानी छिकेगा इनका। पाँत–पंगत से अलग किए जाएँगे।" वह बिरादरी पर बिफरती है–'बिरादरी भी अजब चीज है। मेरे बच्चे की हत्या करवाकर ही मानेगी। हत्यारों को माफी है, जनम देनेवाली औरत को नहीं।' रेशम को नहीं लगता कि वह गलत है, इसलिए सास, जेठ, चचिया सास सबसे उलझ जाती है और सोचती है कि कोई उसका कुछ बिगाड़ नहीं पाएगा। कुछ दिनों बाद ससुरालवाले एकाएक उसके प्रति सदय और प्रेमिक बन जाते हैं। सारंग इसके पीछे षड्यन्त्र की बू पाती है पर रेशम

अतिरिक्त आत्मविश्वास में लापरवाह हो जाती है। और एक दिन उसका जेठ डोरिया उसे बिटौरा (कंडा और गोबर से बना घरौंदा) में दबाकर बुरी मौत दे देता है। इस तरह तेजस्विनी रेशम का दुखद अंत होता है। विडम्बना की गाँव में सारंग और उसके पति रंजीत के अलावा कोई भी व्यक्ति इस हत्या के खिलाफ आवाज नहीं उठाता। उनके लिए रेशम भी मात्र एक करुण-कथा बनकर रह जाती है, पर सारंग को चैन नहीं। वह अपने पति को डोरिया के खिलाफ केस करने को कहती है। रंजीत रेशम की मौत को हत्या मानता है-'औरत जात को ऐसे छल से मारा।' और डोरिया को गिरफ्तार करवा देता है, पर जब डोरिया बाइज्जत बरी होकर गाँव वापस आ जाता है, तो न्याय व्यवस्था से उसका विश्वास डगमगा जाता है। रेशम के प्रसंग पर कोई भी उसके साथ खड़ा नहीं होता। यहाँ तक कि गवाह भी तोड़ लिए जाते हैं। गाँव का प्रधान उसे 'दूसरे का मामला कहकर' केस आगे बढ़ाने से रोकता है, तो तहकीकात करनेवाला थानेदार भी उसे समझाता है-"भाईसाहब, इन वारदातों को भारी करके मत लो। समझ लो सूखे बादल हैं, गुजर जाएँगे। बेकार ही इसे हत्या या आत्महत्या का नाम देकर कसरत मत करो। अरे सबसे भला नाम आत्महत्या! हादसा। आजकल दीवानी और फौजदारी में कोई भेद नहीं रहा। लड़की के माँ-बाप को तुम ढकेल-ढकेलकर कब तक कचेहरी में हाजिर करोगे? वही किस्सा कि मुद्दई सुस्त, गवाह चुस्त। पर चलो तुमने खानापूरी भी कर दी, उन्हें मलाल नहीं रहेगा। औरतें भी खुश हो जाएँगी कि हमारी ओर से लड़ने वाला कोई है। शहर होता तो अब तक झंडा उठाकर आ गई होतीं थाने के सामने गाने-नाचने। कहो कुछ भी, समाँ बाँध देती हैं।"

कानून के रखवाले की यह टिप्पणी उसकी स्त्री-विरोधी नीति को स्पष्ट कर देती हैं। ऐसे कानून के भरोसे किस स्त्री को न्याय मिल पाएगा? अन्याय की शिकार कौन स्त्री कानून की मदद लेगी? आज भी ऑनर किलिंग के नाम पर जो हत्याएँ हो रही हैं, उसमें कितनी स्त्रियों को न्याय मिल रहा है? रंजीत,जो खुद को कृषि पंडित मानता है, तरह-तरह की नई किस्मों के बीज-खाद से अनाज उपजाना और उनका फायदा उठाना जानता है। साइन्स पढ़ा है। किसान को राजा बनाना चाहता है, समाज के इस दोहरे रूप से हतप्रभ रह जाता है। फिर भी वह हार नहीं मानता और रेशम के केस को हाईकोर्ट तक ले जाने का ऐलान करता है। गाँव के लोग उसका मजाक उड़ाते हैं-"और आओ लुगाई की बातों में। तुम्हारे घर में तो तुम्हारी औरत की चल रही है।" वह विचलित नहीं होता-"सारंग जैसी तेज की धनी स्त्री सबको मिलती है क्या? कम से कम अपनी बात को होंठों तक लाने का साहस तो करती है।" लेकिन रंजीत का यह साहस तब जवाब दे जाता है, जब उसे अपने बेटे को जान बचाने के लिए अपने थानेदार भाई दलवीर के पास शहर भेजना पड़ता है। उस दिन से वह बदलने लगता है। सारंग तब हैरान रह जाती है, जब आदर्शों की बात करनेवाला, गाँव को स्वर्ग में बदलने के सपने देखनेवाला, खेती को अपने ज्ञान से नया मोड़ देनेवाला रंजीत खेत को बेचकर आगरे में व्यापार

करने की बात करने लगता है। उसकी हताशा और पलायन की इच्छा सारंग को खलती है। वह अपने इकलौते बच्चे को दलवीर के साथ नहीं भेजना चहाती, पर रंजीत उसकी ममता और मकसद को समझने की कोशिश नहीं करता और उसे 'डायन' तक कह देता है। रेशम के एि अपील-अर्जी भी खारिज कर देता है। सारंग का दिल दुखाने में उसे आनन्द आने लगता है।-'भाड़ में गई साली अपील-अर्जी। हमें क्या पागल कुत्ते ने काटा है कि केस लड़ते हुए भागे फिरें? वह बहनचो...क्या कम जिद्दिन थी? कुकरम करेंगी और ताल भी ठोकेंगी। वाह जी वाह! डोरिया बिटौरा में दबाकर न मारता तो नदिया में ढकेल देता।...फिर वह तो जिसके भी घर होती, वहाँ यही हश्र पाती।' यह वही रंजीत था, जो हादसे से पूर्व रेशम के लिए चिन्तित सारंग में कहता था-'जो औरत बिना आदमी के बच्चे पैदा करने का दमखम रखती है, वह क्या-क्या नहीं कर सकतीं?...साधजी के घरवालों की सारी ऐंठ निकालकर रख दी।' यहाँ रेशम उसके लिए एक साहसी स्त्री थी, पर अब वह एक बदचलन स्त्री के रूप में है।

सारंग पुत्र के चले जाने से दुखी है। इसी बीच गाँव के स्कूल में श्रीधर मास्टर आता है और सारंग के जीवन का नया अध्याय खुलता है। श्रीधर घूँघट से ढँकी उसकी आँखों में भी उसकी पीड़ा समझ लेता है। सारंग सोचती है-''तो तुम वही हो मास्टर, जिसकी मुझे तलाश है। तुम बहादुरी के नाम पर मक्कारों के किस्से नहीं सुनाते। बच्चों के छोटे-छोटे दिल में वीरता का बीज बोने आए हो। तुम जरूर दुश्मन के सामने सीना तानने का हौसला रखते होगे। इस गाँव में कारयता और गुंडई का बोलबाला है। हम अँधेरों से घिर गए हैं मास्टर। मुझ जैसी घूँघट में आँखें छिपाए कितनी माँएँ तुमको देख रही हैं...'' पहली ही मुलाकात में श्रद्धा से भरकर श्रीधर के पैर छू लेती है, वह भी पूरे गाँव के सामने। श्रीधर मास्टर की सलाह से सारंग ना केवल अपने बेटे को गाँव वापस लाने में सफल होती है, बल्कि आखिर में ग्राम-प्रधान का पर्चा तक भर देती है। निश्चित रूप से इस सफर में इस तमाम अपयश, परेशानियों और संकटों का सामना करना पड़ता है। पति से मार खानी पड़ती है, पर अन्ततः वह अपने मंजिल के आखिरी पायदान पर पहुँच जाती है। श्रीधर के प्रेम में सारंग का आत्मविश्वास बढ़ता है और भँवर जैसा सहयोगी भी पग-पग पर उसका साथ देता है। सारंग रंजीत के डर से, तो कभी अपनी गृहस्थी बचाने के खातिर पीछे हटती है, पर भँवर और श्रीधर उसका पीछा नहीं छोड़ते। वे सारंग की योग्यता को जानते हैं और उसे ग्राम-प्रधान के रूप में देखना चाहते हैं, ताकि गाँव में स्त्रियों की हत्याएँ बन्द हो, तमाम तरह के भेद-भाव, शोषण, अनाचार और भ्रष्टाचार खत्म हो। सबको न्याय मिले। सारंग का असमंजस, द्वन्द्व, मनोविज्ञान देखने योग्य है। वह अपने पति के खिलाफ नहीं जाना चाहती। वह कहती है-''तुम दोनों से हालत छिपी नहीं है। रंजीत कब से लगे हैं। उनको अगर मिला कुछ तो कितनी मुश्किल से मिलेगा।'' रंजीत प्रधानी पाने के लिए काफी हद तक गिर चुका है। अपने ही विरोधी खेमे की ठाकुर सुहाती कर रहा है। सारंग को बात-बात में अपमानित करता

है। श्रीधर मास्टर को लेकर उसे रंडी, वेश्या तक कह देता है। उसको मारता भी है, फिर भी वह उसके लिए चिन्तित है। अपनी घर-गृहस्थी को बचाना चाहती है। वह जानती है रंजीत जिन्दगी को भँवर की तरह नहीं देखता। भँवर ने पढ़ाई-लिखाई के बावजूद नौकरी ना मिलने को किसानी में रमकर गर्व का विषय बना लिया था, पर रंजीत को यही बात खलती थी और वह प्रधानी पाने के लिए उन्हें हथकंडों का सहारा लेने लगा था जिसके खिलाफ था। वह इस बात को कभी बर्दाश्त नहीं कर सकता था कि सारंग उसकी प्रतिद्वन्द्वी के रूप में सामने आए। यह मुद्दा रंजीत की आत्महत्या का पैगाम सिद्ध हो सकता था, इसलिए सारंग राजी नहीं हो रही। वह कहती है-''मैं रंजीत को दुख नहीं देना चाहती, यह पति धर्म नहीं, इनसानी धर्म है-मानव धर्म। कुछ धर्म ऐसे ही होते हैं, तुम्हारे विचार से बेड़ियाँ, हमारे चलते सुख-शान्ति। इतना समझ लो कि ढीली बेड़ी ही पाँव ज्यादा काटती है। मैं अपने घर में इसी हैसियत से रह सकती हूँ।'' वह श्रीधर से जगहँसाई का हवाला भी देती है। पति के खिलाफ लड़ने से ना केवल उसे घर की बहू होने का हक छीन लिया जाएगा, बल्कि लोग उस पर हँसेंगे। उसके पति ही नहीं ससुर व पुत्र को भी इसका खामियाजा भुगतना पड़ेगा। श्रीधर झुंझला जाता है इस बात पर। वह सारंग से प्रेम करता है, पर ना तो उसे रंजीत और उसके घर से अलग करना चाहता है और ना ही गाँव में बदनाम। वह गाँव के हित के लिए उसे प्रधान बनाना चाहता है। उसे पता है कि इस समय सारंग से अच्छा प्रत्याशी कोई नहीं। वह कहता है-'लोग क्या कहेंगे, क्या नहीं कहेंगे, इसकी चिन्ता है तो बंद करो रेशम गुलकन्दी और गुरुकुल वाली शकुन्तला, शारदा के बारे में सोचना। विलाप करके क्या दिखाना चाहती हो?' वह मानता है कि सती कहलाना आसान है, पर पुरुषों की बराबरी में जगह पाना कठिन, यह बड़े साहस की माँग करता है-''बराबरी शब्द खतरों की ईंटों से बना है, इसे हासिल करना...मेरे ख्याल में साहस दुनिया की अमूल्य चीज है।'' उसे पता है कि सारंग में यह साहस है। वह बचपन से ही हक के लिए लड़ती रही है। सिर्फ अपने ही नहीं तमाम दूसरी स्त्रियों के हक के लिए। वह कन्या गुरुकुल से इसी कारण निकाली गई। रेशम के लिए अकेली आगे आई। गुलकन्दी के हत्यारों को सजा दिलाना चाहती है। भले ही अभी तक वह रंजीत को आगे कर यह लड़ाई लड़ती रहती है, पर रंजीत के पीछे हट जाने से वह अकेली पड़ गई। उसका आत्मविश्वास कमजोर हुआ, पर भँवर का सहयोग और श्रीधर का प्रेम उसमें फिर से वही आत्मविश्वास भरना चाहता है। श्रीधर उसकी सोई हुई शक्ति को जगाने के लिए कृतसंकल्प है। वह सारंग से कहता है-'किसी शिकंजे से आजाद होना कोई गुनाह नहीं सारंग! इसलिए तुममें जो योग्यता है उसको बेकार न जाने दो। यह क्यों मानने को तैयार नहीं होती कि तुम रंजीत से ज्यादा कुशल हो ज्यादा समझदार हो, ज्यादा साहसी हो, ज्यादा व्यावहारिक और ज्यादा दृढ़ हो? इसलिए जिस काम में रंजीत असफल हो रहे हैं, तुम करने खड़ी हो जाओ।' उसका इरादा उसका घर तोड़ने का कदापि नहीं है और ना ही सिर्फ वह चाहता है कि वह प्रधान

बने–'लेकिन मैं चाहता हूँ। भँवर चाहता है, यह गाँव चाहता है, और चाहती हैं सारी औरतें!' और ग्राम-प्रधान का पद राज करने के लिए नहीं, सेवा करने के लिए है। इसलिए–'उठो तुम, तुम्हारी जैसी दृढ़ स्त्री का अनुसरण पूरी औरत जाति करेगी।'

जैसे कुम्हार घड़े को मनचाहा आकार देकर मजबूत करने हेतु आग में पकाता है, वैसे ही श्रीधर सारंग को पका रहा है, उसे मजबूत बनाने के लिए वह कहता है–'जब घर-परिवार में औरत का दखल हो सकता है, तो राजकाज में क्यों नहीं? हमारे संविधान में औरत को बराबरी का दर्जा मिला है। तुम कब तक औरत के पत्नी होने की दुहाई देती रहोगी?' उपन्यास में श्रीधर मास्टर स्त्री-मुक्ति के अधिवक्ता के रूप में सामने आता है। उसके और भँवर के संयुक्त प्रयास से सारंग की सोई हुई स्त्री-शक्ति जागती है और वह प्रधानी का पर्चा भरने चल देती है। उसे ख्याल आता है–मैं अकेली नहीं! अकेली में इतनी हिम्मत...मेरे संग रेशम और गुलकन्दी आजू-बाजू चलती हुई। कमर कसकर भागती चली आ रही हरिप्यारी! बिसुनदेवा खरताले बजाता हुआ, पद गाता हुआ...।

रंजीत प्रधानी का पर्चा नहीं भर पाएगा यह बात श्रीधर, भँवर और सारंग तीनों जानते थे। क्योंकि जिन लोगों के भरोसे वह था, वे गाँव की प्रगति नहीं, अपनी खुशहाली चाहते थे। तमाम कूटनीति, षड्यन्त्र, अनैतिक साधनों के सहारे वे गाँव पर शासन करते आए थे। सारंग ने कई बार रंजीत को समझाया था कि वह स्वतन्त्र रूप से पर्चा भरे, पर वह अपनी जीत स्वतन्त्र रूप से सुनिश्चित नहीं कर पा रहा था। अपनी शक्तियों पर उसे भरोसा नहीं था, ऊपर से श्रीधर के प्रति सारंग का विश्वास व आकर्षण भी उसे कुंठा से भर रहा था और वह छल-छद्म, मार-पीट व गाली-गलौज से स्थितियों को अपने अनुकूल बना लेना चाहता था उसमें श्रीधर मास्टर पर प्राणघातक हमला किया। पूर्व प्रधान फत्ते सिंह के गुट में जाकर मिल गया कि उसे ग्राम-प्रधान बनाने में वे सहयोग करेंगे। पर जब फत्ते सिंह ने सारंग को बहाना बनाकर उसको प्रधानी का पर्चा नहीं भरवाया, तो रंजीत बौखला उठा। वह खंड विकास कार्यालय, इगलास पर ही सारंग को मारने दौड़ा–'गद्दार औरत...बदकार औरत...छिनाल साली?...।' भँवर यदि बचाव में सामने नहीं आता, तो वह वहीं तमाशा खड़ा कर देता। भँवर साफ कहता है–'भँवर साफ कहता है–'भाभी यहाँ तुम्हारी स्त्री नहीं, सारंग है, केवल सारंग।' रंजीत घर लौट कर अपने बेटे को फिर से अपने भाई के पास शहर भेजने के लिए मारता-पीटता है, ताकि सारंग को दुख हो। सारंग के मना करने पर कहता है–लड़का पराये चूल्हे झाँके...माँ आवारागर्दी करे! मुझे मंजूर नही।...लड़के को हाथ लगाया तो हाथ तोड़ दूँगा। साली, तू इसकी माँ कहलाने लायक नहीं।'' एक बार फिर सारंग के मन में कमजोरी आती है कि वह अपने बच्चे और पति की खुशी के लिए प्रधानी पद से अपना नाम वापस ले लेगी, पर रंजीत इसे त्रिया चरित्र का नाम देकर कहता है–'तेरी जैसी औरतें सैकड़ों देखी हैं हमने-खसम करके भागती हुई। इन वेश्याओं का कोई कुछ नहीं बिगाड़ पाया।...

पर सारंग हम ऐसी औरत की चुटिया पकड़कर इस चौखट से बाहर करके अपने परिवार से बेदखल कर सकते हैं।' पुरुष का सबसे मार्मिक प्रहार! वह पति का घर, जिसे स्त्री अपना समझकर रात-दिन खपती है, अपना नहीं। वह संतान-जो स्त्री अपने रक्त-मांस से सृजती है, अपना रक्त पिलाकर पालती है, उसकी नहीं। उससे सम्बन्धी फैसले पति लेगा, वह नहीं। यह अन्याय की पराकाष्ठा है। इस उपन्यास के खिलाफ सारंग उठ खड़ी होती है। किसी भी कीमत पर वह अपने बच्चे को खुद से अलग नहीं होने देगी। वह लपककर खूँटों से बन्दूक उठा लेती है-'असम मर्द है तो छूकर देख।'

रंजीत अपने पुरुष अहं की सन्तुष्टि के लिए उसे प्रधानी से अपना नाम वापस लेने को कहता है। इसके लिए साम-दाम-दंड सबका सहारा लेता है। रंजीत प्रधान के बहकावे में सारंग को पैसे से खरीदना चाहता है। सारंग रंजीत के इस पतन पर आहत होती है-'रंजीत, लाख दर्जे हम विरोधी सही, फिर भी एक भरोसा था तुम पर, पर तुम तो कुँवर पाल (चमार) की जाति में जाकर बैठ गए। पिछली बार उसने भी बीस हजार रुपए में अपना ईमान...। तुमने और प्रधान ने बात तो ठीक सोची है-'मैं औरत जात हजारों रुपया पाकर गहने-कपड़े में मगन हो जाऊँगी...।''

रंजीत व्यंग्य करता है-'नहीं, तुम तो रामराज्य कायम करोगी।' सारंग हँसती है-'रामराज्य लेकर हम क्या करेंगे? सीता की कथा सुनी तो है। धरती में ही समा जाना है तो यह जद्दोजहद? अपने चलते कोई अन्याय न हो! जान की कीमत देकर इतनी सी बात...छोटा-सा संकल्प करके निभाने की इच्छा है, बस!'

सारंग अब तक जान चुकी है कि स्त्री को शक्ति अर्जित करनी होगी। दैहिक मानसिक, आर्थिक, सामाजिक और सबसे बढ़कर राजनीतिक। धरती माता, भैमइया, दुर्गे भवानी से उसका विश्वास डगमगा गया है। उसे लगने लगा है कि वह भी पक्षपात करती हैं, बेटियों से। 'बेटियों का खून स्वादिष्ट है, सो पीती है डायन की तरह...कि हमारे खून से पोसती है अपने बेटों को। हम पूज-पूज हारे,असीस में मिला प्राणहंता श्राप। माँ, तेरी कोख से जनमा पेड़ भी गिरता है, तो तू हिल उठती है, तो हमारे मरने-फुंकने और सुलगने पर तू मौन और धुआँ-धुआँ बस! क्यों नहीं डोल उठती कि प्रलय हो जाए। क्यों नहीं फट जाती कि यह दुनिया उसमें समा जाए।'

रेशम की हत्या पर गाँव की स्त्रियाँ चुप रह जाती हैं, पर गुलकन्दी की हत्या? गुलकन्दी का अपराध क्या था? उसका पति उसे अपनाने को तैयार नहीं, ऐसे में विसुनदेवा के प्रेम की स्वीकार कर उससे ब्याह कर लेना अपराध कैसे हो गया? अपराध भी ऐसा अक्षम्य कि न केवल गुलकन्दी बल्कि उसकी माँ नाइन हरि प्यारी और पति विसुनदेवा को भी जलाकर मार दिया गया। पुलिस आई, तो प्रधान ने हमेशा की तरह हत्या को दुर्घटना का रूप देने की कोशिश की। लेकिन औरतों ने मोर्चा सँभाल लिया-'औरतें बड़ी पक्की होती हैं। बैठी हैं जमकर। जो नहीं थीं, वे भी चूल्हे में पानी डालकर आ गईं। दरोगा-सिपाहियों के आते ही स्वर बाँधकर रोने लगीं, जैसे पुलिस सोगवारी

को आई हो कि वे अपने भाग्य पर रो रही हैं? औरत-जात की किस्मत!' सबसे पहले लौंगसिरी बीबी उठी, फिर सारंग और उसके बाद तो औरतों के जुड़ने का सिलसिला शुरू हो गया। यह एकता सारंग के प्रधानी चुनाव के समय, इतनी बढ़ जाती है कि फत्ते सिंह प्रधान और उसके तिकड़मी व दबंग समर्थक ठगे रह जाते हैं। गाँव की जिन बहू-बेटियों को फत्ते बुलाता है, वे भी सारंग के पक्ष में उसके पास आ जाती हैं। सारंग के जुलूस में सक्का, गड़रिया, कुम्हार, खटीकों की स्त्रियों के साथ सभी बहू-बेटियाँ नाचती-गाती हैं। उनके जुलूस को देखकर श्रीधर सोचता है-'धरती की बेटियाँ लौह-जंजीरों को काटने निकली हैं...ये ग्राम बालाएँ प्रेम के सिवा किसी शब्द का अर्थ नहीं समझतीं। सादी बोली के अनगिनत सुर! मनभावन लय!' उपन्यास का यह सबसे सकारात्मक प्रसंग है। इस प्रसंग यानी स्त्रियों की एकता में स्त्री स्वतन्त्रता का मन्त्र छिपा है। स्त्री की सम्पूर्ण मुक्ति इसी से सम्भव है। वरना पुरुष क्यों स्त्री के हाथ में सत्ता सौंपने लगा? वह तो हमेशा यही चाहता है कि स्त्री उस पर निर्भर रहे और उसके हथियाए क्षेत्रों पर काबिज न हो सके। रंजीत के सामन्ती संस्कार सारंग के व्यक्तित्व को कैसे स्वीकार कर सकते हैं? वे तो आम पुरुष की तरह 'हर संजीदा बात'को औरत की बात कहकर टालते रहे हैं। 'राजनीति की बातें औरतों के दिमाग के बाहर की चीजें हैं।' सारंग कब तक ये सब सहे? यह बर्दाश्त से बाहर है। सारंग भँवर से कहती है-'हम इसी तरह हवन करते रहेंगे अपनी देहों का? हमें मारकर ही इनकी आन-बान का झंडा फहरेगा? इनके पास अपना कुछ भी नहीं! घर-बार की खुशी, शान-शौकत हमारे घूँघट के नाम लिख दिया है। तुम्हारे भईया! पढ़े-लिखे बनते हैं और घूँघट ऊँचा होते ही गुर्राने लगते हैं।'

सारंग के ससुर गजाधर सिंह, जो अंग्रेजी राज में पलटन में रह चुके हैं, आधुनिक विचारधारा के हैं और हमेशा सारंग के पक्ष में खड़े रहते हैं। जब भँवर और श्रीधर उनके सामने सारंग की प्रधानी का प्रस्ताव रखते हैं, तो वे चिंतित हो जाते हैं कि रंजीत की सोच संकीर्ण है। कभी सुना था कि औरत अपने मर्द पर भारी पड़ेगी? वह भी मर्दों की दुनिया में! बाबा ने ऐसा अंगरेजी जमाने में भी नहीं देखा था। 'गोरों के संग मेमें होती थीं, नाच के लिए राग-रंग के लिए, मौज-तफरीह के लिए। पर लार्ड और वायसराय कोई नहीं बनी इस देश में। देखते-देखते कितना कुछ बदल गया। एक दिन उनकी बहू...सपने में भी न ही सोचा था बाबा ने! उन्हें खुशी भी है-अत्यंत हर्ष। और मन मुरझा भी जाता है-रंजीत की ओर से...। पर अन्त में कहते हैं-'बढ़े चल चलो।'

रंजीत को मनोविज्ञान भी इस उपन्यास की उपलब्धि है,क्योंकि यह सामन्ती पुरुष का मनोविज्ञान है। सामन्ती पुरुष के संस्कार में ही 'स्त्री-विरोध है। पढ़ा-लिखा होने का बावजूद रंजीत उस संस्कार से मुक्त नहीं हो पा रहा। ऊपर से गाँव वालों की टिप्पणियाँ उसे और भी आहत करती हैं। 'साला! लुगाई का भड़ुआ! कुँवर पाल की पार्टी में शराब के नशे में सब उस पर टिप्पणी करते हैं-''जो अपनी लुगाई को बस में न कर पाए

उसे क्या कहेंगे? उसे क्या कहेंगे?''

'हेन पैक्ड'

'जनाना...पिंदोला साब, पिंदोला...।'

'जनाना राज! जनाना।'

'पेटीकोट पोलका।'

'ये...ये हमारे रंजीत सिंह पेटीकोट गवरमेन्ट में काम कर रहे हैं।'

...अब रंजीत–तुम–ऐसा करो–ये–मौंछें–मुड़वा डालो...।

'हाँ भाई, तेरी लुगाई–दूसरी–तरह की...नोच डालेगी।'

इसलिए रंजीत सारंग के पर्चा भरने पर उसके लिए चौके में खाना–पीना न करना उसके हाथ की छुई चीजों का त्याग करना और रात को बाहर सोना...जैसे दंड चुनता है ताकि सारंग को उसकी औकात बता सके। वह सोचता है कि सारंग को उपेक्षा के नोंकदार भाले सम्बन्ध विच्छेद से ज्यादा तकलीफ देंगे।

गाँव के पुरुष स्त्री से अपने को श्रेष्ठ समझते हैं, इसलिए उससे हारना अपनी तौहीन मानते हैं। फत्ते सिंह प्रधान सारंग को प्रधानी का पर्चा भरते देख खुद पर्चा नहीं भरता है–लुगाई से किसी तरह हार गए तो ...चुल्लू भर पानी न मिलेगा डूबने को...। बैयरवानी ने हस्तिनापुर लुटवा दिया था, पंडा दरदर भटकने को बिबस...कोई नई बात नहीं हुई आज...। रंजीत को भी खड़ा हो जाना था, भाई तफरी आ जाती। अजी हार जाता तो? तो क्या, हारकर क्या लोग जीना छोड़ देते हैं? अजी लुगाई से, अपनी घर वाली से वह भी...कुआँ–पोखर में डूबने की ठौर न मिलता। लोग हिजड़ों में डाल देते।

उपन्यास में कैलासी सिंह और कलावती चाची के देह–सम्बन्ध पर आपत्ति दर्ज कराई जाती है और उसे अनावश्यक प्रसंग माना जाता है, पर यह एक मनोवैज्ञानिक प्रसंग है। शोध से यह सिद्ध हो चुका है कि प्रथम यौन–सम्बन्ध में असफल पुरुष हीन भाव से ग्रस्त होकर आत्मविश्वास व आत्म सम्मान खो बैठता है। कई बार तो वह आत्मघात भी कर लेता है। कैलासी सिंह के साथ भी ऐसा ही हुआ था। वह भी पहलवानी करना लगभग छोड़ चुका था। ऐसे में कलावती चाची उसके पौरुष को जागती है, जिससे उसका आत्म विश्वास लौट आता है। इस प्रसंग को एक 'इलाज' की तरह देख सकते हैं। यह ना तो अय्याशी है, जो आजकल मसाज–पार्लरों के माध्यम से धड़ल्ले से हो रहा है। और ना ही स्वार्थ प्रेरित दैहित रिश्ता। हाँ, कलावती जैसी ग्रामीण स्त्री का यह बोल्ड कदम आश्चर्यचकित करता है। 'योनि की पवित्रता' चरित्र का मापदंड नहीं है, इस धारणा को भी कलावती चाची पुष्ट करती है। सबसे बड़ी बात है कि चाची को इस एक रात के देह–सम्बन्ध में कोई अपराध –बोध या पाप बोध नहीं होता। वह ना तो इस रिश्ते को स्थायी रूप देने की इच्छुक है, ना उसके बदले कुछ पाने की कामना रखती है। उसे इस बात की खुशी है कि उसने एक इनसान को जीवन दान दिया है।

श्रीधर मास्टर और सारंग के बीच के प्रेम–प्रसंग पर भी टिप्पणी की जाती है, क्योंकि

सारंग विवाहिता है। गीत कथा की चन्दना, गुलकन्दी, रेशम और ऐसी ही अनगिनत स्त्रियों को प्रेम करने की सजा दी गई थी, पर सारंग के साथ ऐसा नहीं होता। समय और परिस्थितियों के हिसाब से नैतिकता के मापदंड बदल जाते हैं। सारंग और श्रीधर के बीच प्रेम समान सोच, आदर्श और परिस्थितियों के दबाव में पल्लवित, पुष्पित और फलित होता है। समय के साथ परिपक्व हुआ उनका प्रेम दैहिक रूप तब लेता है, जब रंजीत श्रीधर पर प्राणघातक हमला करनेवालों में शामिल हो जाते हैं। श्रीधर की देखभाल करने के क्रम में दोनों के बीच दूरिया खत्म हो जाती हैं। दोनों को इस रिश्ते से खुशी और सन्तुष्टि मिलती है। उन्हें भी कोई अपराध बोध नहीं होता। शायद ऐसे प्रसंगों की सृष्टि कर लेखिका 'देह की आजादी' के पक्ष में अपनी उपस्थिति दर्ज कराती है। स्त्री का मन, उसकी खुशी, सहवास में उसकी मर्जी, उसका स्वतन्त्र प्रेम भी स्त्री-विमर्श का मुद्दा है। मैत्रेयी पुष्पा का 'चाक' स्त्री विमर्श के सभी मुद्दों को साहसिक ढंग से उठाता है। इस दृष्टि से यह एक सफल उपन्यास है।

मैत्रेयी जी की कथा दृष्टि लेखकों से अलग है, क्योंकि यह एक स्त्री की दृष्टि है। अनुभव सृजित दृष्टि। पुरुष और स्त्री का अनुभव अलग होता है, क्योंकि जीवन-जगत और समाज में दोनों की अलग स्थिति है। 'चाक' की कथा शैली से ऐसा लगता है कि पूरा गाँव ही अपनी सारी खूबियों और खामियों के साथ आँखों के समक्ष उपस्थित हो गया है। पात्रों के आचार-विचार और सोच पर लेखिका की जबरदस्त पकड़ है। लोक-जीवन के यथार्थ व सुन्दर चित्र यहाँ उपस्थित हैं। ग्रामीण स्त्री की चेतना का क्रमिक विकास बड़ा ही प्रभावशाली है। उपन्यास की सबसे बड़ी खूबी यह है कि मानवीय भावों की सघन अन्तरंगता को ही उद्घाटित नहीं करता, बल्कि सम्बन्धों की जटिलता का मनोवैज्ञानिक विश्लेषण भी करता है।

उपन्यास में कहीं-कहीं दलित-प्रश्न भी आते हैं, पर उन पर बिहंगम दृष्टि ही है। कुँवरपाल चमार है, उसका छोटा भाई कलक्टर है, इसलिए गाँव में उसका रुतबा है। फत्ते सिंह प्रधान उसको प्रधानी का पर्चा भरवा देता है, पर रंजीत से कहता है-'छोटी कौम का आदमी प्रधान हो या सरपंच, साला हुकुम तो चला नहीं सकता। गाली खाकर ही दिन काटेगा। या फिर पाई हुई सत्ता को डलिया में धरकर बेचने लगेगा। राज करना आता होता तो सरकारी धक्के के बाद भी ठंडी गाड़ी की तरह खड़ी रहती छोटी कौम, या भिखारियों की तरह झोली फैलाए नेता-मन्त्रियों का मुँह जोहती रहती? यही बात हमारे पाले में जाती है कि चमार का रौब भंगी तक मानने को तैयार नहीं, और न चमार ही भंगी का प्रभाव मानेंगे।'

कुँवरपाल सारंग का प्रतिद्वन्द्वी है, वह सारंग के समर्थकों को माँ-बहन की गाली देना चाहता है, पर चमार होने के कारण उसकी हिम्मत नहीं होती, क्योंकि यह जाटों का गाँव था। बस इतना कहता है-भाइयो, माना कि हमारी कौम सदा तुम्हारे पाँवों की जूती रही है, पर औरत जात? पाँव में ना सिर पर। स्त्री दलितों से भी दलित है। इस

कथन की पुष्टि उसी इस बात से होती है। दलित भी स्त्री को सम्मान की दृष्टि से नहीं देखते, जबकि खुद अपमान की पीड़ा से गुजरे होते हैं। ऊँच-नीच की भावना से ग्रामवासी उबर नहीं पाते। जातिगत दंश का अनुभव इस गाँव में छोटी जाति के लोग करते हैं। श्रीधर भी इसके भोक्ता हैं।

चाक उपन्यास की सार्थकता यह है कि यह जाति-धर्म-लिंग-वर्ग, पद, धन जैसे तमाम विभेदों से मुक्त, वर्जना-रहित आधुनिक, सुन्दर, स्वस्थ, जनतान्त्रिक ग्रामीण समाज की परिकल्पना करता है। उपन्यास के अन्त में यह संकल्पना साकार रूप लेती दिखाई देती है। इसके पीछे हर जाति, वर्ग, स्तर की स्त्रियों की एक जुटता है। अतरपुर की स्त्रियाँ अपनी व्यक्तिगत दुखों-समस्याओं और बंधनों से ऊपर उठकर सारंग के झण्डे तले एकत्र हो जाती हैं। अब सबका एक स्वर है...एक सपना है...एक सोच है। सभी स्त्रियाँ अब तक छोटी-छोटी धाराओं के रूप में अलग-अलग बहती रही थीं। अब ये सारी धाराएँ, सारंग जैसी नदी में मिलकर विशाल रूप ले रही हैं। सारंग भी उनको एकजुट करने के लिए बाँहें फैलाती है-"आओ, आओ, सबकी सब आओ! मैं तुम्हें अपने आँचल में छिपा लूँगी।"

यह एक स्त्री प्रधान समाज है, जिसमें स्त्री स्वतन्त्र व्यक्तित्व है। उसकी क्षमता, खूबियों का यहाँ सम्मान है। खुलकर गाने-झूमने, आवाज उठाने को वह स्वतन्त्र है। यहाँ स्त्री को प्रेम करने का अधिकार है, तो अपनी कोख के बारे में स्वेच्छा से निर्णय लेने की स्वतन्त्रता भी। अपने बारे में ही नहीं, समाज और देश के बारे में उसके निजी निर्णय हैं। यह सम्पूर्ण आजादी है, इसे स्वच्छन्दता कहकर उपेक्षित करने की कोशिश बचकानी हरकत है।

एक खास बात और भी कि यह समाज पुरुष विरोधी नहीं। यहाँ श्रीधर मास्टर और भँवर जैसे पुरुषों का सम्मान है, जो स्त्री को पुरुष की तरह ही मनुष्य मानकर सहयोग देते हैं। स्त्री की योग्यता को दबाते नहीं, उसको उभारने का प्रयास करते हैं। यदि इस उपन्यास में श्रीधर और भँवर जैसे प्रेरणादाई व सहयोगी पुरुष नहीं होते, तो शायद ही सारंग अपना स्वतन्त्र व्यक्तित्व विकसित कर पाती। अतरपुर में क्रान्तिकारी परिवर्तन स्त्री पुरुष के समन्वित प्रयास से ही सम्भव हुआ। ऐसा ही प्रयास हर गाँव, शहर व देश को जनतान्त्रिक रूप दे सकता है। 'चाक' स्त्री के जनतन्त्र की सार्थक संकल्पना है।

आधुनिक ग्रामीण सन्दर्भ में 'चाक'

जयवन्ती डिमरी

भारत एक पुरुष-प्रधान देश है। यहाँ इसका सामाजिक और राजनैतिक ढाँचा इसी आधार पर बुना गया है और यहाँ महिलाओं को लेकर सकारात्मक तथा नकारात्मक खेमे बँटे हुए हैं। यह साहित्य में भी साफ दिखाई देता है।

पश्चिम में जाने-माने नारीवादी विचारकों-एस.एम. गिल्बर्ट, एस गुबार और जूडिथ फायर इस पर विमर्श करते रहे हैं। इन सबका मानना है कि नारी चित्रण एकल या भोला-भाला सृजन नहीं है, यह पुरुष सत्ता के मन में उपजा है। नारी की पवित्रता पर बेहतर जोर है। यही पत्नी की बलिदान भावना को लेकर भी है। पत्नी ही क्या, महान माँ आज्ञाकारी बेटी और बहू। इस रूप में यह चरित्र चित्रण एक शास्त्रीय परम्परा भी है और लोककला का हिस्सा भी। पुरुष-प्रधान समाज ने महिला को इस रूप में महिमामंडित किया है, इसे लोककलाओं में भी स्थानान्तरित कर दिया है। इस सब के चलते लिंग, जाति और वर्ग के सन्दर्भ में नारी की स्थिति दोयम दर्जे की हो गई है। वह पुरुष के मामले में कमजोर और नियन्त्रित है। एस.एम. चानना ने हाल ही में अपने अध्ययन में महिला को एक समस्या के रूप में पेश किए जाने पर हस्तक्षेप किया है। उनका कहना है कि ऐसा हमेशा होता आया है-

आदर्श नारी एक कुलीन मर्द पंडित क्षत्रिय या वैश्य गृहस्थ की पत्नी होती है जो साहित्य में स्थान पाती है, बेचारी मजदूर कुम्हारिन धोबिन और आदिवासिन जैसी उच्च वर्ग से बाहर की महिलाओं को साहित्य में कम ही प्रवेश मिला है।

अंग्रेजी और अन्य भाषाओं में लिखनेवाली पहली पीढ़ी आजादी से पहले और बाद में नारी के इसी पौराणिक नमूने से चिपकी रही है। जाहिर है उन पर उस ज्ञान भंडार का असर था जो तब चलन में था। इस पर पुरुषों की सोच साफ दिखाई देती है। आदमी और औरतों के बीच महिलाओं की तस्वीर को लेकर कोई फर्क नहीं था। औरतों पर अत्याचार क्यों होता है, उनको दबाया क्यों जाता है, क्या इस बारे में कुछ नहीं दिया जा सकता था? यह सब वहाँ पर लेखन में एक सा दिखाई देता है।

वैसे पुराणों और महाकाव्यों में हटकर चरित्र चित्रण हुआ है, मसलन शूर्पनखा

(रामायण) देवयानी और विशाखा (महाभारत) इन्होंने मर्दों की सोच को टक्कर दी है। शूर्पनखा ने अपनी इच्छाओं को व्यक्त किया और साफ-साफ माँग की। क्या मर्द इस पर सहज थे? क्या वे डर गए थे, शूर्पनखा से भयभीत...शायद हाँ! वह न तो बदसूरत थी न षड्यन्त्रकारी, बल्कि इच्छाओं से लबालब और बेबाक! देशपांडे ''मैटर ऑफ टाइम'' में लिखते हैं–मैं इसी शूर्पनखा के बारे में लिखने जा रहा हूँ। इस सन्दर्भ में एम् के इन्दु का कन्नड़ उपन्यास फनियाम्मा भी लज्जाहीन और खुले मन की विधवाओं ने निषिद्ध विषयों पर आवाज उठाई और 'चाक' की रेशम से हटर उन्होंने अपने खिलाफ जो अत्याचार हुआ था उसका बदला आततायी से शादी करे लिया। इन औरतों का व्यवहार अलग-अलग था पर इनका सीधा सम्बन्ध जमीन से था, जायदाद से था। दक्षिणी जी के मामले में यह बात थी कि उसे फँसानेवाला उसका जीजा था, वह परिवार से ही था लिहाजा जायदाद का हकदार नहीं, जबकि रेशम का गुप्त प्रेमी एक खतरा था।

ज्यादा महत्त्वपूर्ण यह है कि पिछले दशकों में औरत की साहित्यिक तसवीर बदली है। महाभारत में अम्बा अम्बालिका द्रौपदी, रामचरितमानस में सीता और उर्मिला, मध्ययुगीन कवयित्री मीराबाई, बारहवीं शताब्दी की कर्नाटक में हुई अक्का महादेवी, आठवीं शताब्दी कअंडाल और सत्रहवीं शताब्दी की तमिल सन्त अदुई अक्का कुछ ऐसे स्वर हैं जिन्हें हमें पुनः स्थापित करना है और खोजना है। 18वीं शताब्दी के तेलगू कवि मुद्दुपलानी ने जो वेश्याओं के समुदाय से समबद्ध थीं, राधिका का सन्त वर्णन छापकर देश भर में जीवनियों, आत्मकथाओं, वेश्याओं गायिकाओं-नृत्यांगनाओं एवं दलित आदिवासी अल्पसंख्यक लेखिकाओं ने पिछले कुछ सालों में पुरुषसत्ता के बरक्स अपनी आवाज उठाई है और पहचान बनाईं है।

अर्थ के लिहाज से चाक कुम्हार के पहिए को कहते हैं–समय चक्र। चाक महिला चेतना का ग्रन्थ है। यह महिलाओं के यौन मनोविज्ञान की भी बात करता है। साथ ही महिलाओं के खिलाफ हिंसा, उसका विरोध और सामाजिक तथा राजनैतिक हस्तक्षेप भी। कुम्हार की सी यही स्थिति चित्रा मुद्गल के आँवा में भी है चाक का गाँव अतरपुर ब्रज क्षेत्र में है। उत्तरप्रदेश के जाट बहुल इलाके की कथा है। कहानी की शुरुआत अभागी विधवा रेशम से शुरू होती है। उसकी हत्या घरवाले कर देते हैं। उसकी ममेरी बहन सारंग नैनी उस हत्या का बदला लेना चाहती है। वह उसी गाँव की है और अपराधी भी वहीं का। कहानी फैलती जाती है समाज में अर्थशास्त्र में और कानून में।

गाँव में ऐसे किस्से पहले भी हुए हैं, यह बात बूढ़ी खेरापतिन दादी और ढोला वाले दादू अक्सर बताते हैं। उनके पास ऐसी कई कहानियाँ हैं, जो चन्दना से रेशम तक बिछी हुई हैं। रुक्मणि की लाश लटकती हुई मिली थी, रामदेई नदी में कूद गई थी और नारायणी की लाश नदी में तैरती हुई पाई गई। ये सब लाज बचाने की खातिर जिन्दगी हार बैठीं। इन हत्याओं को विपदा कहा गया।

सारंग मुख्य पात्र है। वह महिलाओं की आवाज है। उसका काम दिखाई देता है। कन्या गुरुकुल से शिक्षा प्राप्त करनेवाली सारंग विवेक बुद्धि से लैस है और तर्कपूर्ण तरीके से सोचती है। अपने इसी रवैये को मुखर करने के कारण उसे गुरुकुल से निकाल दिया था। शादी के बाद भी उसका यही रवैया रहा। बैटी फ्रोदन की भाषा में वह एक गृहणी और माँ की तस्वीर से बाहर निकल आई है। औरत के मोक्ष की बेटी के पास एक ही परिभाषा है–उसकी सन्तोषजनक परिणति। सारंग ने परम्परा को तोड़ा और एक नई तस्वीर पेश की, ग्रामीण औरत के रूप में। स्त्री का शरीर अब साहित्य में चमककर उभरा है।

अनपढ़ ग्रामीण औरतों की अपनी यौन इच्छाओं को स्वर देना रेशम जैसी विधवा और सारंग जैसी पत्नी के द्वारा! ये पुरुष सत्ता को चुनौती देती हैं और यौन को परम्परा से आगे ले जाती हैं। औरत अपने शरीर से क्या चाहती है और होता क्या है यह आशंका समाज को डरा रही है क्योंकि शरीर अब दबा ढका नहीं खुले विषय के रूप में है।

अर्धशिक्षित मन्दा (इदन्नमम) सार्वजनिक मंच पर आ जाती है लेकिन परम्पराओं के साथ। इसके विपरीत सारंग का प्रायवेट से पब्लिक स्तर पर संक्रमण पुरुष समाज को भाया नहीं। उन्हें यह वैवाहिक संस्था का अतिक्रमण लगा। शुरू में ससुर ने सारंग का साथ दिया और कुछ कदम पढ़ा-लिखा पति भी साथ चला, लेकिन जब वह स्कूल मास्टर से विवाहेतर सम्बन्ध स्थापित कर बैठी तो तूफान बरपा हो गया। पुरुष का यह नारी के अधिकार क्षेत्र में अवांछित हस्तक्षेप है।

सारंग का व्यवहार न केवल ग्रामीण सम्वेदना को अस्वीकार्य है बल्कि शहरी सोच को भी चुनौती दे रहा है क्योंकि दोनों में नारी की यह पहल अभूतपूर्व है। इस उपन्यास ने एक बहस को जन्म दिया यह सामन्तवादी व्यवस्था को भीतर तक भेद गया । क्या सारंग उत्तरप्रदेश के ब्रज अंचल के परिदृश्य में फिट होती थी? क्या वह पढ़ाई-लिखाई के बावजूद पितृ-मूलक व्यवस्था के लिए सहज इकाई थी? ये सवाल पूरे सन्दर्भ में महिला के स्थान को लेकर महत्त्वपूर्ण हैं।

सारंग रेशम की हत्या को लेकर विचलित है, उसका प्रतिरोध विश्वसनीय और सराहनीय है। यह उपन्यास महिला प्रताड़ना को लेकर है क्योंकि ऐसी भावनाएँ सभी स्मृतियों में शेष है, पर इन्हें खुलकर अभिव्यक्ति नहीं मिली, न परिवार में न समाज में। इसलिए सारंग की बेचैनी अलग किस्म की है। शशि देशपांडे ने 'ब्लीडिंग वेन' में इसी प्रकार का चरित्र गढ़ा है। सारंग का दर्द उसकी याद दिलाता है। सारंग का दुख व्यक्तिगत नहीं है पर उस दुख से जुड़ी महसूस करती है। सारंग की रेशम से सहानुभूति में अपने पति के व्यवहार के विरुद्ध रोष के तत्त्व भी शामिल हैं। वह दोषी को सजा दिलाना चाहती है।

कुछ एनी उपन्यास भी काबिले गौर हैं। मसलन आशापूर्णा देवी का 'प्रथम प्रतिश्रुति' और इंदिरा गोस्वामी का 'उने हातिर नौवा हान्द' तथा मैत्रेयी पुष्पा का

'इदन्नमम'। चाक हर युग की महिला के यौन विमर्श का प्रतिनिधित्व करता है। यह केवल सैक्स और हिंसा का ही नहीं कौमार्य और विवाहगत नैतिकता की बहस भी उठाता है। एक कन्या गुरुकुल में लड़कियों का शारीरिक शोषण आर्थिक दृष्टि से परिमार्जित वर्ग हिन्दू मूल्य व्यवस्था से कुछ प्रश्न पूछता है।

यह उपन्यास तीन पात्रों के माध्यम से एक लड़की का विवश होकर आत्महत्या करने को दर्शाकर इन संस्थाओं में फैली दुर्दशा को आम पाठक तक पहुँचाता है। लड़की के पिता ने बेटी को गुरुकुल में लगभग त्यागकर ही फेंक दिया था, लड़की से अपनी जान छुड़ाने के लिए। ये पात्र हैं शकुन्तला, शारदा और सारंग। शकुन्तला नाम पौराणिक स्मृति को झंकृत करता है...उस शकुन्तला की तरह इनका भी कोई संरक्षक नहीं है, न देवी न नश्वर। यौनेच्छा की पूर्ति से वंचित मैस के नौकर से जुड़ना उसे शर्मशार कर देता है। सारंग का जुड़ाव एक संस्कृत अध्यापक से होता है और यह जल्दी उजागर हो जाता है मगर इससे उसे वर्जना नहीं लगती।

अतरपुर गाँव में महिलाओं की यौन स्थिति दो स्तरों पर रेखांकित हुई है–ऊपरी और भीतरी। ऊपरी स्तर पर नियन्त्रित नैतिकता स्थापित है और जो स्त्री उसका उल्लंघन करती है जैसे रेशम, पाचान्ना और गुलकन्दी, जिनके लिए सजा का प्रावधान है। रेशम अपनी जान देकर कीमत चुकाती है तो पांचान्ना को शारीरिक यन्त्रणा सहन करनी पड़ती है क्योंकि उसने चारदीवारी की चौखट पार करने की जुर्रत की थी, जहाँ उसके पिता की सत्ता कायम थी। फिर भी औरतें बच-बचकर यह देह देहरी लाँघती रहीं। वे पिताओं के घनघोर अनुशासन से वाकिफ होती हैं, मगर फिर भी...उदाहरण के लिए एक महिला जिसकी कोई सन्तान नहीं, विशुद्ध शरीर की माँग पर पहलवान कैलासी सिंह से सीधा सम्पर्क साधती है क्योंकि उसका मकसद गर्भ और बच्चा है। सामाजिक उपेक्षा के कारण बड़ी उम्र की कलावती उसी पहलवान से उसकी लोकोपकारी भावना से प्रेरित होकर शैया बाँटना चाहती है। वह पहलवान पर से नपुंसकता का दाग हटाना चाहती है ताकि वह पूरे आत्मविश्वास के साथ डोरिया से अपनी कुश्ती जीत सके। डोरिया सारंग का दोषी था वह सारंग के साथ मिलकर दोषी को सजा देना चाहती है। कैलासी सिंह और कलावती का संसर्ग एक विलक्षण प्रसंग है। इस उपन्यास ने इसके द्वारा विवाहगत नैतिकता को कठघरे में खड़ा किया है और नए मानदंड दिए हैं।

सामाजिक स्तर पर कलावती का दुस्साहस एक वैकल्पिक मूल्य को पेश करता है–हम जाट औरतें अपनी जेब में बिछिया रखती हैं, मन आया ता के पहर लिए–यह चलन ऊँची जाति की औरतों में नहीं होता। बड़ी बहू सारंग से कहती है कि अगर हम किसी गैर मर्द से देह का रिश्ता बनाएँ तो पहले हमारे मर्द उस आदमी की गर्दन काटेंगे, फिर औरत की। मगर पाचन्ना तथा रेशम के साथ सारंग ने इसे नकारा।

जाहिर है इसमें निचले स्तर की महिलाओं को ज्यादा स्वाभिमानी दिखाया गया है। कलावती, रेशम और सारंग का व्यवहार मान्यताओं को तोड़ता है। उनकी नैतिकता

सतही है इसके विपरीत ऊँची जाति वाली औरतें परम्पराओं में जकड़ी रहती हैं। वे सब कुछ सहन करती हैं, मार भी वर्जना भी और सजा भी। शुरू में छोटी जाति वाली हरि प्यारी उतनी बाधित नहीं दिखती और आजादी का विगुल बजाती है, लेकिन हरिप्यारी और उसकी बेटी गुलकन्दी की सुनियोजित हत्या उसके मरहूम पति का भतीजा ही करा देता है। कारण कि हरिप्यारी ने अपनी बेटी को अपने से नीच जात में शादी करने दी। यहाँ छोटी जात का बड़ी जातियों की तरह व्यवहार करने की होड़ दिखाई देती है क्योंकि वे भी इज्जत को लड़की से जोड़कर देखने की राह पर चल पड़े हैं। हरिप्यारी और गुलकन्दी को आग के हवाले करके वे अपने समुदाय की स्त्रियों की स्वतन्त्रता का दहन कर डालते हैं। इससे उनकी राजनीति गड़गड़ा जाती है और शक्तिकरण का मुद्दा धुँधला पड़ जाता है। माना गया है कि निचले स्तर पर महिलाओं को ज्यादा छूट के अवसर मिलते हैं।

कलावती का कैलासी सिंह से रिश्ता एक इलाज था। इसमें वदन था न मन। पहलवान ब्रह्मचर्य से घिरा था। वह अपने वदन से जुड़ा था जिसके लिए यौन इच्छा एक बोझ थी। उसे अपनी नामर्दगी का दर्द सता रहा था। यहाँ कलावती का शरीर उसके लिए उपचार था, आत्मसम्मान पाने का कारगर साधन। अनन्तमूर्ति के उपन्यास 'संस्कार' में चन्द्री वेश्या का माँ जैसा प्रत्युत्तर जो वह प्रनेशाचार्य के सामने व्यक्त करती है, के मुकाबले कलावती कोई दार्शनिकता न दिखाते हुए पहलवान को उसका स्वाभिमान लौटाती है। बेशक कलावती का चरित्र कलात्मक स्तर पर नहीं पहुँचता जैसा कि 'संस्कार' में होता है कि यौन विमर्श का भौतिक स्तर से ऊपर उठना वांछनीय है, यह कलावती में अनुपस्थित है।

अन्तत: शक्तिहीन लेकिन जानकार सारंग कैलासी सिंह की ताकत को भिन्न तरीके से अपनाती है। वह गाँव के नामी पहलवान डोरिया के सामने कैलासी सिंह को खड़ा करती है और इसे रेशम के हत्यारे का मानमर्दन करने का उपाय मानती है। यह इज्जत के साथ अधिकार का प्रदर्शन था। यह एक पुरुष के अहंकार को ललकारने की रणनीति थी।

इस उपन्यास में एक विधवा का चरित्र चित्रण, चाहे उसकी शादी फिर हुई हो या नहीं, एक मासूम हरकत नहीं है। इसका हर स्तर पर बहस का हिस्सा बनना जरूरी है। वह एक चरित्र मात्र नहीं है, वह एक स्थिति है, एक यक्षप्रश्न है। यह पूर्व और पश्चिम का मसला भी नहीं है, आजादी से पहले और बाद के समय का भी नहीं। इसे तो विशुद्ध भारतीय सन्दर्भ में देखना होगा। जाति धर्म आदिवासी ग्रामीण शहरी आदि। उनकी विश्वसनीयता परखनी होगी और चाक की रेशम के उद्देश्य को समझना होगा। यह हिन्दू नैतिकता के दरवाजे पर आधी रात की दस्तक है क्योंकि रेशम एक विधवा है। रेशम की स्त्री आशापूर्णा देवी के उपन्यास 'प्रथम प्रतिश्रुति' की सत्यवती जैसी है क्योंकि ये दोनों ही मौलिक सवाल उठाती हैं। ये पापी की परिभाषा को फिर से पढ़ना चाहती

हैं कि कौन पापी है, कौन नहीं–जो जन्म देती है या जो भ्रूण हत्या करती है? क्या आप जीवित और मृत में अन्तर करना भूल गए? ये सब सवाल अहम हैं, अपरिहार्य हैं। तभी इन पात्रों को समझा जा सकता है। इनकी प्रासंगिता को तार्किकता से जोड़ा जा सकता है। इस मामले में पृष्ठभूमि भी महत्त्वपूर्ण है, स्थान और पात्र भी।

मैत्रेयी की रेशम में कृष्णा सोबती को मित्रो मरजानी की गूँज है। मित्रो की खासी आलोचना हुई थी। उसमें एक अतृप्त पत्नी है जो एक ग्रामीण परिवेश में स्थित है, वेश्या की बेटी। मित्रो के पति में यौन–रुचि कम है। मित्रो जीवन्त है, वह अपनी जुबान बोलती है। उसकी अपनी पहचान है। वह देहरी लाँघ जाती है। मगर वह कुछ भी करने को तैयार है, अपने ही घर के लिए, बिना अपने बारे में सोचे। इस तरह रेशम का चरित्र मित्रो से भिन्न है, हर मायने में। मित्रो उत्सवधर्मी है तो रेशम संघर्षकर्ता।

पिछले कुछ दशकों में महिला लेखन में उबाल आया है, सभी भाषाओं में। पता नहीं इस लेखन में यौन विमर्श मुखर विषय है या एक सोची समझी रणनीति है। यह शोषित दलित और हाशिए के मनुष्यों की भावनाओं का उभरता स्वर है।

अतरपुर की धड़कन : शिक्षा संस्कृति और जनतन्त्र

विनय दास

इधर जिन उपन्यासकारों ने अपनी अलग पहचान बनाई है, उनमें मैत्रेयी पुष्पा का नाम विशेष उल्लेखनीय है। उन्होंने 'बेतवा बहती रही' से जो अपनी उपन्यास यात्रा आरम्भ की,वह उत्कर्ष को छूते हुए नित नए शीर्ष की संरचना कर रही है। अपने सृजन में उन्होंने सदैव सम्वेदना के नए क्षेत्र और कहन को नए मुहावरे में ढूँढ़ा है।

उनकी ख्याति का दूसरा बड़ा कारण है गाँव के जनजीवन गहरे जमीनी धरातल से जुड़ी मध्य तथा निम्न मध्य वर्ग की बेजुबान स्त्रियों को बदलते सामाजिक परिवेश में आने के अधिकारों के प्रति अत्यधिक मुखरता के साथ साहित्य में अभिव्यक्ति करना है। वे स्त्रियाँ साहसिक और जीवन्त हैं। यहाँ मैत्रेयी स्त्री पत्रों की संरचना और विमर्श में कृष्णा सोबती के अमीप-समीप हैं। उनके नौ उपन्यासों में चाक विशिष्ट है।

हिन्दी उपन्यासों में गाँव को केन्द्र बनाकर कथा रचने की दीर्घ परम्परा है–

प्रेमचन्द ने गोदान को सेमरी बेल्लारी, रेणु ने मैला आँचल को मेरीगंज, नागार्जुन ने बलचनमा को मिथिलांचल, राही मासूम रजा ने आधा गाँव को गंगौली और श्रीलाल शुक्ल ने राग दरबारी को शिवपालगंज पर उतारा। इसी परम्परा की समर्थ कड़ी मैत्रेयी पुष्पा का उपन्यास चाक है। गाँव केन्द्रित ये उपन्यास वहाँ के लोगों के दुख-दर्द को उनके सामाजिक, सांस्कृतिक और राजनैतिक परिवेश में मूर्त करते हैं। उन्हें जीवन के सदाचार कदाचर के साथ हाड़-मांस से युक्त जीवन्त पात्रों में तब्दील कर देते हैं। जिससे उनकी जिन्दगी की जद्दोजहद उन गाँवों की चौहद्दी तक सीमित न रहकर किसी भी गाँव का सच बनने की ताकत से सम्पृक्त है। रचना में यह ताकत अपने समय और स्थान में रहते हुए भी उसके पार जाने की शक्ति पर है। ऐसी शक्ति का अहसास 'चाक' कराता है। यह ब्रज़ क्षेत्र का उपन्यास अतरपुर गाँव को केन्द्र में रखकर लिया गया है। दो जाट परिवारों की कथा प्रस्तुत करते हुए साध जी और गजाधर सिंह के परिवारों को आमने-सामने लाता है। इनके जीवन में गहरे दबे-ढके कलह और मेल, नफरत और मोहब्बत प्रीति और बिछोह, दया हिंसा, सैक्स, हत्या, विश्वास और छल जैसी मानवीय

प्रवृत्तियों को दर्शाता है। इस गाँव की परिधि पर बसे हुए नाई, मुसलमान, खटीक और कुम्हार, चमार जैसी जातियों के लोग आते हैं। इनके ही इर्द-गिर्द पूरी कथा घूमती है। 'चाक एक जगह पर एक क्षेत्र विशेष की विभिन्न जातियों के मनो रोगों को गहराई से रचता है। पारम्परिक पेशा और परिवेश की गहरी जीवन विडम्बनाओं के अल्प रंगों के कारण ये पात्र जब-तब अपने जमीनी सच से किंचित विचलित भी दिखाई देते हैं। बावजूद इसके जाटों की जीवन शैली को, वहाँ की बोली बानी और संस्कृति को, उसके बोलते क्षणों में मूर्त करने में मैत्रेयी ने सघन जातीय स्मृतियों का सार्थक इस्तेमाल किया है। अतरपुर की धड़कन में वहाँ के लोगों की जिन्दगी के राग-विराग, शिक्षा संस्कृति और जनतन्त्र की प्रथम पायदान ग्रामपंचायत चुनाव की तल्ख समीक्षा पोर-पोर में रची-बसी है। जिसके गवाह सारंग रणजीत, प्रधान फत्ते सिंह और श्रीधर मास्टर हैं। शिक्षा संस्कृति और जनतन्त्र की समस्या को इतने बड़े फलक पर उठानेवाला 'राग दरबारी' के बाद कदाचित यह हिन्दी साहित्य का दूसरा उल्लेखनीय उपन्यास है। मगर दोनों में फर्क है-'राग दरबारी' अगर प्राइवेट मैनेजमेंट द्वारा संचालित 'छंगा मल विद्यालय शिवपालगंज' के शिक्षक, प्रबंधक और शिक्षा व्यवस्था की दशा-दुर्दशा का आख्यान है, जिसके केन्द्र में वैद्य जी हैं और इसी व्यवस्था तन्त्र की मार्मिक व्यंजना से पहले दुष्यन्त कुमार अपने उपन्यास 'छोटे-छोटे सवाल' में करते हैं, तो 'चाक' इनके विपरीत सरकारी तन्त्र, बेसिक शिक्षा परिषद् द्वारा संचालित विद्यालयों की शिक्षा व्यवस्था, वहाँ की राजनीति और उसके विभिन्न उपांगों का चुभता हुआ भाष्य है।

यहाँ एक शीर्ष पर प्रधान फत्ते सिंह तो दूसरे पर उच्च शिक्षा अधिकारी और उनके मध्य अध्यापक श्रीधर प्रजापति के साथ चन्दन, राकेश जैसे एनी छात्र हैं। दोनों ही व्यवस्थाएँ आर्थिक शोषण के अड्डों में तब्दील हो चुकी हैं, दोनों उपन्यास इस सच को अपने-अपने ढंग से बयान करते हैं। वहाँ शोषक प्रबन्धतन्त्र है तो यहाँ प्रबंधन और सरकारी अधिकारी। श्रीलाल शुक्ल इस चुभन को कुछ इस तरह व्यक्त करते हैं। 'वर्तमान शिक्षा पद्धति रास्ते में पड़ी हुई कुतिया है, जिसे कोई भी लात मार सकता है।' इस कथन में निहित व्यंग्य भारतीय शासकों का वर्तमान शिक्षा व्यवस्था के प्रति गहरे उपेक्षा भाव को दर्शाता है।

आजादी के पैंसठ वर्षों में हमारे समाज में शिक्षा और नौकरी के अन्तर्सम्बन्ध दो विरोधी ध्रुव बन गए हैं। शिक्षा अपदस्थ हुई है। पढ़ो-लिखो डिग्री लो और घर बैठो। आज कल यह बात आम है। 'चाक' का नायक रंजीत उच्च शिक्षा प्राप्त एम. एस-सी. एग्रीकल्चर से है। वर्तमान शिक्षा की विसंगति पर उसकी भी टिप्पणी है क्योंकि वह रोजगार की तलाश में देश की भ्रष्ट नौकरशाही से टकराता है-एक प्राइवेट विद्यालय में नौकरी पाता है जहाँ का अनुभव 'राग दरबारी' से भी ज्यादा खौफनाक है। और जिसे श्रीलाल शुक्ल नहीं देख सके कि एक अध्यापक की पोस्ट दो मास्टरों को मिले। वेतन आधा आधा! रंजीत कहता है-साली नौकरी है कि आध-बँटाई? मातहतों की मातहती!

शिक्षित व्यक्ति के जीवन की इससे बड़ी त्रासदी और क्या हो सकती है कि वह मातहतों की मातहती करने के लिए मजबूर हो। यह आज के प्रायवेट विद्यालयों का हाल है। सरकारी स्कूलों में जो घमासान है, उसे मैत्रेयी बयान करते हुए कहती हैं–

आजकल स्कूल रणक्षेत्र है। हैड मास्टर थानसिंह वहीं से विगुल फूँक रहे हैं–

साला रंजीत अब चला जाए हाईकोर्ट सुप्रीमकोर्ट। मैत्रेयी अपने इस कथन के अनुसार स्कूल के वैयक्तिक राजनीति का रणक्षेत्र बनने पर दुखी हैं। यदि श्रीलाल शुक्ल आजादी के महज बीस वर्षों (राग दरबारी 1986) में शिक्षा जगत को लेकर हताशा व्यक्त करते हैं तो मैत्रेयी आजादी की लगभग आधी सदी बीत जाने (चाक 1997) पर सरकारी शिक्षा तन्त्र में प्रधानों के बढ़ते वर्चस्व से खौफजदा मास्टर श्रीधर, हैड मास्टर थानसिंह और प्रधान फत्ते सिंह के मध्य भवन निर्माण, रँगाई–पुताई, दोपहर का भोजन और कम पैसों में अपनी जगह फर्जी मास्टर रखकर मुनाफा कमाने की हवस तथा सरकारी धन का बन्दरबाँट जैसे अहं मुद्दों को लेकर हो रही रस्साकसी का नग्न यथार्थ उद्घाटित करती हैं। इस सन्दर्भ में प्रधान का कथन देखें' हम चाहते हैं हमारे गाँव के स्कूल की इमारत नई हो जाए। तुम कहते हो तो कंडम करेंगे। नई इमारत बनाओ।

'फिलहाल नहीं' श्रीधर जवाब देते हैं। इनकार का स्वर साधारण नहीं असाधारण है। यह संघर्ष एक शिक्षक का प्रधान से ही नहीं, अपने हैड मास्टर से और विभागीय अधिकारी एस.डी.आई. से भी होता है। श्रीधर प्रजापति इन तीनों के मध्य इस दुरभिसंधि को उद्घाटित करते हैं क्योंकि वे शिक्षा में लोकतन्त्र की बहाली के लिए संघर्षरत हैं। ' श्रीधर आदर्श का पुतला है, अफसरों के खिलाफ! परीक्षा–परिणाम पर एस.डी.आई. दस्खत नहीं करता। कारण लोभ लालच। मैं पर्दाफाश करके रहूँगा।'

अफसरों ने एक स्वर में कहा–चींटी के भी पर!

ईमानदारी का गला घोंटने के लिए पूरी व्यवस्था सन्नद्ध है। शिक्षक के लिए पढ़ाना छोड़कर शेष काम मुख्य हैं। टीचर विद्यालय का मेरुदंड होता है अगर अपनी जगह रास्ते से सस्ते दाम पर फर्जी मास्टर रख देता है तो इससे ज्यादा भयावह क्या हो सकता है?

' थानसिंह खुद कितना काम करते हैं? पन्द्रह–पन्द्रह दिन लगातार नहीं आते। अपनी खेती सँभालते हैं।

पहाड़ीपुर वाले मास्टरी कितनी करते हैं? इगलास में उनकी आढ़त है।'

रामपुर बाले की चक्की है, जब देखो तब अनाज आटा तोलता मिल जाएगा।

नौकरी तो साली ब्याहता औरत की तरह है जाएगी कहाँ? बहुत से बहुत पीहर।

यह कथन हमारे शिक्षकों की कमाई के दोहरे चरित्र को बेनकाब करता है और शिक्षा के चेहरे को तार तार! यह यथार्थ गाँव कस्बों के किसी भी चौराहे, पान की गुमटी, चाय की दुकान यहाँ तक कि आती जाती टैक्सियों की सवारियों के मुख से कभी भी सुना जा सकता है। शिक्षा जगत का यह विरूप, यह विडम्बना और विसंगति अंतत:

हिंसा में तब्दील हो जाती है। जाहिर है इसकी जड़ हैड मास्टर द्वारा विद्यालय को अपनी जागीर समझ लेना है।

''कितने रुपये लेते हो''

''तीन सौ'' यह कहकर हुकुमसिंह ने रजिस्टर झपट लिया। बस फिर क्या था श्रीधर और हुकमा गुँथ पड़े।

''सालो, बेईमानी करते हो। रिपोर्ट करूँगा मैं। एक-एक का पर्दाफाश करूँगा मैं। इस थानसिंह को मुअत्तिल न कराया तो...'' श्रीधर हुँकार भरते हैं।

स्वतन्त्रता के पैंसठ वर्षों में हमारा सरकारी शिक्षा तन्त्र किस हद तक पदच्युत हुआ है, इसका ज्वलन्त उदाहरण 'चाक' है। मैत्रेयी पुष्पा ने जिसे जाने सुने अनुभवों के आधार पर नहीं बल्कि लगता है कि वे बेसिक शिक्षा परिषद् के शिक्षालयों के अन्त:करण में गहरे पैठकर उसके यथार्थ को परत-दर-परत उघाड़ती हैं। यथार्थ और आदर्श के कड़े संघर्ष में आदर्श रक्तरंजित हैं। मास्टर श्रीधर अगर आदर्श हैं तो थानसिहं हैड मास्टर वर्तमान का कड़ुआ सच। श्रीधर चुनौतियों से भागते नहीं वे थानसिंह का तबादला कराते हैं और उनके भाड़े के मास्टर हुकुमसिंह को बाहर का रास्ता दिखा देते हैं। छात्रों के आर्थिक शोषण के विरुद्ध विभागीय अधिकारियों से संघर्ष करते हैं। कुल मिलाकर वे शिक्षा जगत के आन्तरिक और बाह्य लोकतन्त्र की स्थापना के सच्चे समर्थक हैं। इन संघर्षों के बीच श्रीधर का चरित्र कुन्दन-सा निखर आता है। शिक्षा जगत का यह बीभत्स सच आमजन की जुबान पर दशकों से खेल कूद रहा है किन्तु उसे साहित्य की दुनिया में संवेदनशील ढंग से दर्ज करने का साहसिक और ऐतिहासिक कार्य मैत्रेयी पुष्पा ने ही सम्भव करके दिखाया। माना जा सकता है कि 'चाक' का सच बेहद भयानक और बीभत्स है जो जनतन्त्र की सच्ची मंशा के विपरीत कुछ शक्तिशाली लोगों का ऐसा गठजोड़ है जो अपनी विद्रूपता में वह सब कुछ बयान कर देता है जिसे श्रीलाल शुक्ल बयान करके भी नहीं कह पाए।

मैत्रेयी पुष्पा के उपन्यास 'चाक' का एक अहं पहलू उसका समाजशास्त्रीय अध्ययन और उसके रग-रग में धड़कती लोक संस्कृति है। यह सब पूरे उपन्यास में तीज-त्योहार, व्रत-उपवास और विभिन्न संस्कारों के अवसर पर गाए जानेवाले गीत और लोककथाओं के माध्यम से मुखर हुआ है। यहाँ तक कि पारम्परिक व्यंजनों में रक्षाबन्धन पर बननेवाले पकवानों की भीनी सुगन्ध भी बरकरार है। जीवन और प्रकृति के बीच विभिन्न दुखमय-सुखमय स्थितियों हर्ष और विषाद को अभिव्यक्त करने के लिए गीतों और गीतकथाओं का अवसरानुकूल सर्वाधिक प्रयोग करनेवाला हिन्दी का यह पहला बृहद-फलक उपन्यास है। वास्तव में मैत्रेयी ने संस्कृति की वही धारा पकड़ी है जिसे टायरल ने कहा है-यह संस्कृति का वह जटिल तत्त्व है जिसमें ज्ञान, नीति, कानून, रीति-रिवाज तथा दूसरी उन योग्यताओं और आदतों का समावेश है, जिन्हें मनुष्य एक सामाजिक प्राणी होने के नाते प्राप्त करता है 'संस्कृति का अर्थ है-सृजनात्मक

अनुचिन्तन । इसी सृजनात्मक अनुचिन्तन से वे अपने उपन्यास का ताना-बाना बुनती हैं।

उपन्यास का प्रारंभ रेशम की सनसनीखेज हत्या से होता है। रेशम 'चाक' की नायिका सारंग की बहन है। उपन्यास की जमीन एक नहीं तीन-तीन हत्याओं की हिंसा से रंजित है,जो एक दुखान्त गाथा को रचती है। नायिका सारंग रेशम डोरिया को सजा दिलाकर गाँव में अन्याय के विरुद्ध न्याय की जीत का दरवाजा खेलना चाहती है। इस बीच गाँव की खेरापतिन दादी स्त्रियों के मध्य हाजिर होती हैं। वह चन्दना की गीतात्मक कथा कहती है, जिससे रेशम की मार्मिक गाथा गाँव की स्त्रियों की जुबान पर फिर चढ़ जाती है। ऐसी कथाएँ गाँव में आज भी कही जाती हैं। जो एक वातावरण होता है, वह कथा के रस को दो गुना करता है। यहाँ पर भी भावप्रवण श्रोता हैं। कथा कहने में सिद्ध खेरापतिन, जो पूरे हाव-भाव के साथ और आंगिक चेष्टाओं के साथ करुण रस से सिक्त वर्तमान कथा के समानान्तर चन्दना कथा कहती है-

बोलो रे बोलो जा गाँव के पंडितए जी/
एजी कोई चन्दना कौ गौनो सुधवाएँ/
सिर बदनामी चन्दना बेटी लैरही जी...''

यह कथा बीच-बीच में गद्य के प्रयोग के साथ अपना विकास तय करती है। कथा में प्रयुक्त हुए शोक स्थलों के अनुरूप दादी की वाणी अपेक्षित परिवर्तनों की अभिव्यक्ति से श्रोता समूह अभिभूत होता है। गाथा में प्रयुक्त नीलवरण घोड़ा, गरुन महाराज की असवारी, पेसवाजी, चत्तुरसारी में पचरंग पालिका, मखमली बिछौना और रेशमी गेंदुआ के साथ छप्पन भोग छत्तीसों व्यंजन का प्रयोग लोक की गहरी समझ को प्रकट करता है। रेशम की कथा के साथ चन्दना की मूल कथा को समानान्तर चलाकर मैत्रेयी ने अपने लोक लगाव को आरम्भ से ही घोषित कर दिया है। राजा पिरथम और रानी मंझा की कहानी सारंग को नए जीवन सन्दर्भ समझने में मददगार होती है। दरअसल एक श्रेष्ठ कलाकार सर्व साधारण की प्रतीतियों को ही ऐसे नए ढंग से प्रकट करता है कि वे नूतन दिखाई देने लगें। वह नए ढंग से ही उन प्रतीतियों को विस्तृत और संगठित करके नवीनता की सृष्टि करता है और अपने युग के ऐतिहासिक मनुष्य का प्रतिनिधि बन जाता है।

एक तरह से देखें तो गाँव के पारम्परिक परिवेश में रहकर भी अपने ससुर गजाधर सिंह की शै पर सारंग श्रीधर मास्टर के प्रति प्रेम प्रसंग, गुलकन्दी नाईन का जाति के खटीक विसुनदेवा के साथ जाकर, घर गाँव की मर्यादा ध्वस्त कर, उन्मुक्त प्रेम का वरण आदि गाँव के बदलते परिवेश के संकेत हैं। इन तमाम आवरण कथाओं के अन्तःकरण में प्रेम और माधुर्य की उन्मुक्त सरिता बहती है तथा घर-गृहस्थी के भीतर पलती बढ़ती, परवान चढ़ती प्रेमगाथा 'चाक' की पठनीयता को बराबर बनाए रखती है। सारंग के सम्मुख बेटे चन्दन का सुरक्षित जीवन और भविष्य एक चुनौती है, जिसके

लिए वह कुछ भी कर सकती है, जो एक भारतीय संस्कारों में पली माँ का चरित्र सामने लाती है।

आजादी की आधी सदी बीत जाने पर भी हमारा लोकतन्त्र कितना वयस्क हुआ है, इसका उदाहरण भी 'चाक' उपन्यास है, जो इस सच को उद्घाटित करता है। लोकतन्त्र का पहला मजबूत आधार स्वतन्त्र, निष्पक्ष, निर्भीक और वयस्क मतदान है। इसकी पहली प्रयोगशाला ग्राम-पंचायत के मुखिया का चुनाव है। सांसदों का चुनाव अंतिम उपादान है।

उपन्यास का एक बड़ा हिस्सा प्रधान फत्ते सिंह द्वारा प्रधानी के चुनाव के लिए बिछाई गई बिसात है, जिसका महत्त्वाकांक्षी दावेदार नायक रंजीत है। दूसरे पन्नालाल हैं और तीसरे दावेदार अनुसूचित जाति के कुँवरपाल हैं। फत्ते सिंह इन्हीं की पीठ पर पाँव रखकर अपनी राजनीतिक रोटियाँ सेकना चाहता था। उसे अच्छी तरह से पता है कि जिसे हम चाहेंगे वाही जीतेगा, इसीलिए वह कहता है–

"पन्ना जीते या कुँवरपाल, उसे दोनों में खुशी है। छोटी कौम का आदमी भले सरपंच हो, साला हुकुम तो चला नहीं सकता।" यह कथन फत्ते सिंह की धूर्तता और सवर्ण मानसिकता को ही प्रकट करता है।

इस चुनाव में मजबूत प्रतिपक्ष गुरुकुल से ग्यारहवीं पास पढ़ी-लिखी रंजीत की पत्नी सारंग है। पुरुषों को चुनौती देती महिला उम्मीदवार। चुनाव नहीं गाँव में पूरी जंग छिड़ी है। चुनाव की धन्धेगीरी में अपने-पराए की पहचान गुम है। जाति, धर्म, धन, भोज तथा लोभ, लालच के मारे जुगाड़ों के खुले तांडव से गाँव की नींद हराम है। प्रधान के विचार में अतरपुर के विकास का मॉडल कुछ इस तरह है–"स्कूल का काम बहुआयामी है–बारातघर, पंचायत घर, मेहमान घर, दावत-घर और अगर प्रधान अपनी फसल समय पर न बेचना चाहे तो उसका गोदाम भी स्कूल ही बनेगा।" मल्टीनेशनल कम्पनियों के दौर में मल्टीपर्पज स्कूल,जो प्रधान की निजी सम्पत्ति है इस कथन में व्यंग्य की तल्खी है। यह सच केवल अतरपुर का ही नहीं, पर भारत के अधिकांश गाँवों का है। यह है हमारे युवा ग्राम प्रधानों के गाँवों का विकास-मॉडल और गाँव के आदमियों के प्रति जवाबदेही। मगर यह भी है कि लोकतन्त्र बख्शता किसे है? सारी कारगुजारियों का जवाब प्रत्येक पाँच वर्ष बाद जनता देती है।

अतरपुर का चुनाव अभियान!

जीपें दौड़ रही हैं–फत्ते सिंह की निगरानी में। बहन बेटियों के नाम लिस्ट में डलवाए गए हैं। इसलिए उन सबको लिवाने जाना है। जीपें नहीं जा पा रहीं, उनके लिए किराया भिजवाया जा रहा है। गाँव की विवाहित लड़कियाँ वोट देकर जाएँगी, हरेक को साड़ी और पकवान से भरी डलिया देकर बिदा किया जाएगा। फत्ते प्रधान ने तीन ट्रैक्टर जुटा लिए हैं। लाला ने चुनाव प्रचार छोड़कर भाड़े पर ट्रैक्टर चलवा दिया है।–चुनाव के

अन्तरंग पक्ष का दृश्यवालेख है, लगभग चित्रात्मकता जो चुनाव के पीछे सक्रिय शक्तियों की 'पवित्र' मंशा को प्रकट करता है। यहाँ मैत्रेयी ने पंचायत चुनाव के एक ही दृश्य में बहुत कुछ कह दिया है, जो उनके परिपक्व अनुभव की देन है। यहाँ कदम-कदम पर चुभता व्यंग्य स्थितियों के वर्णन कौशल के माध्यम से अभिव्यक्त हुआ है। जबकि श्रीलाल शुक्ल के यहाँ व्यंग्य उनके शाब्दिक कौशल और वाक्य विन्यास में निहित है। इतने पर भी जब जीत सुनिश्चित न हो तो लोकतन्त्र लूट तन्त्र या लाठी तन्त्र में तब्दील हो जाता है। इस दृश्य से कुँवरपाल का संवाद देखें- "दरोगा जी, ओ दरोगा जी! रंजीत की महारानी चुनाव पर सवार है। मैं जाति का चमार दीं, दलित...बूथ...बूथ...बूथ कैप्चरिंग करनी पड़ेगी..."

यहाँ बहुत बारीक ढंग से मैत्रेयी ने जनतन्त्र के कडुवे सच को बेपर्दा किया है। कुँवरपाल यदि एक ओर अपनी जाति की दुहाई देकर प्रशासनिक अमले से लाभ लेना चाहता है तो दूसरी ओर जनतन्त्र के परखचे उड़ाते हुए बूथ कैप्चरिंग के दुस्साहस की धमक भी उसमें है। यहाँ डमी उम्मीदवार, अविश्वास प्रस्ताव, जातीय गठजोड़, वोटर लिस्ट में नाम घटाने या बढ़ाने और पैसा देकर प्रत्याशी खड़ा करने तथा बैठाने का हुनर अथवा चुनाव में सरकारी मशीनरी का अपने पक्ष में दोहन! आज के चुनावी समर की सारी कारगुजारियाँ यहाँ पर पूरी प्रमाणिकता के साथ मौजूद हैं। लेखिका की दृटि से चुनाव का शायद ही कोई बदरंग छुटा हो। इसकी भावी परिणति का आभास मास्टर श्रीधर का यह कथन-मार-काट, हिंसा और सत्ता हथियाने वाले पद लोलुप...एक दूसरे को फाड़ खानेवाले दरिन्दे...हवा के संग-संग गिरती लहू की बूँदें लाल लाल!

रंजीत की काया में काली का प्रवेश...संहार की मुद्रा में झपट पड़े कुँवरपाल पर! छाती पर लात मारकर लुढ़का दिया उसे! साले कर बूथ कैप्चरिंग! लूट बूथ! अंडर विअर बनियान भी फाड़ लिए तन से! एकदम नंगाकर दिया दरोगा को भी! इसे उपन्यास की फलश्रुति कह सकते हैं। यह अट्टहास करते लोकतन्त्र का रक्तरंजित विद्रूप है जो रंजीत के आत्मविक्षोभ के रूप में व्यंजित हुआ है। महत्त्वाकांक्षी रंजीत का प्रधान बनने का सपना तार-तार होता है और व्यक्तित्व विघटन के रूप में सामने आता है। उसी की परिणति है रंजीत का तांडव! लेकिन यहाँ यह कहना सच के ज्यादा करीब होगा की रंजीत का सारा आक्रोश और प्रतिरोध लोकतन्त्र शुचिता बरकरार रखने के लिए है।

लेखिका का शिल्प कौशल प्रशंसनीय है, जिसमें लोक का गहरा रंग घुला है। लोकशिल्प का यह कौतुक रंजीत के शरीर में काली का प्रवेश अर्थात परकाया प्रवेश के रूप को दर्शाया गया है। इस टैक्नीक के कारण अविश्वनीय दिखता। अन्त भी सहज ही विश्वसनीय बन जाता है। जनतन्त्र, शिक्षा और संस्कृति का जो आलोचनात्मक यथार्थ मैत्रेयी ने 'चाक' की मार्फत रचा है, वह निश्चित ही बेजोड़ है।

सारंग की दुनिया में स्त्री के सवाल

ई. विजय लक्ष्मी

भारत में स्त्री की विचित्र नियति है। तथाकथित शास्त्रानुमोदित रूप में वह देवी है, पूज्या है, वन्दनीया है, तो समाजनुमोदित रूप में हाड़-मांस की ऐसी रचना है, जो जीवित होने के बाद भी न जीवन्त है, न स्वाधीन। शास्त्र पर आधारित धारणाएँ भी स्त्री के लिए आपस में बहुत उलझी हुई हैं। पता ही नहीं चलता कि उसके देवी होने की सीमा कहाँ से शुरू होती है और कहाँ उसके देवी रूप को परम्परागत सामाजिक दृष्टिकोण किरच-किरच तोड़ना शुरू कर देता है और उसे सामान्य मानवी भी नहीं रहने देता। विडम्बना तो यह है कि देवी और पूजनीया के रूप में भी वह ऐसी विशेषताओं से गढ़ी जाती है, जो सिर्फ पत्थरों में सम्भव हैं। उसका बोलना भी वर्जित है और इधर-उधर हरकत करना भी। वह हाथ उठाए आशीर्वाद दे सकती है, लेकिन निहित स्वार्थी वेदज्ञ और देवज्ञ अपने अनुसार भाषा रचकर उसके मुँह में स्थापित कर देते हैं और आवश्यकता हो तो उसके बहुत सारे हाथ लगा देते हैं और हर हाथ में वे चीजें सुशोभित कर देते हैं, जो समय आने पर केवल उन्हीं के काम आ सकती हैं। इनमें कहीं भी न देवी की इच्छा है न निर्णय। जहाँ वह देवी के इतर गढ़ी जाती है, वहाँ उसमें मात्र गतानुगतिकता है, ब्राह्मण संस्कृति द्वारा निर्मित पुरुष वर्चस्व का मौन समर्थन तथा अनुपालन है और चुपचाप एक ऐसे रास्ते पर चलते चले जाने की विवशता है, जो हर तरह अंधी सुरंग की ओर बढ़ता है। इस कारण समाज में स्त्री की स्थिति हमेशा दयनीय ही रही है। किसी-न-किसी की छत्रच्छाया में रहना उसकी नियति है। बचपन से ही इस स्थिति में रहने की आदी होने के कारण जब कभी उसके साथ अन्याय होता है तो उसकी अपेक्षा रहती है कि इसका प्रतिकार वे लोग करें, जिनके संरक्षण में स्त्री रहती है। ऐसा न होने पर स्त्री व्याकुल हो उठती है। संस्कारशीलता, सहिष्णुता और शालीनता ही स्त्री होने की पहचान बना दी गई है। इन सीमाओं ने उसे हमेशा से असहाय, संकुचित और विवश बनाया है।

परिस्थिति में धीरे-धीरे आ रहे बदलाव के कारण स्त्री के अन्तर्मन ने पहले उन संस्कारों को अस्वीकारा फिर अपने को इन बंधनों से मुक्त करना आरम्भ किया। इसके

साथ पुरुष–प्रधान समाज के आतंक से भी स्त्री का धीरे–धीरे मुक्त होना दिखाई देने लगा। अपनी विभिन्न भूमिकाओं का निर्वाह करते हुए उसके भीतर अपने को व्यक्ति के रूप में देखने की इच्छा प्रबलता से जगी है। उसे समझ में आने लगा कि उसके जीवन में पति, बच्चों और परिवार से मिलनेवाले प्रेम, सुरक्षा और माधुर्य के साथ उसकी अपनी ऐसी स्वाधीन भूमिका भी हो सकती है, जो उसे आत्मनिर्णय का अधिकार देती है। इस स्वातन्त्र्य–बोध ने उसके अन्दर संघर्ष की चिनगारी जगा दी।

यह चिनगारी कितनी आग भड़काऊ थी, इसका निर्णय सामान्य रूप से और हलके–फुलके ढंग से नहीं किया जा सकता। ऐसा करने का अर्थ होगा यह मान लेना कि स्त्री पहले से ही विद्रोह के लिए तैयार बैठी थी और उसके सामने कोई बड़ी बाधा नहीं थी। भारतीय समाज का यथार्थ यह बताता है कि उसने स्त्री को और उसके भीतर की आग को न केवल दबाने, बल्कि पूरी तरह बुझाने की निरन्तर चेष्टा की है। जब विचार और भावना से वह उसे नहीं दबा पाया, तो उसने परम्पराओं और व्यवस्थाओं के सहारे उसको दैहिक दृष्टि से पराजयबोध का शिकार बनाया। यही कारण है कि जो स्त्री पहले दबे–छुपे नैतिक दैहिकता की सीमाएँ तोड़ती थीं और कुण्ठाओं का शिकार होती थी, वह स्वतन्त्रता बोध के जगने पर दैहिक नैतिकता से मुक्त होने के लिए छटपटाई। आज यह कहना बहुत अस्वाभाविक नहीं लगता कि सामाजिक, सांस्कृतिक और ऐतिहासिक परिस्थिति के चलते स्त्री की मुक्ति की कामना पहले पहल दैहिक मूल्यों से जुड़ कर विकसति हुई। यह मूलतः पश्चिम से उठे आन्दोलन 'वीमन्स लिब मूवमेन्ट' का प्रभाव माना जाता है, जिसमें स्त्री की दैहिक स्वाधीनता की माँग प्रमुखता से की गई थी। इसमें कोई दो राय नहीं कि भारतीय समाज स्त्री पर दैहिक बन्धन लादने में विश्व के किसी भी समाज से पीछे नहीं रहा। यौन शुचिता के नाम पर भारतीय स्त्रियों को अमानवी तक मान लिया गया। एक समय था, जब स्त्री–पुरुष निर्द्वन्द्व भाव से रहते थे और स्वामी–सेवक अथवा मालिक और सम्पत्ति जैसी धारणाएँ नहीं थीं। जैसे–जैसे स्वामित्व तथा मालिकाना हक अस्तित्व में आया, वैसे ही पुरुष ने स्त्री को भी अपने मालिकाने में शामिल कर लिया। अब क्योंकि सम्पति का बँटवारा होने लगा था, इसलिए समाज में व्यक्तिगत सम्पत्ति की वढ़ोतरी और बढ़ी हुई सम्पत्ति की रक्षा की आदत ने जन्म लिया। इसी बीच उत्पन्न सन्तान को पालने और उसे कृषि कार्य में लगाने की समस्या उत्पन्न हुई। इसके लिए पारिवारिक और सामाजिक नियन्त्रण आवश्यक समझा गया। यहाँ फिर स्त्री के व्यक्तित्व पर ही कुल्हाड़ा चला। पुरुष ने उसे केवल अपने लिए संरक्षित कर लिया तथा यह विचार बना लिया कि वही उसकी देह का स्वामी है। परिवार या समाज द्वारा थोप दिए गए एक पुरुष के अलावा किसी अन्य से उसका दैहिक सम्पर्क वर्जित मान लिया गया। इसके लिए भारतीय समाज ने एक ऐसा धार्मिक ढाँचा भी खड़ा किया, जो देह के स्वामित्व के मामले में केवल स्त्री के विषय में निर्णय देता था। परिणाम यह हुआ कि सामन्तों और राजा–महाराजाओं के यहाँ असूर्यम्पश्या

स्त्री सर्वश्रेष्ठ मानी जाने लगी। यह उसके अमानवी होने की शुरुआत थी, इसलिए भारतीय स्त्रियों में स्वाधीन चेतना का विकास हुआ, तो सबसे पहले तथाकथित देह की नैतिकता पर ही आक्रमण किया गया। यह भी माना जाने लगा कि प्रेम की स्वतन्त्रता स्त्री स्वातन्त्र्य का महत्त्वपूर्ण हिस्सा है। प्रेम करने का अपराध या पाप मानकर स्त्री को जीने के अधिकार से वंचित करना किसी भी समाज के प्रगतिशील भविष्य का द्योतक नहीं माना जा सकता। अब यह मानना होगा कि स्त्री की स्वाधीनता का अधिकार एक तथ्य भर नहीं है, बल्कि आधुनिक समाज को समाज होने की परिस्थितियाँ प्रदान करनेवाले अनिवार्य कारकों में से एक है।

इस प्रकार के स्वातन्त्र्य की माँग का महत्त्व सुख-सुविधापूर्ण शहरों में रहने वाली आधुनिक विचारों से उत्पन्न स्त्रियाँ ही नहीं, गाँव की स्त्रियाँ भी समझने लगी हैं। मैत्रेयी पुष्पा के उपन्यास, 'चाक' की सारंग गाँव में रहनेवाली स्त्रियों की प्रतिनिधि है, जो बदलते परिवेश के साथ प्रश्नाकुलता से भर गईं है। रेशम की मौत के बाद गाँव की जो स्थिति बनी, उससे सारंग विवशता और लाचारी से भर जाती है। उसकी अपेक्षाएँ रंजीत से जुड़ी हैं, लेकिन जब वे अपेक्षाएँ पूरी नहीं होतीं, तो वह लाचार हो जाती है। श्रीधर के कारण चन्दन के लौटने की सम्भावना देख चट्टा चौथ के दिन उसे पूजती है और उसी दिन से उसमें श्रीधर के प्रति आकर्षण पैदा हो जाता है। जिस भावात्मक संबल की जरूरत सारंग को थी, वह उसे श्रीधर से मिलने लगता है। रंजीत के उपेक्षापूर्ण व्यवहार और सारंग की इच्छाओं और अपेक्षाओं के प्रति उसकी लापरवाही के कारण सारंग और रंजीत के बीच एक अनाम दूरी पनपने लगती है। इसके प्रभाव में सारंग श्रीधर से उन आकांक्षाओं की पूर्ति की आशा करने लगती है, जिनकी पूर्ति की वास्तविक जिम्मेदारी रंजीत की थी, लेकिन वह असफल रहा। यहाँ लेखिका ने श्रीधर के रूप में एक ऐसे चरित्र का गठन किया है, जो एक साथ स्त्री के अधूरेपन का समाधान भी प्रस्तुत करता है और उसके संघर्ष को बढ़ाता भी है। रंजीत जिस रूप में उपन्यास में आता है, वह सामन्ती संस्कारों और रूढ़ि प्रधान ग्राम्य पुरुष का कठोर अंश है। वह तमाम परिस्थितियों के बावजूद चाहते-न-चाहते अपने अहम के वशीभूत सारंग को अभाव की अंधी सुरंग में ढकेलता चला जाता है। वह एक घातक अधूरापन और नकारात्मकता उत्पन्न करनेवाले व्यक्ति के रूप में बदल जाता है। नकारात्मकता भी ऐसी जिसे वह कभी अपनी कमी के रूप में स्वीकार नहीं करता, बल्कि उसे मर्यादा, अनुशासन और अधिकतर स्त्री की कसौटी के रूप में मानता है। इसी के उत्तर में सम्भवतः मैत्रेयी पुष्पा ने श्रीधर की सृष्टि की होगी। उपन्यास के घटना-क्रम में श्रीधर से प्राप्त भावनात्मक आश्रय के कारण सारंग अपने अन्दर एक शक्ति का अनुभव करती है, जिसके सहारे वह सारी विपत्ति, सारे लांछन सहने को तैयार हो जाती है। यही कारण है कि अपने चुने मार्ग पर आगे बढ़ने से पति रंजीत का अंकुश भी उसे रोक नहीं पाता।

अब प्रश्न उठता है, कि अगर सारंग की अपेक्षाएँ पूरी हो गई होतीं, उसे रंजीत से

ही भावात्मक संबल मिला होता, रंजीत ने उसके अन्तर्मन को समझा होता तो क्या होता? सवाल यह होगी है कि यदि श्रीधर के कारण चन्दन गाँव वापस न आया होता, श्रीधर ने उससे नाटक के संवाद न लिखवाकर उसके भीतर सोई हुई प्रतिभा को न जगाया होता या फिर रंजीत के कारण श्रीधर घायल न हुआ होता तो भी क्या सारंग समाज-निर्मित सारी मर्यादाओं की सीमा लाँघ जाती? तब भी क्या सारंग वही सब करती, जो उसने इस उपन्यास में किया? सारंग यदि पुराने और काफी कुछ हमारे आज के समाज की भी बनाई हुई सारी हदें तोड़ डालती हैं, तो उसकी वास्तविक जिम्मेदारी किस पर है? सबसे पहले हमें यह मानना होगा कि स्त्री के रूप में सारंग के पास हृदय, बुद्धि, भाव, विचार, प्रतिक्रिया करने की शक्ति, सही-गलत की समझ, सामाजिक-पारिवारिक और वैयक्तिक दबाओं के रहस्य को जानने की शक्ति तथा इन सबके पीछे एक शरीर है, इसलिए उसके आस-पास या खुद उसके साथ किसी भी रूप में जो कुछ घटता है, वह उसे आँख मूँदकर स्वीकार नहीं कर सकती। जब हम यह मानते हैं कि स्त्रियाँ ऐसा करती चली आ रही हैं तो भी हमारे सामने यह सोचने की बड़ी चुनौती होगी कि वे वास्तव में ऐसा करती चली आ रही हैं या उन्हें तरह- तरह से दमित और दलित बनाकर शताब्दियों से ऐसा करने को मजबूर किया जा रहा है। इतिहास में ऐसे कम अवसर नहीं है, जब स्त्री ने आत्मनिर्णय को महत्त्व दिया है और पुरुष-प्रधान तथा धर्म व समाज की रूढ़ियों द्वारा परिचालित व्यवस्था को चुनौती दी है। ऐसा करते समय उसने प्रचलित सीमाएँ तोड़ी हैं। और अपने अनुसार जीने की नई-नई सम्भावएँ तलाशी हैं। यहाँ यह साफ करना होगा कि इस तलाश को स्त्री द्वारा बनाई गई निश्चित राह नहीं माना जा सकता। जब उसे आज तक परीक्षण का अवसर ही नहीं मिला, तो उसकी यात्रा को किसी अन्तिम निष्कर्ष पर पहुँचा हुआ मानना सही दृष्टिबोध का परिचायक नहीं है। सारंग के चरित्र की परीक्षा और उसका मूल्यांकन इस परिप्रेक्ष्य में भी किया जाना चाहिए। ऐसी व्यवस्था के भीतर झाँकना भी जरूरी है। खुद सारंग के भीतर जो एक स्त्री व्यक्ति के रूप में सम्पूर्णता के साथ मौजूद है, उसके यथार्थ को पहचानना भी जरूरी है। एक स्त्री की क्रिया-प्रतिक्रिया के मनोवैज्ञानिक पहलुओं को समझे बिना सारंग को समझना सम्भव नहीं है। जिन परिस्थितियों से सारंग गुजरती है, डूबती-उतराती है, विवश और व्याकुल होती है, उन सबकी परीक्षा किए बिना सारंग तथा उसके बहाने स्त्री की वास्तविक सच्चाई तक नहीं पहुँच जा सकता।

मैत्रेयी पुष्पा बताती है कि रूढ़ि प्रधान समाज की मान्यताओं के विरुद्ध रेशम विधवा होने के बावजूद गर्भवती हो जाती है और घबराकर चुप होने या छिपने के बजाय इसका सरेआम ऐलान भी करती है। इसे सुनकर उसकी सास हुकुम कौर कभी डरा-धमकाकर, कभी प्रेम से लोक-लाज का ख्याल करने की दुहाई देकर रेशम पर बच्चा गिराने या फिर जेठ डोरिया से शादी करने के लिए जोर डालती है। रेशम कुछ भी सुनने के लिए तैयार नहीं होती, बल्कि सास के बार-बार मनाने पर एकाएक झुंझला पड़ती है, "मइयो!

तुम मेरे पीछे क्यों पड़ गई हो! मेरे चाल-चलन की झंडी फहराना जरूरी है? बिरथा ही छान-बीन करने में लगी हो। आज को तुम्हारा बेटा मेरी जगह होता तो पूछती कि किसके संग सोया था? अब उसकी बाँह गह ले? मेरे मरे पीछे तेरही तक का भी सबर न करता और ले आता दूसरी। तुम खुश हो रही होतीं कि पूत की उजड़ी जिन्दगी बस गई। पर मेरा फजीता करने पर तुली हो।'' यहाँ रेशम की प्रतिक्रिया थोड़ी अतिवादी है, किन्तु असम्भव नहीं। अक्सर यह देखा ही जाता है कि जब किसी की पत्नी की मृत्यु हो जाती है तो वह लम्बे समय तक न उसकी याद में डूबा रहता है और न किसी दूसरी स्त्री की ओर आकर्षित होने से बाज आता है। थोड़ा समय गुजरने पर कसमे-वादे धुँधले पड़ने लगते हैं और समय के बहाने या फिर कई बार अगर एकाध बच्चा हुआ तो उसकी देखभाल के बहाने दूसरे विवाह की तैयारियाँ होने लगती हैं। इसमें परिवार की बड़ी-बूढ़ियाँ बड़ी सहायक सिद्ध होती हैं। सम्भव है रेशम के गाँव में अन्य गाँव की तरह ही ऐसी घटनाएँ घटी हों और उन्हीं की प्रतिक्रिया में उसने अपनी सास का दुस्साहसपूर्ण सामना किया हो। प्रश्न उठता है कि व्यक्ति रूप में स्त्री और व्यक्ति रूप में पुरुष के प्रति ऐसा भेदभावपूर्ण व्यवहार क्यों? रेशम के कदम समाज की प्रचलित व्यवस्था के विरुद्ध हैं; पर सवाल है कि समाज व्यवस्था भी स्त्री की ही पहरेदारी क्यों करती है? स्त्री-पुरुष दोनों के लिए एक सी व्यवस्था क्यों नहीं? सवाल चाहे जितने सटीक हों, पर हमारे समाज की सच्चाई यही है कि स्त्री द्वारा उठाए गए व्यवस्था विरोधी कदम किसी भी रूप में स्वीकार्य नहीं हैं। ऐसा करने पर स्त्री या तो लांछित होती है या फिर रेशम की तरह मौत के घाट उतार दी जाती है। उत्तर प्रदेश के मुजफ्फर नगर, मथुरा तथा हरियाणा के अनेक गाँवों में घटनेवाली इस प्रकार की घटनाएँ किसी से छिपी नहीं है। ऐसा पंजाब में भी हुआ है। मनुष्य की अवमानना, प्रेम की बेइज्जती और जीवन की उपेक्षा की हालत यह है कि कोई परिवार युवक-युवती की हत्या करने का जघन्य कार्य करता है तो भरी पंचायत में सीना तान कर अपने को सही भी सिद्ध करता है और पंचायत उसका कुछ नहीं बिगाड़ पाती। अनेक बार खुद पंचायतें हत्या का जघन्य निर्णय करती हैं। यह कभी खाप के नाम पर होता है, कभी गाँव के नाम पर और कभी खानदान के नाम पर। इस बात का संकेत करना अनावश्यक न होगा कि वर्तमान में प्रेम करनेवालों पर भी ऐसी घटनाओं की घातक प्रतिक्रिया होने लगी है। कई बार तो वे हिंसा का ऐसा रास्ता अख्तियार करने लगे हैं, जो किसी भी दृष्टि से उचित नहीं कहा जा सकता। लखनऊ में एक लड़की द्वारा अपने ही परिवार के सात सदस्यों की हत्या ऐसी ही एक घटना है। यहाँ यह कहना आवश्यक है कि इन दोनों प्रकार की घटनाओं के सामाजिक-सांस्कृतिक और व्यक्तिगत कारणों की खोज गहराई से की जानी चाहिए। खासकर लेखकों और समाजशास्त्रियों द्वारा इस ओर ध्यान दिया जाना चाहिए।

रेशम की मौत से सारंग विचलित हो उठती है। उठते-बैठते, सोते-जागते वह रेशम के साथ हुए अन्याय को याद करती है। वह अत्याचारी को सजा दिलाना चाहती है।

पर यह इतना आसान नहीं है। बेचैनी के साथ वह विचारों में डूबी रहती है। सोचती है, ''मेरी बहन की मौत नहीं, उसका अपमान हुआ है। मेरी अवज्ञा हुई है। क्या हम डोरिया से भी गए बीते हैं? रेशम की जन्म-जन्मान्तरों की जीने की इच्छा को अपना मनचीता न करने के कारण कुचल डाला। सो किसलए? उसने निडरता बरती इसलिए? या अपने उपर भरोसा कर बैठी इसलिए? कि उसके मन में प्रेम का भरा-पूरा रूख पनप आया था इसलिए? कोई मुझे बताए कौन-सा ऐसा कसूर कर दिया था कि...और मौत की सजा पर गाँव गहरी नींद सोता रहा। ऐसा तो नहीं था कि उस समय एक कुत्ता भी न निकला हो वहाँ से, पर सब चुप लगा गए! गवाही के नाम पर सन्नाटा!'' यहाँ, जिसकी लाठी उसकी भैंस वाली कहावत याद आती है। तमाम उन्नति और शिक्षा के बावजूद बलवान लोग गाँवों और नगरों में स्त्रियों को तरह-तरह से सताने में सफल हो ही जाते हैं। उनके लिए बात न माननेवाली स्त्रियों की हत्या करना भी कोई बड़ा काम नहीं होता। ऐसे लोगों के विरुद्ध पिछड़े हुए प्रान्तों में आज भी कोई अपनी जबान नहीं खोलता। सोचने का विषय है कि स्त्री तमाम चीख-चिल्लाहट के बाजवूद आज भी पिता, पति और पुत्र के संरक्षण की मोहताज बनाए जाने की षड्यन्त्र पूर्ण चुनौतियों से जूझने को ही विवश है। मैत्रेयी पुष्पा के मन में सारंग के चरित्र का गठन करते हुए इस स्थिति की प्रतिक्रिया अवश्य रही होगी। सारंग भी अपनी इच्छाओं को पति, रंजीत के संरक्षण और सहयोग से पूरा करना चाहती है। उसकी हालत देख रंजीत अपने हवलदार भाई की सहायता से डोरिया को हवालात पहुँचाता है, पर वह झूठे गवाहों की मदद से छूट जाता है। रंजीत परास्त महसूस करता है। हालात से हैरान-परेशान होकर फौजी रहे बाबा, साधजी के परिवार वालों को सजा दिलाना चाहते हैं, इसलिए हाईकोर्ट में अपील करने का मन बनाते हैं। ऐसी स्थिति में रंजीत, जो अपने गाँव को आदर्श गाँव बनाने के लिए तत्पर रहता था, गाँव छोड़ने तक का विचार करने लगता है। पर धीरे-धीरे फत्ते सिंह प्रधान के प्रभाव में आने के कारण वह आपसी रंजिश को भुलाना बेहतर समझने लगता है, इसलिए सारंग को अपने पास बैठाकर समझाता है, ''भयानक सपने देखना छोड़ दो। आग को फूँक मारकर...रंजिश को रबड़ की तरह तानने में पिछली बातें नहीं सुधरनी। सिर झुकाए खड़ी है सारंग। मौन और बेहरकत। गजब तो देखो, आगे आकर लड़ने की जब जरूरत है, रंजीत अत्याचार झेलने पर उतारू है। क्या उनका क्रोध दूध का उफान भर था? या मेरी उम्मीदों पर पाला गिराना जरूरी समझ रहे हैं? सोच रहे हैं कि सारंग बेवकूफ...जैसा कि बार-बार कहते हैं।'' यह सारंग की मानसिकता पर एक गम्भीर मनोवैज्ञानिक हमला है, जो उसे तोड़ने की कोशिश करता है, लेकिन लेखिका उसे बचाने का निर्णय करती है। एक आहत स्त्री का मानस जब टूटता है तो ऊपर से गिरे काँच की तरह बिखर जाता है। सामान्य स्थिति में काँच की किरचों को जोड़ना सम्भव नहीं होता, लेकिन जब कोई मैत्रेयी पुष्पा जैसी लेखिका कलम हाथ में उठाती है, तो उन किरचों को जोड़ती है। आखिर उसके सामने स्त्री संघर्ष की महागाथा भी है और इस

संघर्ष के भविष्य की दिशा भी। ''एक मौत के बदले सारे गाँव में आग लगवा देगी तू तू तू! फाँसी-सूली की हकदार तू है कि और कोई?' अपने भीतर से उठते ये नोकदार भाले छेद रहे हैं लगातार...खाली बोरी में कटोरे से जल्दी-जल्दी गेहूँ भरती हुई पछता रही है-मेरे चन्दन, माफ कर देना मुझे। नन्हे, तू दाँव पर लग गया। तू तो इस जंग का अता-पता भी नहीं जानता होगा। दुश्मनों ने तुझे हमारी कमजोरी समझकर पकड़ लिया रे...तुझे गाँव छोड़ना पड़ेगा, क्योंकि तेरा प्रथम संसार छोड़ गया। बैरियों ने बछड़े को मार कर हमको मिसाल दी है। सोच रहे होंगे कि बच्चे के लिए सबसे ज्यादा डरता है आदमी। मैं कमजोर पड़ती जा रही हूँ, बहुत कमजोर...' चन्दन को आगरा भेजने के अलावा कोई चारा नहीं बचता। सारंग के लिए चन्दन का वियोग सहना आसान नहीं है। वह किसी तरह भयमुक्त होकर गाँव में ही चन्दन को रखना चाहती है। संयोग ऐसा बनता है कि सारंग के गाँव, अतरपुर में श्रीधर मास्टर बनकर आता है। उसके आते ही सारंग को आशा बँधने लगती है, इसलिए लोक-लिहाज छोड़कर, समाज की मर्यादाओं को त्याग कर मास्टर के पाँव छू लेती है। यही घटना हंगामे का कारण बन जाती है, परन्तु वह अपने किए को उचित-अनुचित की कसौटी पर परखने की कोशिश करती है। उसे इतनी सान्त्वना है कि उसका बच्चा उससे दूर नहीं, उसके पास आ सकेगा। इसलिए अपने किए को मन ही मन सही ठहराती है, ''लेकिन क्या हो गया ऐसा? इतनी छोटी सी बात पर डरने लगी? अपने मन से जो कुछ किया उसका फैसला करनेवाला कोई दूसरा कौन होता है? मेरे जीवन में यह घड़ी बहुत ज्यादा आनन्द की थी, उसके लिए डरना क्यों? कितने दिन से वीरान-उजाड़ में भटक रही हूँ। यह कौन आया कि दो बूँद आनन्द की दे गया। मेरे मन का दुख कौन समझ सकता है? मैं श्रीधर के पाँव रोज भी पूजूँ तब भी मेरा डर नहीं छूटेगा। क्योंकि सांत्वना और सहानुभूति देनेवाला कोई भी नहीं...जूझने को मैं अकेली, डराने को इतने लोग! भगवान, आज का दिन ही मेरे घावों का मरहम बन जाए। इस मास्टर ने बच्चों को इशारा दिया था या मुझे? मेरा मन फिर रूई सा हल्का क्यों हो गया?'' सारंग का मन इसलिए हल्का हो गया, कि वह परिस्थितियों का सामना करते-करते और मर्यादाओं की निस्सारता को समझते-समझते मात्र एक स्त्री रह गई है। अब उसके सामने उसके ही भीतर की स्त्री है और अकुण्ठ होकर सम्पन्न होनेवाली उसकी अभिव्यक्ति है। इस अनुभव के साथ सारंग को श्रीधर से सहारा मिलने लगता है। जहाँ वह रंजीत की तरफ से उपेक्षा पाती है, वहीं श्रीधर से पूरी तरह सहयोग की आशा करने लगती है। ऐसा नहीं है कि श्रीधर भी सारंग की स्थिति से अवगत न हो, वह जानता है इसलिए उसके बारे में सोचता है, ''सारंग पुरानी रीतियों, कुरीतियों, रूढ़ियों से लड़ती तो शायद इतना टकराव न होता, उसका रास्ता दूसरा है, जो बेहद टेढ़ा और शूलों भरा है। क्योंकि वह पति से लड़ना चाहती है। कई बार मन में आता है, समझाया जाए, उसे कि देखो, परम्पराओं में रहकर, रीतियों को मानकर तुम सुखी और सुरक्षित रहोगी। तुम ऐसी सत्ता से लड़ना चाहती हो, जिससे

अब तक तो कोई जीता नहीं। रंजीत का विरोध करके खुद ही चूर-चूर हो जाओगी।'' यह पति-पुरुष की सत्ता के आतंक का उदाहरण है। चिन्ता का विषय तो यह है कि श्रीधर छोटे स्तर पर ही सही भारतीय बौद्धिक वर्ग से जुड़ा है। कहीं-न-कहीं उसके सामने सड़ी-गली सत्ता को चुनौती देने की जिम्मेदारी है, लेकिन होता यह है कि क्षण भर में ही पति-पुरुष की सदियों से चली आई सत्ता का पक्षधर प्रतीत होने लगता है। यहाँ यह माना जाना चाहिए कि यदि वह सारंग को चूर-चूर होते देखने को अभिशप्त भी हो जाता तो उसे ऐसी जड़ सोच का शिकार नहीं होना चाहिए था। सारंग मात्र सारंग नहीं है, वह स्त्री संघर्ष की प्रतीक स्त्री है। इस संघर्ष में एक नहीं अनेक सारंग जरूरी हैं, जो टकराएँ, टूटें, बिखरें और अपने स्वाभिमान के बल पर फिर से खड़ी हो जाएँ। श्रीधरों को इन सारंगों का साथ देना होगा। मैत्रेयी पुष्पा ने अपने श्रीधर में यह भावना दिखाई है। सारंग स्वयं भी हैरान है कि श्रीधर में ऐसा क्या है जिसके कारण वह उसके दिलो-दिमाग पर छाया रहता है। उसकी खुशी श्रीधर से जुड़ गई है। सारंग लगातार द्वन्द्व से गुजरती है, पर अन्याय-अत्याचार के आगे झुकती नहीं है। उसका साहस देख डोरिया का तिलमिलाना और प्रतिक्रिया स्वरूप सारंग पर किया गया आक्रमण मात्र काम-वासना का विस्फोट नहीं था, बल्कि उसके साहस को कुचलने की बड़ी कोशिश थी। उसमें अपना प्रभाव जमाने के साथ बदले की भावना मिली हुई थी। वह सारंग के भीतर एक डर बैठा देना चाहता था। इन परिस्थितियों का सामना सारंग अकेली डटकर करती है। पति का उसे भरपूर साथ नहीं मिलता, पर वहाँ श्रीधर है, जिसके साथ उसका आत्मिक सम्बन्ध प्रगाढ़ होता जा रहा है। उसे भुलाने की भरसक कोशिश करके भी वह उसे नहीं भुला पाती। उसके इस रवैये से रंजीत और उसके बीच एक दूरी आ जाती है। दूसरी तरफ प्रधान के बहकावे में आकर कुछ लोगों से मिलकर जब रंजीत श्रीधर को पीट देता है, तो सारंग श्रीधर की जिम्मेदारी उठाती है। चार दिन इलाज में लगाकर गाँव लौटती है और उसी रात श्रीधर के साथ स्वेच्छा से सम्बन्ध बनाने के बाद अपनी अस्मिता, अपनी देह से जुड़े सवाल उसके मन में उठने लगते हैं, इसीलिए कहती है, ''गाँव की औरतों के हिसाब से तो मैंने अपने धर्मभ्रष्ट कर डाला श्रीधर। श्रीधर ने हाँ-हूँ कुछ भी न की। सारंग चुपचाप सेवा कर रही है? मेरा मन जिद्दी है श्रीधर। कहता है जिस मर्द के साथ तेरे पिता ने विदा कर दिया, उस मालिक से वापस माँग ले अपनी देह। जीती जागती पाँच इन्द्रियों के संग तो जानवर बेचे जाते हैं। उन्हीं का रस्सा पकड़ाया जाता है दूसरे के संग।'' सारंग एक मनुष्य है। किसी की सम्पत्ति नहीं। न पति की, न पुत्र की। स्त्री के आधुनिक संघर्ष में उसे आत्मनिर्णय का पूरा अधिकार है। यदि कोई उस पर भ्रष्ट होने का आरोप लगाए तो लगाए।

रंजीत द्वारा उसकी भावनाओं-इच्छाओं की कद्र न करने और परिस्थिति की मार से जूझती अकेली सारंग के लिए स्वेच्छा से श्रीधर के साथ बिताए हुए वे पल आनन्द देनेवाले साबित होते हैं। उन पलों को लेकर उसके मन में न कहीं पछतावा है, न दुख,

न मलाल न कहीं पाप बोध ही है, लेकिन वह खुछ भी समझ नहीं पाती कि ऐसा क्यों हुआ। वह दूसरों को कैसे, क्या समझाए, तभी तो सोचती है, ''मुझे ये लोग क्या समझ पाएँगी...मैं ही नहीं जान पा रही, कि जो कुछ उसके साथ हुआ, वह उसकी भरपाई थी या मेरी अपनी अधूरी पूरी इच्छा? दबी-घुटी लालसा या वर्जित फल को चखने-जाँचने की जिद? मेरा फैसला था कहीं। आजाद होकर सोच रही थी, अपने बारे में। मास्टर ने तो यह भी सोचा होगा, कि सारंग ने बाँध लिया अब मुझे। चन्दन के कारण श्रीधर को बाँधना चाहती रही हूँ मैं? या अकेली ही चलकर ताकत इकट्ठा करती रही हूँ? देखना चाहती हूँ कि कहाँ-कहाँ से गुजर जाऊँगी? मालूम नहीं श्रीधर के संग एक हो जाने का कौन सा कारण था? कलावती चाची...तुम्हारा अक्स रह गया मेरे भीतर? तुम्हारे बोलों ने खींच लिया इस राह पर-लुच्ची; ऐसे क्या देख रही है तू? हम जाटिनी जेब में बिछिया धरे रहते हैं, मन आया, ता के पहर लिए। चाची, तुमने कैलासी सिंह को जो संजीवनी चटा दी थी, वही मैं देना चाह रही थी श्रीधर को, और सोच रही थी-श्रीधर अगर तुम्हारी आँखें इस देह को देखकर आनन्द पाती हैं, तो जी भर कर देखो मुझे। मेरा देह धरना सुकारथ हो गया।'' सारंग की यह इच्छा मूलतः रंजीत से रही होगी। वह चाहती होगी, कि रंजीत किसी तानाशाह या स्वयं नियुक्त न्यायाधीश की सीमाओं से बाहर निकलकर जीवन सहचर के रूप में व्यवहार करे। उसकी यह इच्छा धीरे-धीरे निष्फल होती जाती है और प्रतिक्रिया में वह अपने को खोजने निकल पड़ती है।

यह एक सारंग है, अर्थात एक स्त्री है, जो अपने व्यक्तित्व की और अपनी खोज में यौन नैतिकता की नई परिभाषा लिखती है और उसके पक्ष में खड़ी होती है। यह स्त्री अपने स्त्री होने को इस कदर महत्त्व देती है कि इसके सामने सारी पुरुषवादी धारणाएँ पानी भरने लगती हैं। इस स्त्री ने अपने पक्ष में जिन तर्कों का प्रयोग किया है, वे किसी प्रयोगशाला में ढले हुए नहीं हैं, बल्कि साधारण जीवन से प्राप्त किए गए हैं। परन्तु सोचने का विषय यह भी है कि क्या वर्तमान में स्त्री का सच इतना सा ही है? क्या सम्बन्धों की यात्रा के साथ अपनी तलाश करते हुए वह वहाँ आ पहुँची है, जहाँ से उसकी मुक्ति और स्वाधीनता के रास्ते शुरू होते हैं? क्या वह अपनी बनाई किसी ठोस जमीन पर अधिकार के साथ खड़ी हो चुकी है? इन सवालों के जवाब खोजने इसलिए जरूरी हैं कि सारंग की व्याख्या उसके बिना नहीं हो सकती। हालाँकि वैधानिक रूप से आज स्त्री को पुरुष के ही समान सारे अधिकार प्राप्त है, परतु आज भी स्त्री अपने परम्परागत रूप से पूर्णतः मुक्त नहीं हो पाई है। पुरुष वर्ग अपनी परम्परागत भूमिका पर काबिज है और वहाँ से हटना उसके लिए आसान नहीं है, क्योंकि पुरुषों को संचालित करनेवाली उनकी मानसिकता में नगण्य परिवर्तन ही हुए हैं। इसलिए स्त्री के प्रति परम्परागत दृष्टि की कठोरता बनी हुई है। रंजीत जैसे पढ़े-लिखे व्यक्ति का व्यवहार यही स्पष्ट करता है। चन्दन के घर लौट आने पर सारंग रंजीत का व्यवहार देखकर परेशान है, उसने ''चन्दन की बाँह पकड़कर ऐंठ डाली। गाल पर तमाचों की बौछार गालियाँ-

साले ठौर मार दूँगा। तू क्या समझ रहा है, यहाँ मौज करने आया है। गीत-गाने सुनेगा? गुलछर्रे उड़ाएगा? ला मैं सुनवाऊँ फिल्मी गाने। सारंग के हाथ से पतीली छूटकर आँगन से गिरी। वह दौड़ कर चन्दन के पास पहुँची और रंजीत से जूझने लगी, छोड़ो! छोड़ो! छुड़ाकर देख तू! देख छुड़ाकर। बदजात की...रंजीत किचकिचाए। हम तो बदजात हैं ही, पर ताज्जुब है कि भइया की यश गाथा सुनकर भी तुम्हारा बोलने का मुँह रह गया है। छोड़ो लड़के को। तड़ाक-तड़ाक! चन्दन की बाँह पर पकड़ ढीली छोड़ कर रंजीत ने सारंग को धर लिया। दो तमाचे दिए गाल पर। धोती का पल्ला सिर से कँधे पर गिर गया।'' अपनी पत्नी के साथ ऐसा सलूक करने के पीछे उसकी अपनी कमजोरी है। विवशता और लाचारी से उत्पन्न आक्रोश बच्चे और पत्नी पर न निकले तो किस पर निकाले, ऊपर से सारंग की जिद, जिसके आगे उसका अहम् चूर-चूर हो रहा है। चोट खाए पुरुष से प्रेम या सहानुभूति की आशा करना व्यर्थ है। सारंग की इच्छाओं का मोल रंजीत कितना आँकता है, यह उसके उस समय के कथन से ज्ञात हो जाता है,जब सारंग श्रीधर को अस्पताल लेकर जानेवाली है। वह कहता है, ''इतना समझाए देता हूँ, इस मास्टर को तू मेरे घर नहीं ले जाएगी, रंजीत ने इन बोलों को जहर में सानकर सारंग को ग्रहण करने को दिया हो मानो। पति के होंठों का क्रूर टेढ़ापन साफ-साफ बयान कर रहा था कि आज्ञा न मानने का नतीजा क्या होगा? ठिलिया का किनारा पकड़े हुए खड़ी रंजीत को देख रही है–आज मुझे जिन्दगी का एक और सत्य मालूम हो गया रंजीत। एक पेंच और खुल गया। मेरी इच्छा का मोल कितना है, यह मुझे बार-बार मत समझाओ। इससे तुम्हारे लिए बनाए हुए भरोसे की चूड़ियाँ टूटने लगती हैं। क्या करूँ, क्या न करूँ? क्या धर्म और क्या अधर्म सारे पाखंड की कहानी अब क्या पहेली रही है मेरे लिए? तुमसे ऐसा क्या माँगा था मैंने? केवल अपने मन की बात कह दी, यह कसूर था मेरा। बस तुम सूली तैयार करने लगे। जिस घर की मिट्टी का रेशा-रेशा मेरे हाथों सजा-सँवरा है, जिसके कसूर था मेरा। बस तुम सूली तैयार करने लगे। जिस घर की मिट्टी का रेशा-रेशा मेरे हाथों सजा-सँवरा है, जिसके आँगन में मेरे पाँवों के निशान जीवित हैं, विश्वास नहीं होता रंजीत कि एक पल में ही वह मुझसे कैसे छिन गया? तुम्हारा कोई नया सूत्र खुलता है और मुझे कुम्हार के डोरे की तरह चाक से काट ले जाता है, न मालूम तुम्हारा अहंकार इतना पैना है कि मेरे औरत होने की लाचारी का गीलापन...सारंग की आँखें छलछला आई।'' यह एक कड़वा सच है कि यदि स्त्री आर्थिक दृष्टि से अपने पैरों पर न खड़ी हो तो उसे घर में अवांछित और अधिकारहीन पात्र के रूप में माना जाने लगता है। शिक्षित परिवारों में यह स्थितियाँ टूटने लगती हैं, किन्तु सामन्ती अवशेषों से प्रभावित परिवारों में इस स्थिति में अपेक्षित बदलाव नहीं आया है। सारंग पर इसकी प्रतिक्रिया होना स्वाभाविक है। इसी तरह श्रीधर के घर आने के प्रसंग में रंजीत सारंग पर चीखता हुआ बोला था–''नहीं आएगा वह। कतई नहीं आएगा। इस घर का मालिक मैं हूँ। यहाँ वही होगा, जो मैं चाहूँगा। मैं इस घर का

कर्ताधर्ता। वह सन्न सी देखती रह गई। जिस घर की रानी बनी डोलती है, एक पल में ही अपनी औकात पता चल गई। रंजीत के मनमाफिक चलो, रानी बनी रहेगी। यह वेद वाक्य समझ लेना चाहिए।'' यह ऐसा वाक्य है जिसे कितनी ही स्त्रियों ने अपने पति से सुना होगा। सारंग ने भी जिस घर को अपना समझ प्रेम, कर्त्तव्य और जिम्मेदारी के भाव से सँजोया जिस पर पूर्ण अधिकार समझती रही उसी से उसे एक पल में अलग कर दिया गया। वह भी इसलिए कि उसने अपनी इच्छा जाहिर कर दी थी। स्त्री की यह स्थिति मूलत: उसकी आर्थिक परतन्त्रता के कारण है। मार्क्स ने उत्पादन के साधनों अर्थात आर्थिक शक्ति को समाज-व्यवस्था के केन्द्र में माना है, अत: जब पुरुष वर्ग ने उत्पादन के साधनों पर अधिकार कर लिया, तभी स्त्री शोषण का मार्ग स्वत: खुलने लगा। भारतीय सामाजिक व्यवस्था में परम्परा से पुरुष या पति घर-परिवार की जिम्मेदारी अपने कन्धों पर उठाता है। आजीविका कमाकर परिवार का पेट पालता है। इस कारण परिवार पर उसका आधिपत्य स्वत: स्थापित हो जाता है और स्त्री की स्थिति सर्वहारा की हो जाती है, इसलिए गाँधी जी ने भी स्त्री उद्धार के लिए आर्थिक स्वावलम्बन को आवश्यक माना था। उन्होंने यह महसूस किया था कि आर्थिक पराधीनता से मुक्ति मिलने पर ही स्त्री शोषण-मुक्त हो सकती है और तभी वह निर्णय का अधिकार भी पा सकती है। सवाल है कि स्त्री की नियति क्या यही है कि पुरुष अपनी मर्जी से जो अधिकार दे वह वहीं तक अपनी सीमा माने? ऐसे में स्त्री का कोमल हृदय छलनी नहीं होगा तो क्या होगा? उसका जो मन पति के प्रेम भरे दो बोल सुनने की अपेक्षा रखता है, वह ऐसे कठोर शब्दों से आहत नहीं होगा तो क्या होगा? क्या उसका कठोरतापूर्ण व्यवहार उसे उसके पति से दूर ले जानेवाला साबित नहीं होगा? सबसे अहम सवालों में से एक सवाल यह भी कि क्या इससे एक अदृश्य दीवार दोनों के बीच नहीं बनेगी? अवश्य बनेगी और अवसरानुसार वह दृश्यमान भी हो जाएगी। सारंग अपनी इच्छा का कोई महत्त्व नहीं देख पाती। उसके मन में सवाल उठता है कि एक स्त्री इतनी विवश और लाचार क्यों है कि उसे अपना हर कदम उठाने से पहल इजाजत लेनी पड़ती है और पुरुष केवल निर्णय सुना देता है। उसके निर्णय के आगे स्त्री को बोलने का अधिकार भी नहीं। पुरुष मात्र आदेशकर्ता और स्त्री मात्र आज्ञापालिका क्यों है? स्त्री भी अपनी सी भूमिका में सन्तुष्ट रहती है, तो घर की शान्ति बनी रहती है अन्यथा सारंग की तरह कोई अपने दिल की आवाज सुनने लगे, अपने मन की करने लगे तो घर अखाड़ा बन जाता है। पति-पत्नी में से एक को तो स्थिति को समझकर चलना होता है। पति-पत्नी के बीच जो भावनात्मक सम्बन्ध और संबल है, वही दोनों को बाँधे भी रखता है; इसलिए चाहे कितने ही कलह हों, मतभेद हों, सम्बन्ध विच्छेद का निर्णय भारतीय समाज में कम ही लोग लेते हैं। इसकी मूल वजह हमारी समाज-सांस्कृतिक व्यवस्था में है, इसलिए चाहे जो हो, पति-पत्नी के बीच के अटूट सूत्र को चाहे कितना ही खींचे-तानें, उसके टूटने की स्थिति जल्दी नहीं आती। सारंग को मारने-पीटने वाले उसके

पति रंजीत की तबीयत बिगड़ जाती है, तो तमाम मनमुटावों के बावजूद उसकी हालत देख सारंग दुखी हो जाती है। "रंजीत रस्सों से उसकी खाल उधेड़ देते, इतनी टीस तब भी न उठती, जितना कष्ट उनके हाथों को निर्जीव होते देखकर हो रहा है। वह फूट पड़ी दालान के खम्भे से सिर टिकाकर बिलख रही है। रुलाई के वेग में पेट और पीठ फफक रहे हैं। रोऽऽऽ...मैं ऽऽऽ ...मर गया हूँ कि उस यार को, जिसके संग–सो ... ऽ...ऽ...। रंजी ऽ ऽ त! हत्यारे! सारंग दाँती भींचकर चिंघाड़ पड़ी। चन्दन माँ की धोती पकड़कर खड़ा है। रोया हुआ सा बेढप चेहरा। होंठ फैले हुए, दाँत निकले से...माँ ऐसे कभी नहीं चिल्लाई, उसको लग रहा हो मानो। सारंग ने चन्दन को धक्का दिया–बाबा को बुला! खड़ा क्यों है? बुला...ऽ ऽ ऽ... वह बू... ऽ ऽ ऽ... ढ़ा पुरानी रें! रंजीत इतना ही कह पाए थे कि जोर से कै करने की मुद्रा में नाली के छेद की तरह मुँह खुल आया। फटकार कर उल्टियाँ हुईं। दालान का लिपा फर्श भर गया। घर में बदबू ही बदबू! सारंग का कलेजा टूट आया। जल्दी से पति को थाम लिया। धीरे–धीरे मोरी की ओर ले गई और वहीं से चिल्लाई, चन्दन जल्दी से भागकर द्वार की साँकल बन्द कर आ। कहीं कोई आ न जाए। कोई खटखटाए तब भी मत खोलना।" त्याग और सेवा भाव जैसे उदात्त गुणों का सम्बन्ध स्त्रियों से ही क्यों जोड़ा जाता है? क्या पुरुषों में भी ये गुण नहीं होने चाहिए। उन्हें मात्र सेवा प्राप्ति का हकदार क्यों मान लिया जाता है। मानव होने के नाते स्त्री–पुरुष दोनों में ही क्या मानवता के गुण नहीं देखे जाने चाहिए? आज जमाना बदल रहा है। समय करवट ले रहा है। एक समय ऐसा था, जब स्त्रियाँ अपने पति की उपेक्षा, दुर्व्यवहार, अत्याचार चुपचाप सहती रहती थीं और विरोध के नाम पर आत्महनन करती थीं, लेकिन आज स्त्रियों के विरोध के तरीके बदल रहे हैं। फिर भी आज भी स्त्री कहीं न कहीं सदियों पुरानी वही स्त्री है। स्वच्छन्द विचारोंवाली आधुनिकताएँ भी परम्परागत संस्कारों से आसानी से मुक्त नहीं हो पातीं। गहराई तक जमे संस्कारों के कारण अपनी इच्छाओं को व्यक्त ही नहीं करतीं या फिर कभी विरोध कर भी देती हैं, तो वे अपने को ही कोसने लगती हैं। स्त्री की विडम्बना है कि वह कभी आत्मप्रताड़ना से मुक्त नहीं होती। सारंग की मन:स्थिति भी कुछ इसी तरह की हो जाती है, इसलिए वह सोचती है, "रंजीत को बिना बताए कैलासी सिंह को बुला लेना...छल है या अपराध? पतिधर्म और लोकधर्म कहाँ रहा? मर्यादा और परम्परा कहाँ रही? अभी तक भँवर का शक है रंजीत को, असल बात मालूम हुई तो? यही कहेंगे कि किसी दिन बदमाश बुलाकर मेरा कतल करा देना...हे भगवान! नि:श्वास छोड़ती हुई सोच रही है वह–कुछ भी हो, मैं यह गिरह उनके सामने नहीं खोल सकती, जैसे वे मेरे कहने पर कोई अनिश्चित काम नहीं करते। जिद ठानी है मैंने? नहीं संकल्प लिया है, कौल धरा है, शपथ ली है कि डोरिया, मैं तुझे छठी का दूध याद दिला दूँगी, चाहे मुझे इसके लिए कुछ भी करना पड़े।"

पति और पत्नी यदि साथी–सहयोगी और एक–दूसरे के पूरक हैं, तो गृहस्थी की

गाड़ी आनन्द के हिंडोलों के साथ अग्रसर होती है। ऐसे में दोनों की ही शारीरिक-मानसिक आवश्यकताएँ स्वत: पूरी होती रहती हैं। पति-पत्नी एक-दूसरे के महत्त्व को समझें, एक-दूसरे की इच्छाओं का सम्मान करें, अपनी जिम्मेदारियों और सम्बन्धों के प्रति ईमानदार रहें, तो वे सुख के साथ जीवन-यापन करते हैं। जब कभी इनमें सन्तुलन बिगड़ता है तो पूरी गृहस्थ-व्यवस्था डावाँडोल हो जाती है। सामान्यत: स्त्री-पुरुष अपने गृहस्थ जीवन में सुख-शान्ति बनाए रखने का प्रयास करते हैं, इसलिए दोनों ही अपनी ओर से स्थिति सामान्य करने का प्रयास करते हैं। इससे भी आगे स्थिति और बिगड़ती है तो सामन्जस्य बनाए रखने के प्रयास में स्त्री-पुरुष या पति-पत्नी समझौते का रास्ता अपनाते हैं और अपने व्यवहार को संयत रखते हुए कुछ हद तक दिखावे का रास्ता अपनाने लगते हैं। सारंग के साथ भी कुछ ऐसा होता है। वह अपने को समझाती है, "आदमी का स्वभाव, कभी तल्ख तो कभी नरम। लड़ाई का क्या बुझाना? ईर्ष्या-द्वेष के चलते क्रोध, गुस्सा ...चलो मारो परे। घर में चैन-शान्ति रहे बस। रंजीत ने सारंग को अपनी बाँहों में खींच लिया।" पति को पत्नी पर पूर्ण अधिकार मानने के साथ ही उसके प्रति अपनी जिम्मेदारी को भी भली-भाँति समझना चाहिए अन्यथा मौका मिलने पर स्त्री-पुरुष या पति या पत्नी दोनों ही कहीं और आश्रय ढूँढ़ने लगेंगे। कहीं भावनात्मक आश्रय मिलने पर स्वाभाविक रूप से उस तरफ आकर्षण बढ़ेगा। सारंग के श्रीधर की ओर आकर्षित होने की वजह भी यही है। वह एकान्त में खोई हुई सी सोचती है, "...मेरे दिलो-दिमाग पर क्यों छा गया है वह आदमी? उसका आस-पास होना ही मेरे लिए सर्वसुख है। श्रीधर का बोलना, चलना, देखना ही इस गाँव की उदासी में खुशियों की लहरें भर देता है। मैं कैसे कहूँ रंजीत से कि मेरी जिन्दगी सूनी थी, घायल थी, लाचार थी। वे आए तो घुटन भरे आसमान को फोड़कर हवा का कोई ताजा झोंका आया है, जो मेरे भीतर नई साँसें...घावों पर शील के मरहम और सुनसान में मेले! तुम इसे कोई भी नाम दे दो। ज्ञान-ध्यान कहो, या प्यार प्रीति।" श्रीधर से बचने का प्रयास उसे उससे दूर करने के बजाय और नजदीक कर देता है। सारंग पति के अलावा श्रीधर के साथ जुड़कर हमारे समाज की पूरी व्यवस्था को अस्वीकार करती है और व्यवस्था के विरुद्ध चुनौती बनकर खड़ी हो जाती है। यह परम्परागत रीति-रिवाजों और मान्यताओं के सामने स्त्री व्यक्ति बनकर उठ खड़ी होती है। सवाल उठता है कि इस चुनौती का औचित्य क्या है? यह कितनी सार्थक है? ध्यान रखना चाहिए कि इस चुनौती के कारण सारंग बदनाम होती है। तो क्या इसे केवल स्त्री की उच्छृंखलता मान लिया जाना चाहिए या उसके विद्रोह के आगे नैतिकता बौनी हो गई है? सारंग को बदनाम कर हम कहीं शोषण आधारित व्यवस्था को बनाए रखने की कोशिश को बढ़ावा तो नहीं दे रहे? उसका विरोध करनेवाले शोषणाधारित व्यवस्था को कायम रखने का पक्ष तो नहीं ले रहे? बदनामी को हथियारी के रूप में प्रयोग तो नहीं कर रहे? हमें समझना होगा कि यौन शुचिता के आदर्श में अन्य सभी दोष ढकने की परम्परा जब तक रहेगी, इस मानसिक और

सामाजिक जड़ता का टूटना सम्भव नहीं है।

तमाम प्रकार की देह मुक्ति की योजनाओं, घोषणाओं और आन्दोलनों के बावजूद आज भी स्त्री-पुरुष के बीच संघर्ष विद्यमान है। वे परिस्थितियाँ भी समाज में व्याप्त हैं; जिनसे टकरा-टकराकर सारंग उस स्थिति तक पहुँची। ऐसे में हमें यह देखना होगा कि हमारे आस-पास कोई सारंग तो नहीं बन रही। सारंग वास्तव में उन परिस्थितियों के प्रति हमें सावधान करनेवाला चरित्र है।

भय-मुक्ति का दस्तावेज

डॉ. सुशीला गुप्ता

मैत्रेयी पुष्पा का उपन्यास 'चाक' अतरपुर गाँव के नारी-उत्पीड़न की यथार्थ व ठोस भूमि पर चलते चाक की करुण गाथा है। उपन्यास का प्रारम्भ होता है रेशम की मौत की घटना से। यह मौत स्वाभाविक मौत नहीं है, बल्कि हत्या है। बूढ़ी खेरापतिन के पास किससे-कहानियों का ऐसा खजाना है, जिसमें रेशम जैसी अनेक स्त्रियों की गाथा है, जिन्हें अकाल मृत्यु के मुँह में ढकेल दिया गया है, जिन पर लांछन के दाग लगाकर असल कातिलों को बेदाग बचा लिया गया है। अपनी फुफेरी बहन रेशम का हश्र देख सारंग सैनी की उद्विग्नता से उपन्यास का कथा-सूत्र आगे बढ़ता है।

नारी को भोग्या के पद से ऊपर उठाकर व्यक्ति के पद तक पहुँचाने का प्रयत्न अनेक महिला कथाकारों ने किया है, जिनमें इस्मत चुगताई, कृष्णा सोबती, मन्नू भंडारी, उषा प्रियंवदा, प्रभा खेतान आदि का योगदान सराहनीय है। इन्हीं नामों में एक नाम पिछले दिनों बड़ी तेजी से उभरा है-वह है मैत्रेयी पुष्पा का नाम। उनका 'चाक' उपन्यास वास्तव में 'इदन्नमम' की अगली कड़ी है। 'इदन्नमम' की मंदाकिनी साहस में पुरुषों को पछाड़ देती है, जिसके कारण गाँववालों के लिए उसकी अनदेखी करना असम्भव हो जाता है। यह उपन्यास 'एक विद्रोही अध्याय का अर्थ है'। 'चाक' उपन्यास में अनेक पात्र चाक पर अपनी मूरत गढ़े जाने की प्रक्रिया में बदशकल हो जाते हैं। सारंग सैनी का पति रंजीत का व्यक्तित्व भी टेढ़े-मेढ़े आकार ग्रहण कर पाता है। मैत्रेयी पुष्पा ने अपने इस उपन्यास में सारंग की सुघड़ प्रतिमा गढ़ने की ईमानदार कोशिश की है। 'चाक' उपन्यास विद्रोह अध्याय का अविच्छिन्न हिस्सा है।

बँधी-बँधायी लीक से नारी को बाहर निकालने के प्रयत्न में लेखिका ने 'चाक' उपन्यास में कुछ नैतिक मान्यताओं को टूटने दिया है। उन्होंने 'इक्कीसवीं शताब्दी के साहित्य का वर्चस्व : आइने और भी हैं' निबन्ध में लिखा है, ''हया-लज्जाओं, शील-संकोची और इज्जत-आबरुओं का अमानवीय बोझ ढोने से स्त्री इनकार करती है तो भारतीयता में आस्था रखनेवाले विद्वान इस बात पर नैतिक गौर करें कि बगावत

पर उतर आने का हौसला किस प्रताड़ना और बेबसी का नतीजा है? औरत की जिन्दगी में निज़ी परिवर्तन को मूल्यों-आदर्शों का विखंडन न मानकर साहित्य की स्वाधीनता में लोकतान्त्रिक भागीदारी समझी जाए। मनुष्य जीवन के नए-नए कोण ही साहित्य को समृद्ध करते हैं।''

मैत्रेयी पुष्पा नारी-यातना को अश्वेत गुलामों और खरीदे गए हब्शियों का लहूयन्त्रणा से कम नहीं आँकतीं। उनका प्रश्न है कि दलित लेखकों ने जिस तरह अपनी कृतियों में सुविधाहीन मानव-कंकालों की दुख-गाथा लिखी है, उसी तरह हिन्दी के कथाकारों ने नारी-यातना को स्वर क्यों नहीं दिया है? वे लिखती हैं कि उन्होंने रेशा-रेशा धुनी जाती, पुर्जा-पुर्जा नुचती हुई, देहरी-देहरी अपमानित होती हुई अस्तित्व के लिए जूझती औरत की खौफनाक कथाएँ क्यों नहीं लिखीं कि सारा संसार दहल जाता उस सच को पढ़कर।

दबी-कुचली नारी के भय की भयावहता और उस दमघोंटू भय से मुक्त होने की जीवन्त प्रक्रिया ही 'चाक' उपन्यास का केन्द्र-बिन्दु है। अन्दर के कवर पृष्ठ पर उद्‌धृत रेड इण्डियन कवयित्री ज्वॉय हार्जो की निम्नलिखित कविता का सशक्त अनुमोदन है मैत्रेयी पुष्पा का उपन्यास 'चाक' :

मैं मुक्त करती हूँ तुम्हें
मेरे सुन्दर भीषण भय।
मैं मुक्त करती हूँ तुम्हें, तुम थे,
मेरे प्रिय और मेरे घृणित जुड़वाँ, पर
जब नहीं पहचानती तुम्हें जैसे कि खुद को।

अतरपुर गाँव में जाट हैं, बनिए हैं, पिछड़े और दलित हैं, खेती करनेवाले किसान हैं–सम्पूर्ण गाँव जाति-विधान पर आधारित अपने कर्म-विधान से जुड़ा है। यहाँ के सुविधाभोगी लोग विकास का रास्ता रोके हुए हैं, इसलिए आजादी के बाद भी गाँव में खुशहाली नहीं है। सारंग का चरित्र गढ़ने में लेखिका ने व्यक्तिगत दुख या व्यक्तित्व की लड़ाई से आगे बढ़कर भय-मुक्ति का मार्ग प्रशस्त किया है। सारंग को विश्वास था कि उसका पति रंजीत रेशम के कातिलों को दंड दिलवाएगा, लेकिन जब वह अन्याय का प्रतिकार करने के बदले खुद अन्यायियों के सामने घुटने टेक देता है तो सारंग अपने सीमित दायरे को तोड़ आगे बढ़ती है। लेकिन दायरा तोड़कर वह अपने लिए नई मुसीबतें पैदाकर लेती है। कटु यथार्थ यह है कि उसका खुद का आगे बढ़ना रंजीत की आत्महत्या का पैगाम सिद्ध हो सकता है। उसे लगता है कि उन्नति, तरक्की, ग्राम-कल्याण–बोलने में अच्छे-अच्छे शब्द हैं, लेकिन उसके लिए अशुभ हैं। निजी बंदिशों को मौका देखकर तोड़ना एक बात है पर पति को सरेआम बेइज्जत करना...? राजनीति से औरतों को दूर रखना चाहिए, यही कोशिश है अतरपुर गाँव के तथाकथित शक्तिशाली लोगों का। प्रधान की कुर्सी पर फत्ते सिंह ऐसा

चिपका है, मानो प्रधानी उसकी ब्याहता पत्नी हो। प्रधानी के नाम पर उसको सरकारी योजनाओं द्वारा अपना उल्लू सीधा करने में अधिक दिलचस्पी है।

गाँव में जब ग्राम-प्रधान का चुनाव आता है तो सारंग चुनाव लड़ती है। श्रीधर मास्टर और भँवर उसका उत्साह बढ़ाते हैं। श्रीधर मास्टर उसे साहस प्रदान करते हैं– ''लोग क्या कहेंगे, क्या नहीं कहेंगे, इसकी चिन्ता है तो बन्द करो रेशम, गुलकन्दी और गुरुकुल वाली शकुन्तला, शारदा के बारे में सोचना!...सतियों के सिंहासन पर देवी की तरह पधराई जा सकती हो, लेकिन पुरुषों की बराबरी में जगह पाना...असम्भव! 'बराबरी' शब्द खतरों की ईंटों से बना है, इसे हासिल करना ...मेरे खयाल में साहस दुनिया की सबसे अमूल्य चीज है।'' परचा भरकर सारंग जब लौटी तो उसके ससुर ने उसका उत्साह बढ़ाया, ''आज तू रंजीत का रूप हो गई मेरे लिए, उससे जो उम्मीदें लगाई थीं, सपने देखे थे, तू पूरे कर रही है आग पर चलकर। बेटा! जो आग में तपना सीख लेता है, वह कुन्दन हो जाता है।'' लेकिन सबसे बड़ा बैरी उसका अपना पति रंजीत है, वह घर में मातम का माहौल पैदा कर देता है और अपने बेटे चन्दन को उससे जुदा करने के लिए अपने भाई के साथ शहर भेजने पर आमादा है। पति से पिटकर दोगुनी ताकत का अनुभव किया सारंग ने; उसने पागल, विक्षिप्त की भाँति दौड़कर खूँटी से बन्दूक उतारी और बिजली की-सी फुर्ती से चला दी दोनाली-धाँय! धाँय! फायर हवा में सनसनाकर रह गया, लेकिन सारंग सैनी ने साबित कर दिया कि उसका नरम-नाजुक बदन लोहे में ढल चुका है।

सारंग ने भय से मुक्ति पा ली। उसे चुनाव से हट जाने के लिए रंजीत रुपयों का लालच देता है, लेकिन वह टस-से-मस नहीं होती। उसे राम-राज्य जैसा आकाश-कुसुम पाने की आकांक्षा नहीं है, वह तो बस केवल यही चाहती है कि अन्याय का प्रतिकार करती रहे। वह कहती है, ''रामराज्य लेकर हम क्या करें? सीता की कथा सुनी तो है। धरती में ही समा जाना है तो यह जद्दोजहद? अपने चलते कोई अन्याय न हो। जान की कीमत देकर इतनी सी बात, छोटा-सा संकल्प करके निभाने की इच्छा है, बस!''

बूथ कैप्चरिंग की बात से अन्त में रंजीत को एहसास होता है, मानो वह चलते चाक पर बैठा है, लेकिन सारंग सैनी ने तो भाय से मुक्त पा ली है, वह घर की चारदीवारी लाँघकर राजनीति में प्रवेश करके ग्राम-सुधार के मार्ग पर चल पड़ी- अन्याय के प्रतिकार के लिए वचनबद्ध सारंग के माध्यम से वस्तुत: मैत्रेयी पुष्पा ने नारी की भय-मुक्ति का दस्तावेज लिखा है।

मैत्रेयी पुष्पा मानती है कि सुरक्षा के दीवाने रचनाकार साहित्य की बिसात पर चालाक मोहरों के सिवा कुछ नहीं। अपने-अपने वजूद को बचाने की चिन्ता में वे विचारणीय सवालों को भूल जाते हैं। वे चाहती हैं कि खुद के लिए बालिश्त-भर महफूज जगह खोजनेवाला बदहवास लेखक किसी दूसरे की यन्त्रता-यातना को

महसूस करने की फुरसत पाए। कहना न होगा कि मैत्रेयी पुष्पा ने नारी–लेखन के दायरे से ऊपर उठकर नारी के हृदय के कोने में झाँककर उसकी यन्त्रणा–यातना से पाठकों का साक्षात्कार ही नहीं कराया है, सड़े–गले कीचड़ में से भय–मुक्ति का कमल निकालकर उन्होंने पाठकों को सौंपने का स्तुत्य कार्य भी किया है।

चाक : स्त्री मुक्ति का यूटोपिया

दिनेश कुमार

मैत्रेयी पुष्पा ने रचनात्मक लेखन अपेक्षाकृत देर से शुरू किया। इस देरी का सकारात्मक पक्ष यह रहा कि हिन्दी के साहित्य पटल पर उनका आगमन अपनी विशिष्टता को साथ लिए हुए हुआ। तात्पर्य यह कि लेखन की जल्दी शुरुआत करनेवाले अनेक रचनाकार बहुत कुछ लिख लेने के बाद ही अपनी एक खास रचनात्मक दिशा का निर्धारण कर पाते हैं जो आगे चलकर उनकी पहचान बनाती है जबकि मैत्रेयी पुष्पा ने अपने रचना कर्म की दिशा का निर्धारण करके ही लेखन की शुरुआत की। इसलिए हिन्दी की साहित्यिक दुनिया में उनका प्रवेश पहले से मौजूद अनेक रचनाकारों में एक और रचनाकार का बढ़ जाना नहीं था बल्कि इस दुनिया में एक सार्थक हस्तक्षेप था, जिसने सबका ध्यान अपनी ओर खींच लिया।

मैत्रेयी पुष्पा से पूर्व हिन्दी में स्त्री लेखन की एक सशक्त परम्परा मौजूद थी। उनसे पिछली पीढ़ी की लेखिकाओं ने अपना मुकाम भी स्थापित किया था। उनके सामने एक बड़ी चुनौती रही होगी कि पूर्ववर्ती पीढ़ियों की रचनाशीलता के समानान्तर स्वयं की रचनाशीलता को परखना और उसकी स्वीकृति दिलाना। इस सन्दर्भ में उनके सामने दो रास्ते थे एक तो यह कि पूर्ववर्ती पीढ़ियों की लेखिकाओं की रचना संसार में थोड़ा बहुत हेर–फेरकर के अपना रचना संसार निर्मित कर लेना दूसरा रास्ता था, इन सब से इतर एक भिन्न रचना संसार की खोज करना जो अब तक स्त्री लेखन की परिधि से बाहर हो। पहला रास्ता अपेक्षाकृत आसान था,वहीं दूसरा रास्ता अत्यंत मुश्किल। उन्होंने मुश्किलों से भरे इस दूसरे रास्ते पर चलने का जोखिम उठाया और देखते–देखते स्त्री लेखन के भूगोल को बदलकर रख दिया। वे स्त्री लेखन को शहरी मध्यवर्गीय लेखन से निकाल कर गाँव और आदिवासियों के बीच ले गईं। इस तरह उनका लेखन हिन्दी स्त्री लेखन के क्षेत्र में एक प्रस्थान बिन्दु है, एक युगान्तर है। इसलिए यह कहना अत्युक्ति नहीं है कि रचनात्मक लेखन के क्षेत्र में पुरुष वर्चस्व को असल चुनौती मैत्रेयी पुष्पा ने ही दी है। उन्होंने अपने एक के बाद एक उपन्यासों के माध्यम से साबित किया कि शहरी मध्यवर्गीय परिवेश से बाहर स्त्रियाँ भी उन इलाकों में प्रवेश कर सकती हैं, जहाँ

प्रेमचन्द, रेणु, राही मासूम रजा या अन्यों ने प्रवेश किया है। बांग्ला में जो काम महाश्वेता देवी ने किया हिन्दी में उसकी कुछ क्षतिपूर्ति उनके लेखन से होती है। मैत्रेयी के लेखन के पूरे मिजाज को देखते हुए ऐसा लगता है कि वह हिन्दी स्त्री लेखन की तुलना में बांग्ला स्त्री लेखन के ज्यादा नजदीक है। उन्हें अपने जिस रचनात्मक मार्ग पर आगे बढ़ना था उसमें हिन्दी की परम्परा से विरोध ही मिलना था, समर्थन कम। उनका लेखन हिन्दी के किसी रचनाकार (स्त्री रचनाकार का तो प्रश्न ही नहीं है, पुरुष रचनाकार भी) की तुलना में बांग्ला की महाश्वेता देवी (पक्षधरता) और तसलीमा नसरीन (नारीवाद) के साथ अधिक जुड़ता है। ऐसा प्रतीत होता है कि इनका अपना रचना मार्ग इन दोनों के मेल से ही बना है। यहाँ यह स्पष्ट कर देना आवश्यक है कि उन पर यह प्रभाव अनायास या सायास दोनों तरह हो सकता है। यह भी खूब सम्भव है उन्होंने इन दोनों के प्रभाव को ग्रहण किए बिना ही उस से अपरिचित रहकर ही अपना रचना कर्म किया हो, लेकिन आज हम उन्हें उन दोनों से जोड़कर देख रहे हों। इस सन्दर्भ में हमारा सिर्फ इतना कहना है कि उनका लेखन बांग्ला की इन दो लेखिकाओं की संगति में है।

जहाँ तक हिन्दी में स्त्री लेखन का प्रश्न है, उसके सम्बन्ध में दो एक बात आवश्यक हैं। मैत्रेयी पुष्पा से पहले और उनके बाद की पीढ़ियों की लेखिकाओं की अच्छी खासी संख्या हिन्दी में मौजूद है। मैत्रेयी जी के लेखन में रचनात्मक उत्कृष्टता और स्त्री विमर्श का प्रखर स्वर दोनों एक साथ मौजूद है। उनसे पहले की पीढ़ी की लेखिकाओं में रचनात्मक उत्कृष्टता तो है लेकिन बहुलांश में स्त्री विमर्श का स्वर बहुत प्रखर नहीं है, जबकि उनसे बाद की पीढ़ी की लेखिकाओं–इस में नई पीढ़ी भी शामिल है–जिसमें स्त्री विमर्श का स्वर तो बहुत प्रखर है पर रचनात्मक उत्कृष्टता गायब है। इस लिहाज से भी उनका लेखन हिन्दी में विशिष्ट है। 'चाक' उनका एक ऐसा है कि विशिष्ट उपन्यास है जिसमें एक प्रखर स्त्री दृष्टि और रचनात्मक दोनों का सुन्दर निर्वहन है। यह सुपरिचित तथ्य है कि मैत्रेयी पुष्पा हिन्दी में चल रहे स्त्री विमर्श के प्रमुख पैरोकारों में से हैं, बावजूद इसके उनका उपन्यास 'चाक' स्त्री विमर्श की वैचारिकी को प्रस्तावित करनेवाला 'थीसिस नोवेल' नहीं है। 'स्त्री विमर्श' की दृष्टि से 'चाक' का अध्ययन करने की जगह 'चाक' में से 'स्त्री विमर्श' की वैचारिकी को निकाला जाए तो हम पाएँगे कि परिणाम बिलकुल भिन्न हैं। आखिर इसका कारण क्या है? दरअसल कोई भी बड़ा लेखक ईमानदारी से यथार्थ की अभिव्यक्ति करता है। यथार्थ सीधा सरल या सपाट नहीं होता जिस पर कोई विमर्श या विचारधारा पूरी तरह फिट हो जाए। यथार्थ परस्पर विरोधी प्रवृत्तियों का जटिल समुच्चय होता है। अत: यथार्थ को किसी एक कोण से देखना यथार्थ को अधूरा देखना है। इस अधूरे यथार्थ को रचना में प्रस्तुत कर देना रचनात्मक बेईमानी है। लेखकीय क्षमता की कमी या विचारधारा या किसी भी अन्य कारण से रचनाकार में रचनात्मक बेईमानी (यथार्थ का एकांगी चित्रण) जितनी अधिक होगी, रचना उतनी ही कमजोर होगी। इसी तरह रचनात्मक बेईमानी जितनी कम होगी,

रचना उतनी ही उत्कृष्ट होगा। इसलिए महान रचनाएँ अपने लेखक की विचारधारा का अतिक्रमण करती हैं। विचारधारा रचनात्मक बेईमानी की ओर ले जाती है और रचनात्मक बेईमानी के होते हुए कोई रचना महान हो ही नहीं सकती। याद कीजिए रेणु ने 'मैला आँचल' में कहा था –

इसमें फूल भी हैं शूल भी, धूल भी है गुलाल भी, कीचड़ भी है चन्दन भी, सुन्दरता भी है कुरूपता भी–मैं किसी से दामन बचाकर निकल नहीं पाया 'विमर्शों और विचारधाराओं से परे जहाँ इतनी रचनात्मक ईमानदारी हो, उस रचना की महानता में सन्देह नहीं हो सकता। 'चाक' में मैत्रेयी पुष्पा ने ऐसी ही ईमानदारी बरतने की कोशिश की है।

इस ईमानदारी के कारण ही यह महत्त्वपूर्ण उपन्यास बनता है और इसी कारण हम इसे भारतीय उपन्यास की अवधारणा के तहत 'मैला आँचल' की परम्परा का उपन्यास कह सकते हैं। यह ईमानदारी थोड़े और अधिक होती तो इस उपन्यास की महानता असंदिग्ध होती। पर फिलहाल इसको लेकर प्रश्न उठाए जा सकते हैं और उठाए भी जा रहे हैं। इसमें कोई दो राय नहीं कि हिन्दी उपन्यासों की परम्परा में 'चाक' एक महत्त्वपूर्ण और उल्लेखनीय उपन्यास है। साहित्यिक दृष्टि से भी यह श्रेष्ठ उपन्यास है। चार सौ पैंतीस पृष्ठों का वृहद आकार, पात्रों की अनगिनत संख्या और उनसे जुड़ी अनगिनत कहानियाँ, फिर इनके साथ मुख्य कथा को जोड़ते चलना, प्रसंगों और घटनाओं के बीच से पात्रों के विकास को दर्शाना आदि लेखिका की उत्कृष्ट उपन्यास कला का प्रमाण है। बड़े आकार के बावजूद उपन्यास को पढ़ते हुए कहीं ऊब नहीं होती। ऊब न होने का एक बड़ा कारण यह है कि उपन्यास में कहीं बिखराव नहीं है। प्रसंगों, पात्रों और घटनाओं की इतनी बहुलता के बावजूद रचनात्मक केन्द्रियता को बरकरार रखना जबर्दस्त लेखकीय क्षमता का परिचायक है। ऐसे उपन्यासों में अक्सर देखा जाता है कि सभी पक्षों को छूने की कोशिश में औपन्यासिक केन्द्रीयता प्राय: खण्डित हो जाती है। ऊब न होने का दूसरा बड़ा कारण यह है कि इसमें स्त्री मुक्ति या किसी अन्य समस्या पर भाषणबाजी नहीं है। जो भी कहा गया है वह स्थितियों या घटनाओं के माध्यम से विचारों को सामने लाया गया है।

'चाक' में पश्चिमी उत्तर प्रदेश के एक पितृसत्तात्मक संरचना वाले गाँव अतरपुर की कथा है। इस गाँव में अब तक न जाने कितनी स्त्रियों को कुलखानदान की मर्यादा को कलंकित करने के अपराध में मार दिया गया है। चरित्रहीन बताकर मार दी गई स्त्रियों में रेशम और गुलकन्दी की हत्याएँ भी जुड़ जाती हैं। कथा की शुरुआत उपन्यास की मुख्य पात्र या नायिका सारंगनैनी की फुफेरी बहन रेशम की हत्या से होती है। हत्या का कारण यह है कि पति की मृत्य के बाद विधवा रहते हुए किसी पुरुष से सम्बन्ध बनाती है और गर्भवती होती है। परिवार के अन्दर सुलह समझौतों पर सारे प्रयास नाकाम रहने के बाद अन्ततः उसकी हत्या कर दी जाती है। सारंग इसका प्रतिशोध लेने का

संकल्प लेती है। शुरुआत में उसका पति रंजीत उसके साथ होता है लेकिन क्रमशः परिस्थितियों और स्वयं की महत्त्वाकांक्षाओं के कारण वह दूर तक उसका साथ नहीं दे पाता। इसी गाँव के स्कूल में नया मास्टर श्रीधर प्रजापति आता है। सारंग से उसकी मैत्री बढ़ती है और अन्तत शारीरिक सम्बन्ध भी बनता है। वह उसके संघर्ष में साझीदार है। श्रीधर के सहयोग से सारंग गाँव के प्रधान के चुनाव में खड़ी हो जाती है। चुनाव में उसकी स्थिति मजबूत है। कुल मिलाकर सरलीकृत रूप में उपन्यास की कथा यही है। पर इस मुख्य कथा के भीतर अनेक अन्तर्कथाएँ हैं। गाँव की पुरुष-प्रधान जातिगत संरचना, अनेकानेक प्रकार की स्त्रियाँ और उनकी जीवन स्थिति गाँववालों के बीच के सामाजिक सम्बन्ध और परस्पर घात-प्रतिघात, स्वातन्त्र्योत्तर विकास के सन्दर्भ में स्कूली शिक्षा की सोचनीय स्थिति, चुनावी राजनीति का कुचक्र, उच्च पद प्राप्त हो जाने के कारण छोटी जातियों की सामाजिक हैसियत में परिवर्तन आदि, न जाने कितनी ही स्थितियों के सूक्ष्म ब्यौरे चाक की कथा संरचना में गुँथे हुए हैं।

'चाक' मूल रूप से स्त्री की दृष्टि से ग्रामीण यथार्थ की आलोचना है। यह स्त्री कथा दृष्टि का बेहतरीन नमूना है। अब तक हिन्दी में गाँव को आधार बनाकर जितने भी उपन्यास लिखे गए हैं, वे अन्ततः पुरुष दृष्टि से लिखे गए हैं। ऐसा कहने का यह मतलब कतई नहीं है कि उन उपन्यासों में स्त्रियों की सामाजिक स्थिति और उनके मनोविज्ञान का चित्रण नहीं हुआ है। अन्तर यह है कि किसी भी उपन्यास में स्त्री को केन्द्रीयता प्रदान नहीं की गई है। उपन्यासों में स्त्री पात्र केवल अनुसांगिक रूप में ही आए हैं। 'चाक' में हिन्दी उपन्यास का प्रचलित क्रम उलट गया है। यहाँ स्त्री पात्रों की सक्रिय और निर्णायक भूमिका है। पुरुष पात्र या तो सहयोगी भूमिका में हैं या स्त्रियों द्वारा उठाए गए कदम का विरोध करते हैं।

जैसा कि कहा गया है कि उपन्यास कला की दृष्टि से 'चाक' एक सफल रचना है। अपने बृहद आकार के बावजूद इतना चुस्त गद्य और सम्वेदना को छूने वाली प्रांजल भाषा का सौन्दर्य देखते बनता है। पाठक स्त्री हो या पुरुष यह उपन्यास बहुत जल्दी ही उससे अपना एक रिश्ता बना लेती है। किन्तु टी.एस. इलियट के शब्द उधार लेकर कहें तो यह उपन्यास महान है या नहीं, इसका निर्धारण साहित्यिक कसौटियों से ऊँचे मूल्यों के आधार पर करना चाहिए। साहित्यिक कसौटियों से इतर ऊँचे मूल्यों के सन्दर्भ में 'चाक' पर पर्याप्त बहस की गुंजाइश है। बेशक चाक में मैत्रेयी ने रचनात्मक ईमानदारी का परिचय दिया है। यह ईमानदारी ही चाक को विशुद्ध नारीवादी उपन्यास होने से बचाती है और इस देशज यथार्थ के अधिक नजदीक लाती है। उपन्यास में जहाँ एक ओर पितृसत्ता का घिनौना चेहरा है और इज्जत के नाम पर की गई हत्याएँ हैं, वहीं दूसरी ओर भँवर, मास्टर श्रीधर तथा स्वयं सारंग के ससुर गजाधर सिंह जैसे पुरुष भी हैं, जो सारंग के संघर्ष में साथ देते हैं। ईमानदारी का ही तकाजा है कि लेखिका ने रंजीत को पूरी तरह गलत चित्रित नहीं किया है।

इन ईमानदार प्रयासों के बावजूद 'चाक' को पूरी गम्भीरता से पढ़ने के बाद यह महसूस होता है कि मैत्रेयी का गाँव से परिचय भी है और सरोकार भी, पर वे गाँव को उतनी गहराई से समझती नहीं है। रचना के परिवेश और उसमें वर्णित पात्रों की गतिविधियों और घटनाओं में साम्य होना चाहिए। किसी गाँव में स्त्री मुक्ति या स्त्री स्वतन्त्रता के प्रश्न को उसी तरह सम्बोधित नहीं किया जा सकता जैसे किसी शहर या महानगर में किया जाता है। नीयत साफ होने के बावजूद 'चाक' में अभिव्यक्त स्त्री दृष्टि ग्रामीण यथार्थ के बहुत अनुकूल नहीं जान पड़ती। जैसे उपन्यास की पूरी संरचना स्थानीयता से ओत प्रोत है उसी तरह स्त्री मुक्ति का सन्दर्भ भी स्थानीयता से ही निकलना चाहिए था। आखिर एक शहरी मध्यवर्गीय या उच्चवर्गीय स्त्री और सारंग की सोच और गतिविधियों में अन्तर होना चाहिए या नहीं? चाक का अगर सब कुछ शहर से अलग है तो समाधान शहरी कैसे हो सकता है? यह बात ध्यान रखने की है कि वही समाधान बेहतर हो सकता है जो स्थानीय सन्दर्भों के अनुकूल हो।

रंजीत और सारंग पति पत्नी हैं।

जब आधुनिक समाज में भी यह सहज नहीं है। तब गाँव की सामाजिक संरचना में कोई पति अपनी पत्नी के किसी दूसरे पुरुष के साथ सम्बन्ध और मेल-जोल के प्रति कैसे सहज रह सकता है? प्रश्न यह भी है कि क्या सशक्तिकरण का सिर्फ यही रूप सम्भव है? क्या सारंग और श्रीधर के बीच प्रेम सम्बन्ध और फिर देह सम्बन्ध का होना अनिवार्य है? प्रेम और देह सम्बन्ध से इतर स्त्री-पुरुष के बीच कोई और गरिमापूर्ण सम्बन्ध नहीं हो सकता? अगर सारंग को इस सम्बन्ध से बचा लिया गया होता तो क्या उसका एक अधिक व्यापक व्यक्तित्व नहीं उभरता?

ये कुछ प्रश्न हैं जिनके कारण पाठक सारंग से पूरी तरह नहीं जुड़ पाता पाठक सारंग के कृत्य और संघर्ष से अपने को पूरी तरह एकाकार नहीं कर पाता। इस तरह उपन्यास की सम्वेदना और पाठक की संवेदना में एक फाँक पैदा हो जाती है। मैत्रेयी स्त्री देह को लेकर बात करना आवश्यक समझती हैं। उनका मानना है कि जब समाज में सारे पहरे देह पर हैं तो स्त्री मुक्ति के सन्दर्भ में देह पर बात भी होनी चाहिए। लेकिन दिक्कत यहीं से पैदा होती है। यह सही है कि समाज में सारी जकड़ बन्दी स्त्री देह को लेकर है, लेकिन स्त्री मुक्ति की शुरुआत देह मुक्ति से नहीं हो सकती है। स्त्री मुक्ति की शुरुआत उन संरचनाओं को तोड़ने से होगी जो देह पर पहरे बिठाती हैं। ये संरचनाएँ सामाजिक, आर्थिक और राजनैतिक हैं। स्त्री को गुलाम बनानेवाली इन संरचनाओं को तोड़ने से स्त्री अपने आप मुक्त होती जाएगी। यही स्त्री मुक्ति का स्वाभाविक रास्ता है। संरचनाओं को तोड़े बिना अगर कोई स्त्री मुक्ति की तलाश करती है तो उसका रेशम या गुलकन्दी जैसा हश्र होना स्वाभाविक है।

सारंग उन बड़े प्रश्नों को सम्बोधित नहीं करते जिसकी सापेक्षता में ही वास्तविक

स्त्री मुक्ति का स्वप्न साकार हो सकता है। इसलिए सारंग का संघर्ष यथार्थपरक या विश्वसनीय कम, यूटोपिया ज्यादा लगता है। सारंग की तुलना में रंजीत का चरित्र अधिक स्वाभाविक और विश्वसनीय है। तात्पर्य यह है कि रंजीत का चरित्र स्थानीय जीवन संदर्भों से अधिक सम्प्रक्त है जबकि कई बार सारंग का चरित्र आरोपित लगता है। कई बार लगता है कि लेखिका ने सारंग पर कुछ अतिरिक्त बोझ डाल दिया है। उसे 'गोदान' की धनिया और मालती दोनों की भूमिका अकेले निभानी पड़ रही है। एक ठेठ ग्रामीण औरत और एक चेतना सम्पन्न नारी का विरोधाभास उसके व्यक्तित्व में बद्धमूल है।

कहने का आशय यह है कि 'चाक' में जो जीवन दृष्टि अभिव्यक्त हुई है, वह काम्य है, यथार्थ नहीं। उपन्यास में अभिव्यक्त समस्या यथार्थ है, लेकिन समाधान यथार्थवादी नहीं है। हालाँकि प्रत्येक बड़ा रचनाकार एक यूटोपिया रचता है। वह सिर्फ यथार्थ को ही नहीं, बल्कि स्वप्न को भी अभिव्यक्त करता है। बहुत सम्भव है कि 'चाक' मैत्रेयी पुष्पा का यूटोपिया हो, जिसमें उन्होंने स्त्री पुरुष के बीच आधिपत्य और अधीनता के सम्बन्ध को खत्म कर समानता के सम्बन्ध का स्वप्न देखा हो।

'चाक' : एक रणनीति

कंचन भारद्वाज

'चाक' पढ़ते हुए जाना कि स्त्री-व्यक्तित्व अपने तन, मन, धन से ही नहीं अपनी भाषा से भी पितृसत्तात्मक व्यवस्था की गिरफ्त में है। अपनी भाषा में मुखर करनेवाली प्रखर स्त्री को अपने घर के अन्दर पसन्द करने की हिम्मत करना बेहद मुश्किल बात है। उम्मीद यह की जाती है कि रोबोट की तरह जितना इमोशन और जितनी भाषा का प्रोग्राम फीड किया जाए उतने ही स्वर का स्त्री पाठ करे। स्त्री को उसकी देह और मन भी स्वतन्त्र नहीं मिलते। देह की बात करें तो कानों पर हाथ रखकर बिदकती नैतिकता के श्रद्धालुओं की संस्कृति हमारे देश की पहचान है। अगर स्त्री अपने मन पर भी अपना अधिकार रखना चाहती है तो उसे पहले अपने मन के भीतर जमी हुई नैतिकता की परतें खुरचने की कष्टसाध्य प्रक्रिया से गुजरकर लहूलुहान होना होगा। पितृसत्तात्मक व्यवस्था में स्त्री का व्यक्तित्व किस कदर इच्छाधारी नुस्खे से गढ़ा गया होता है कि परवरिश की संस्कृति में रचा-बसा व्यक्तित्व विवाह के बाद पूरी तरह रूपान्तरित हो जाता है और स्त्री अपने खंड-खंड व्यक्तित्व के साथ बतौर 'प्रवासी' जीवन निर्वहन करती है। पिता का घर और पति के घर की दो-दो संस्कृतियों के निर्वहन को ढोते हुए अन्ततः जीने की खातिर स्त्री अपने लिए संबल तलाशती है। संबल अपने व्यक्तित्व का और प्रेम का लेकिन यह इतना आसान नहीं होता। अधिकार और आजादी के बन्धन पुरुष की ओर से जितना कसते चले जाते हैं स्त्री अपनी ओर से उतनी ही ढील दे देती है। परिणामतः कटी पतंग की तरह छितराया 'स्त्री-व्यक्तित्व' तरह-तरह से परिभाषित और व्याख्यायित होने के लिए अभिशप्त हो जाता है। स्त्री हँस के बोले तो बदचलन कही जाएगी और संवादहीन स्त्री कुलटा और डायन से कम नहीं लगती। स्त्री की हँसी और संवाद सब कुछ की व्याख्या पितृसत्तात्मक समाज में अपनी तरह से की जाती है। किसी को भी इस बात की फिक्र नहीं होती कि स्त्री अपने मन में अपनी जरूरत और व्यक्तित्व के अनुरूप क्या सोचती है? 'चाक' में नायिका सारंग-नैनी अपने व्यक्तित्व और जरूरत के मुताबिक अपने मन-मस्तिष्क में जो कुछ भी सोचती हैं पितृसत्तात्मक समाज उससे कहीं इत्तेफाक नहीं रखता। समाज में धीरोद्दात नायक अन्याय के खिलाफ बहादुरी

से लड़ता है। लेकिन स्त्री अगर अन्याय के खिलाफ खड़ी होती है तो वह कुलटाओं का नेतृत्व कर रही होती है। सारंग अपनी बहन रेशम के हत्यारों को सजा दिलाना चाहती है। रेशम अपनी युवा उम्र में विधवा का रूखा-सूखा जीवन नहीं जीना चाहती, वह विधवा होकर भी अपनी देह और मन में प्रेम का पल्लवन करती है। यहाँ तक कि वह अपने हिस्से की सम्पत्ति के प्रति भी जागरूक है। अपने तन, मन और धन के प्रति सजग स्त्री की परिवार के ही सदस्य के हाथों हत्या कर दी जाती है। रेशम की हत्या स्त्री की प्रखर सजगता और मुखरता की हत्या है। प्रखर और मुखर स्त्री के समक्ष मौत इसी तरह अट्टहास करती है। यह उदाहरण सारंग ने साक्षात देखा है। अत: सारंग अपनी मंशा को जाहिर नहीं करती; बल्कि पति रंजीत को आगे खड़ा करके अपनी मनोकामना पूरी करवाना चाहती है। अन्तत: सारंग की मनोकामना भी वही है जो रेशम की है। अपने वर्तमान और भविष्य के प्रति जीवन में सजग स्त्री अपने जीवन को भरा-पूरा जीना चाहती है। वह अपने खतरों से आगाह है लेकिन उसे खतरों की खिलाड़ी के खिताब से नवाजा नहीं जाता। जिन्दगी और मौत के खतरों से जूझते हुए अपने लिए थोड़ी सी सुरक्षा और प्रेम को तलाशती स्त्री निन्दनीय तमगों से अभिशप्त की जाती है। सारंग नैनी यह सब कुछ भाँप लेती है इसलिए वह कहीं भी रेशम की तरह मुखर होकर अपना मंशा जाहिर नहीं होने देती। उपन्यास के बहुत सारे पृष्ठों पर यही मौजूद है कि ''सारंग ने अपने मन में सोचा...''। बहुत सी जगहों पर तो सोचा गया भी स्पष्ट नहीं है। केवल बिन्दु '...' रखे गए हैं। पाठक तक भी नायिका की मंशा जाहिर नहीं की जाती। स्त्री को अन्दाजा है कि पाठकों की भाषा ग्रहण करने की क्षमता भी स्त्री के लिए किस हद पूर्वाग्रह से जकड़ी या मुक्त होगी। इसे संवादहीनता कहा जाए या भाषा की सम्प्रेषणहीनता की समस्या के साथ स्त्री का सतत संघर्ष, क्योंकि स्त्री मुखर होते ही अपशब्दों में लपेटकर मौत के घाट उतार दी जाती है। 'चाक' उपन्यास के पहले भाग में यह बात घटना चित्रण के साथ स्पष्ट है। दूसरी बात है उदात्त व्यक्तित्व के ठेकेदार पति के कमजोर व्यक्तित्व की कड़ियों का धीरे-धीरे खुलना और टूटना। इसी के बरक्स पत्नी के व्यक्तित्व की पर्तों का मजबूत होकर खड़े होना। व्यक्तित्व रूपान्तरण के इस अन्धड़ माहौल में सारंग प्रेम की आड़ लेकर सम्बल ढूँढ़ लेती है। प्रेमिल लहरों का इस तरह लहलहाना उपन्यास का मजबूत पक्ष है लेकिन सारंग के मजबूत व्यक्तित्व पर प्रश्नचिह्न बन गया। क्या यह सम्भव होता है कि श्रीधर के साथ प्रेम किए बिना भी सारंग का व्यक्तित्व इतना ही मजबूत होता? हाँ, बेशक उपन्यास के आरम्भ में रेशम के हत्यारों को सजा दिलाने के पक्ष में जब सारंग खड़ी होती है तब उसकी सोच उसके मजबूत व्यक्तित्व का परिचय देती है। जहाँ सारंग के गुरुकुल की चर्चा है वहाँ भी सारंग के प्रतिरोधपूर्ण व्यवहार का विस्तृत वर्णन मिलता है। वह प्रेम विरोधी एकपक्षीय सजा के प्रावधान के खिलाफ सभी लड़कियों को भड़काती है। सजा के तौर पर उसे गुरुकुल से निकाल दिया जाता है। अपनी देह के प्रति सजग इच्छा का परिचय भी इसी प्रसंग

में मिलता है। यहीं सारंग ने यह भी जान लिया था कि एक ही गुनाह की सजा पुरुष और स्त्री के लिए अलग-अलग है। गुरुकुल में शकुन्तला, शारदा और फिर रेशम की मौत से सारंग ने यह जान लिया है कि मुखर प्रतिरोध जान-जोखिम में डाल देता है। कहते हैं कि दूध का जला छाछ भी फूँककर पीता है। सारंग एक-एक कदम फूँककर रखने लगी।

अपने बच्चे के लिए अच्छी शिक्षा की फिक्र में मास्टर श्रीधर को गाँव से नहीं जाने देना चाहती। वह चाहती है कि नई पीढ़ी के बच्चों में वही स्वार्थ और भ्रष्टाचार के काँटे न पनपें जो उनके पिता की पीढ़ी में हैं। इसलिए तो करवा-चौथ का दीपक जलाते समय पिता की लम्बी उम्र की कामना करने की जगह दीपक की लौ के बीच से ज्ञान को प्रकाशित होते हुए देखती है। यह ज्ञान का प्रकाश अँधेरे में डूबे गाँव के लिए श्रीधर है। नई पीढ़ी के लिए शिक्षा कैसी हो इसका निर्णय सारंग करती है तो वहीं युवा पीढ़ी के लिए गुलकन्दी के प्रेम विवाह की भी पक्षधर है। सारंग नैनी अपने लिए भी प्रेम का पक्ष चुनते हुए मानवता को सामने रखकर रूढ़ियों की मजबूत कड़ियों को तोड़ती है। सारंग न केवल वैयक्तिक बल्कि सामाजिक रूप से भी चलन के नियमों के खिलाफ खड़ी होकर चुनाव के लिए पर्चा भरती है। बदलाव की हर सम्भावना के लिए सारंग अपना कदम आगे बढ़ाती है। स्त्री होकर केवल रीति-रिवाजों और तीज-त्यौहारों के मूर्खतापूर्ण फेर में नहीं पड़ी रहती बल्कि सजग रहकर ज्ञान और विकास के रास्ते पर चल पड़ती है। पूरा उपन्यास स्त्री के ज्ञान और संस्कार को प्रस्तुत करता है। 'चाक' एक तरह से स्त्री के अधिकारों की लड़ाई के लिए रणनीति है। थोड़ा और मुखर शब्दों में कहूँ तो 'चाक' पितृसत्तात्मक व्यवस्था के विरुद्ध एक स्त्री-आन्दोलन का आगाज करता हुआ स्लोगन कहा जा सकता है। इसका विस्तार मैत्रेयी ने अपनी आगे की रचनाओं में किया है।

'चाक' में लोकगीत-कथाओं को कथानक में आधार बनाते हुए शामिल किया गया है। उनमें अपने मकसद के अनुरूप फेरबदल भी किया गया है। उपन्यास में तीन गीत-कथाएँ शामिल हैं–चन्दना-कथा, मंझा कथा और मोतिनी की कथा। चन्दना-कथा में प्रेम करनेवाली स्त्री चन्दना विवाह के बाद पति के हाथों मार दी जाती है। लेकिन 'चाक' में सारंग अपने पति के हाथों जान से नहीं मार दी जाती। मंझा-कथा में रानी मंझा को राजा जंगल में छुड़वा देता है। रानी जंगल में ही बच्चे को जन्म देती है। लेकिन सारंग अपने बच्चे चन्दन को उसकी अपनी मातृभूमि में रहने के लिए ही कितना संघर्ष करती है। अपने बच्चे को उसका हक दिलाने के लिए प्रयास करती है। मोतिनी की कथा में अपने पिता से प्रेमी को बचाने के लिए उसे अपने बालों में छुपा लेती है। लेकिन रेशम, गुलकन्दी और सारंग का प्रेम छुपकर नहीं रहता। रेशम तो मुखर शब्दों में ऐलान करती है। गुलकन्दी गन्धर्व विवाह कर लेती है। सारंग और श्रीधर के प्रेम से भी ससुर, पति और अन्ततः गाँववाले भी परिचित हो जाते हैं। यह स्पष्ट है कि 'चाक' में स्त्री

अपने प्रेम की जबरदस्त तरीके से रक्षा करती है। शायद इसीलिए 'चाक' की प्रेम करनेवाले लोगों के दिलों में खास जगह है। चूँकि प्रेम को बचाती हुई स्त्री पर उसकी विवाहित/अविवाहित स्थिति का भी कोई दबाव नहीं रहता और ऐसा करते हुए वह अपने पारिवारिक सम्बन्धों (पति, बच्चे) को भी दरकिनार नहीं करती। इसी कारण यह वह बिन्दु भी है जहाँ 'चाक' बहुत कुछ के बावजूद सवालों में संगसार होता रहा है। दरअसल प्रचलित विधान में तो पति सब कुछ है। बेशक प्रेम कितना ही खूबसूरत ख्याल हुआ करे। बात सिर्फ ख्याल की गुपचुप हो तो हंगामा किसी हद तक शान्त रहने की कोशिश भी करे लेकिन सम्पत्ति पर हाथ डालने की जुर्रत कैसे बर्दाश्त हो? सम्पत्ति में स्त्री की देह और जायदाद दोनों शामिल हैं। सम्पत्ति के अधिकार पर स्त्री की दखलअन्दाजी को संस्कारित समाज किसी भी आधुनिकता के मंच पर सहन नहीं करता। भाषिक स्वीकृति तो प्रगतिशील सोच के दबाव में दे दी जाएगी लेकिन ठोस सामना होने पर रेशम, गुलकन्दी और शारदा, शकुन्तला के प्रेम को अस्वीकृति ही मिलेगी। इनकी मौत भी जायज कही जाएगी। सारंग नैनी तो एक विवाहिता स्त्री है उसके प्रेम करने का अधिकार लेने पर न हिचकिचाने की हिम्मत सबके बस की बात नहीं। कौन सा परिवार या पति स्वीकार करने का दुस्साहस करेगा कि उसके परिवार में पत्नी अर्थात विवाहिता स्त्री अपने प्रेम के पक्ष में खड़ी हो। शास्त्रों ने तो कहा है कि कैसा भी पति हो पति के पीछे उसकी इच्छा के अनुरूप ही चलना चाहिए। पति स्वयं अपनी पत्नी से भ्रष्टाचार और व्यभिचार तक करवा लेते हैं तब पति की इच्छा के लिए पत्नी वह भी करती है। यह पत्नी धर्म मान्य होगा। ऐसे उदाहरणों की कमी नहीं है। 'चाक' में भी पति रंजीत भ्रष्ट रकम के लिए स्वयं अपनी पत्नी को श्रीधर के पास घी का कलसा देकर भेजता है। दरअसल विवाहिता के लिए पति की इच्छा को न मानना ही व्यभिचार हो जाता है। प्रेम और देह का सवाल तो बहुत आगे की बात है। इसलिए पन्द्रह वर्षों बाद भी 'चाक' पर बहस हो सकती है या खारिज भी किया जा सकता है? सूक्ष्मता से गौर करें तो प्रेम होते ही या प्रेम की कल्पना भर से ही विवाह–बन्धन के लिए मन कलपना शुरू हो जाता है। स्वतन्त्र मन को जैसे ही प्रेम की अनुभूति होती है वैसे ही रिश्ते, नाते सम्बन्धों का साम्राज्य खुल पड़ता है। प्रेम की अनुभूति का किसी भी मान्य सम्बन्ध में जल्दी ही घोषित न होने से सम्बन्ध व्यभिचारी हो जाएगा। और सम्बन्ध भी कैसा? जीवन भर का या फिर सात जन्मों का। बहते हुए साफ पानी जैसी अनुभूतियों को बाँध देने से हमेशा बिजली नहीं बनती। भ्रष्ट परिस्थितियों में बाँधा गया पानी कीचड़ भी बन जाता है और कीचड़ में भी सदैव कमल नहीं खिलते। सड़ान्ध और बदबू भी पैदा होती है। कोई विवाहिता स्वतन्त्र होने की इच्छा से जिए और वह किसी रचना की नायिका हो जाए तो उस रचना को ध्वस्त करने की वाहवाही लूटने नया वयोवृद्ध कोई भी आगे आ सकता है। लेकिन क्या प्रेम कविताएँ लिखने वाले, प्रेम महोत्सव माननेवाले और प्रेम कविताएँ पढ़ने वाले संवेदनशील

साहित्यकार, पाठक और श्रोता तथा रोमेंटिक फिल्में देखनेवाले दर्शक विवाहित स्त्री के प्रेम को प्रेम नहीं मानेंगे? यदि मानेंगे तो 'चाक' निन्दित होने को अभिशप्त क्यों? 'चाक' को एक स्त्री के संघर्ष की रणनीति का दस्तावेज कहा जा सकेगा?

'चाक' की भाषिक बुनावट में भी तीखापन है। स्त्री के प्रति अन्यायपूर्ण भाषा के बरक्स स्त्री की अपनी इच्छा से परिपूर्ण भाषिक जुमले भी इस उपन्यास में स्त्री भाषा को अस्तित्व में लाते हैं। कुछ उदाहरण यहाँ प्रस्तुत हैं। पहले कुछ स्त्री विरोधी मुहावरे देखिए : पौहे-पशु और तिरिया को बस में रखने के लिए हर समय नाका रखना पड़ता है/बयाहता बैयर बिराने आदमी की साई-परछाई भी छुए तो नरक की सामा.../बैयर के नाक न हो तो गू खा ले/तिरिया चरित्र न जाने कोई, खसम मार के सत्ती होईं। इत्यादि। इसी के भाषिक प्रतिपक्ष की प्रस्तुति देखिए-लुगाई की बात भी बात पीना सीख गई।/ गुरुकुल में बहनजियों की पकड़ पतीली पर सन्सी की पकड़ से ज्यादा, कई गुनी ज्यादा सख्त होती है।/ औरत होकर बलवान होने का सपना देख रही हूँ?/ दूरंदेसी बात है पुरिख नारी से हीन। सत्रह बिसबे स्त्री, पुरुष है बिसबे तीन।

'चाक' में स्त्री विरोधी मान्यताओं को तत्परता से रणनीति के तहत तोड़ा गया है। कमजोर मानी जानेवाली स्त्री सबसे पहले निर्णय लेने का अधिकार लेते हुए अन्ततः एक सामूहिक शक्ति में बदल जाती है। अन्याय के खिलाफ लड़ने का निर्णय रेशम की मौत से शुरू होता है और उपन्यास के अन्त में पंचायत के चुनाव लड़ने तक पहुँच जाता है। गुरुकुल से लेकर ससुराल तक सारंग बाहर के संसार को पहचान गई थी। अन्याय के खिलाफ खड़े होने की जिद में बन्दूक भी उठा लेती है। 'स्त्री मर्द को छूकर उसे पाताल में नहीं डुबोती।' यह तथ्य सायाश कैलासी सिंह प्रकरण के बहाने स्पष्ट किया गया और यह मिथक तोड़ा गया कि मर्द औरत को छूता है तो उसका उद्धार करता है ...मगर और मर्द को छुए तो उसे पाताल में डुबो दे। यद्यपि प्रचलित मान्यता यही है कि नारी नरक का कुंड है। लेकिन सारंग नैनी तो गाँव के नरक को बदलना चाहती है जहाँ उस गाँव के बच्चे बड़े होकर शर्मिन्दा न हों। अच्छी शिक्षा और अन्याय, भ्रष्टाचार के खिलाफ लड़ने की हिम्मत हो। सारंग का श्रीधर से जुड़ने का कारण भी यही था। सारंग अपने बच्चों के हाथ में शिक्षा की तलवार देना चाहती है। श्रीधर को भी उन्हीं मासूमों की चिन्ता है। बच्चे की ही चिन्ता के कारण से श्रीधर सारंग से जुड़ जाता है। बेटे के लिए दुखी सारंग को देखकर श्रीधर को अपनी माँ की याद आ जाती है, जो गर्भावस्था में पीहर चली गई थी। उसकी माँ के दर्द में रेशम, केका और सारंग के दुख की कड़ियाँ जुड़ती चली जाती हैं। भले ही पाठकीय और आलोचकीय दायरों में श्रीधर के मनसूबों का लक्ष्य गाँव के विकास और बच्चों के साहसी भविष्य के साथ-साथ स्त्री की दुर्दशा के खिलाफ लड़ाई लड़ना है। सारंग गहनों कपड़ों के स्थान पर शील सतीत्व की खातिर कुर्बान की गई स्त्रियों का हिसाब माँगती है। जबकि श्रीधर मर्दों के कुसंस्कारों और अहं की अशिक्षा को मिटाना चाहता है क्योंकि संरक्षक कहे जानेवाले

पुरुष अन्याय के नाम पर गूँगे हो जाते हैं और निजी स्वार्थों में लगे रहते हैं। पुरुष के कुसंस्कारों के नीचे दबी रहती है स्त्री की दशा/दुर्दशा। अत: पुरुष के कुसंस्कार को नए अर्थ देने का प्रयास भी इस उपन्यास की रणनीति में शामिल है। उपन्यास के पहले ही भाग में पूरे उपन्यास की रणनीति का संकेत मिलता है। एक प्रेमिल गर्भिणी स्त्री की हत्या, फिर अन्याय के खिलाफ स्त्री की बुलन्द आवाज पति का मुँह देखती रहती है लेकिन पति व्यवहार कुशल पुरुष है स्वार्थों से जुड़कर कदम पीछे कर लेता है। सारंग नैनी की निगाहों में संरक्षक बने पुरुषों के लिए ढेरों सवाल उमड़ पड़ते हैं। अपने इरादों में प्रखर सारंग नैनी अपनी नजर से मुखर होती है–कभी सूखी निगाहों से देखती है तो कभी विकल निगाहों से। सारंग के नैनों में उसका अपना एक सपना भी लहलहाता है। सारे रेशम के सपने को जिन्दा रखना चाहती है, चन्दना –कथा का अन्त बदलने की मंशा रखती है। यानी मकसद साफ है कि प्रेम करनेवाली स्त्री को सजा न मिले और अन्याय के खिलाफ आवाज बुलन्द हो। वरना उपन्यास के पहले ही पृष्ठ पर शील, सतीत्व की खातिर कुर्बान होनेवाली स्त्रियों का इतिहास दर्ज न होता। पहला ही वाक्य सवाल करता है और पहले ही मुखर कथन में सारंग रंजीत से कहती है कि 'कोई रिपोर्ट नहीं करेगा तो क्या तुम भी नहीं करोगे?' ऐसी योजनाबद्ध रणनीति से सृजित रचना अपने मकसद को शुरुआत में ही स्पष्ट करती है और अन्त तक पहुँचते–पहुँचते अपने मकसद काफी हद तक पहुँचती भी है। जहाँ पूरे गाँव की स्त्रियाँ सारंग के साथ होती हैं और पति रंजीत भी वापस लौटकर बन्द किवाड़ों पर अपना सिर टिका देता है। शायद यह बन्द किवाड़ों को खोलने का संकेत हो। 'चाक' की पर्तें खोलते वक्त उसकी परिस्थितियों और पात्रों के साथ उतनी ही ईमानदारी के साथ संवेदनशील होना पड़ेगा। तभी स्त्री–भाषा के सम्प्रेषण की समस्या समाप्त होगी और तभी स्त्री भी थोपी गई नैतिकता से मुक्त हो सकेगी।

ग्राम्य जीवन का कटु यथार्थ वाया लोकरंग

विज्ञान भूषण

अब से पन्द्रह वर्ष पूर्व प्रकाशित हुए मैत्रेयी पुष्पा के उपन्यास 'चाक' के विविध आयामों पर विचार करने से पहले यह समझ लेना बहुत जरूरी है कि जिस दौर में यह कृति रची जा रही थी, तब तक मोबाइल-इन्टरनेट की क्रान्ति ने भारतीय जन-मानस को पूरी तरह अपने कब्जे में नहीं लिया था। केवल मोबाइल-इंटरनेट के प्रभाव ही नहीं और भी कई मायनों में पिछले पन्द्रह वर्षों में अपने देश के बहुस्तरीय समाज में जो बदलाव हुए हैं, वो आम आदमी की मूलभूत जरूरतों को नजर-अन्दाज करनेवाले और बेहद आश्चर्यजनक हैं। जाहिर है, इनसे हमारा ग्राम समाज भी अछूता नहीं रहा है। आज की तारीख में बहुत से गाँवों और शहरों के बीच की दूरियाँ न केवल बहुत कम हो गई हैं बल्कि नगरीय जीवन-शैली का संक्रमण गाँवों में तेजी से फैलने लगा है। कहने की जरूरत नहीं कि इस संक्रमण का असर वहाँ रहनेवाले लोगों पर भी भरपूर पड़ा है, और निरन्तर पड़ रहा है। गाँव में रहनेवाले पढ़े-लिखे व्यक्तियों की तो बात छोड़ दें, वहाँ के निरक्षर या नाममात्र के साक्षर मजदूर/किसान भी रोजी-रोटी के लिए शहर की ओर रुख करने के लिए मजबूर हो रहे हैं। ऐसे में गाँव का वो गँवईपन, वो लोकजीवन के विविध रंग, आपसी लगाव, मन-मुटाव, भाईचारा और महत्त्वाकांक्षाओं से उपजी डाह की अनुभूतियाँ भी कम होती जा रही हैं। वहाँ के लोगों में पिछले एक-डेढ़ दशक में अन्तर्मुखता तेजी से बढ़ी है। वे अपनी रोजी-रोटी के संघर्ष में इतने उलझते जा रहे हैं कि गाँव-समाज की राजनीति/परम्पराओं और वहाँ के खटराग की प्रायः फिक्र नहीं करते। यहाँ इन बातों का जिक्र करना इसलिए जरूरी है कि अगर लेखिका आज की तारीख में 'चाक' लिखतीं या अगर इसी का पुनर्लेखन करें तो इसका बाह्य स्वरूप और उसके भीतर का स्पन्दन पूरी तरह बदल जाएगा।

लेकिन गाँव हो या शहर, एक बात जो तब से लेकर आज तक नहीं बदली बल्कि और भी जटिल-सघन और सम्वेदनशून्य हुई है, वह है सत्ता पाने की होड़, उसके लिए सम्पन्न और सबल वर्ग का किसी भी हद तक अनैतिक होने से न हिचकिचाना और भ्रष्टाचार-बेरोजगारी की समस्या से जूझता पढ़ा-लिखा युवा वर्ग। बात चाहे इस कृति

की आधारभूमि 'अतरपुर' गाँव की हो या आज के समय में मौजूद किसी भी अन्य भारतीय गाँव की, ये समस्याएँ अब भी उतनी ही विकरालता से मुँह बाए मिल जाएँगी। और जहाँ-जहाँ ऐसी समस्याएँ होंगी, वहाँ-वहाँ रंजीत भँवर, श्रीधर, सारंग और गजाधर या किसी अन्य नाम के पात्र विरूपताओं से लड़ते-जूझते अवश्य मिल जाएँगे। यहीं पर आकर यह उपन्यास अपने समय के बहुत आगे बढ़ जाता है। केवल अतरपुर या किसी अन्य दूसरे गाँव की ही नहीं बल्कि हमारे समय के कटु यथार्थ को उघाड़कर सामने लाने में इस कृति ने सफलता पाई है।

जब हम बात करते हैं, इस उपन्यास में मौजूद पात्रों के स्वभाव में व्याप्त बहुरूपता के बारे में, तो चकित हो सकते हैं यह देखकर कि इन्हें गढ़ने के पहले लेखिका ने बेहद सूक्ष्मता से न जाने कितने चरित्रों का गहन विश्लेषण किया होगा! बहरहाल, सारंग को इस कृति का केन्द्रीय पात्र कहा जा सकता है, जिसके संघर्ष जिसके बार-बार टूटने, टूटकर बिखरने और बिखरकर फिर से जुड़ने और विद्रूपताओं की आग में तपने के लिए तैयार होती सारंग के रूप में लेखिका ने एक ऐसा पात्र गढ़ा है, जो किसी भी ऐसी स्त्री के लिए आदर्श हो सकती है, जो एक बेहतर दुनिया का सपना देखती है। न केवल सपना देखती है कि बल्कि उस सपने को साकार करने के लिए अपने हर रिश्ते और परम्पराओं को दाँव पर लगाने से भी नहीं हिचकिचाती है। हालाँकि रह-रहकर उसके भीतर का उद्वेलन उसके पाँव डिगाने की कोशिश करता है, उसके गाँव-समाज की दशाएँ और उसकी पारम्परिक सोच उसका आँचल पकड़कर पीछे खींचने की साजिश रचते हैं, पुत्र चन्दन का मोह, बेहद प्यार करनेवाले पढ़े-लिखे पति रंजीत का भोला चेहरा देखकर अपने आपसे बार-बार जूझती है। कई बार बेहद निराशा के क्षणों में वह अपने आपसे सवाल भी पूछती है, 'मैं दूसरी औरतों की तरह क्यों नहीं रहती? मैं जो कर रही हूँ, गाँव में कोई और क्यों नहीं कर रही? जो बातें गलत हैं उनको औरतें गलत भी मानती हैं पर मर्दों की दुनिया में दखल तो नहीं देतीं। मैं घूँघट गिराना भूलकर अखाड़े पर, कान-आँखें टाँगे रही। लोकरीति भूल जाना खाता नहीं है क्या? सौतेली ही सही अम्मा की बातें याद आती हैं-सारंग तेरी आदतें तुझे ही दुख देंगी। बेटी की जात, इतनी खुद हिम्मत।'

इसके बावजूद जब भी कोई अन्याय या अनैतिक बात होती तो वह संघर्ष/विरोध करने से पीछे नहीं हटती। फिर वो संघर्ष चाहे गाँव समाज की भ्रष्ट व्यवस्था से हो या अपने पति रंजीत की दमनकारी गतिविधियों से। याद किया जा सकता है वो प्रसंग, जब रंजीत उस पर हाथ छोड़ता है और चन्दन रोते हुए रंजीत के पांवों से लिपट जाता है। वह रंजीत को धिक्कारते हुए कहती है, 'चन्दन तू अलग हट जा, मत छुए इस आदमी को, यह तेरा बाप नहीं, इस गाँव का राजा बनने जा रहा है। फत्ते सिंह परधानी सौंप रहा है तो रौब आजमाना सीख रहे हैं, अपनी औरत पर।'

सारंग का ऐसा कहना इस बात का द्योतक है कि सारंग का पूरा विरोध अन्याय,

अनाचार और अनैतिकता के विरुद्ध है। उसे इस बात से कोई लेना-देना नहीं है कि अन्याय करनेवाला कौन है? जब कभी (उपन्यास के पहले अध्याय में) रंजीत उसके साथ अन्याय के विरुद्ध जंग में उसका साथ देता है तो वह उसे अपना देवता तक मान लेती है लेकिन जैसे ही रंजीत के सुर और उसके व्यवहार में वह अन्यायकारी बदलाव देखती है, तो उसके विरोध में आवाज उठाने में जरा भी नहीं हिचकिचाती है। कह सकते हैं कि सारंग का सारा संघर्ष अनीति और विद्रूपता के विरुद्ध है।

यह उपन्यास उस दौर के गाँवों का चित्रण प्रस्तुत करता है, जब भूमंडलीकरण ने अपना प्रभाव दिखाना शुरू कर दिया था। छोटी जाति के लोगों में जागरूकता और अपने हक के लिए अपनी बात कहने का साहस पनपने लगा था लेकिन फिर भी बहुत सी रूढ़ परम्पराएँ और मान्यताएँ यथावत बरकरार थीं, जो सदियों से भारतीय ग्रामीण समाज में चली आ रही थीं। उपन्यास के पहले ही अध्याय में कई ऐसे प्रसंग और संवाद देखे जा सकते हैं, जो उस दौर के ग्रामीण समाज के पारम्परिक और संकीर्ण मानसिकता को सामने लाते हैं। मिसाल के तौर पर, 'औरत के मरने का गम ज्यादा देर भी नहीं मनाते। उम्र भर तो कौन मनाए...' (सारंग)

'मर्द जात दस गली नाखें तब भी नहीं जान सकते कोई। तू लुगाई की जात होकर मर्दों जैसा हौसला जुटा रही है?' (रेशम की सास)

'पीढ़ियों से चले आ रहे रीति-रिवाजों में ऊपर हो जाएगी कचहरी? बिरादरी की मर्यादा भंग करने का अधिकार किसी को भी नहीं।'(रंजीत)

ऐसे और भी कई प्रसंग और संवाद इसमें मौजूद हैं, तो परम्पराओं और बीमार रूढ़ियों की मुनादी करते हैं लेकिन ऐसी परम्पराओं के काले घुप्प अँधेरे में भी सारंग के भीतर सवालों की बिजलियाँ रह-रहकर चमकती हैं। उसकी चमक/तड़क से सारंग घबराती नहीं है बल्कि ऊर्जा पाती है। और उन अँधेरों को नष्ट करने का साहस भी भीतर ही भीतर जुटाती है।

यहाँ उसके मन का यह सवाल-'स्त्रियाँ जिन्दगी के गीतों, संस्कारजनित उत्सवों और रोजमर्रा की जरूरतों के चलते अपने आपको प्राकृतिक लीला में उतार रही हैं। या कि भीतर से उमड़ते करुण खूँखार हाहाकार को पीकर महाविनाश को चुनौती देती हुई जीने के अदम्य-चेष्टा कर रही हैं। शायद पिए हुए समस्त विष को अपनी मुस्कानों में ढालकर अमृत कर देना चाहती हैं। नहीं शाश्वत सत्य की तरह उजागर होती हुई अनहोनी को पहचानते हुए भी अनजाने बने रहने का ढोंग।' अन्तिम अध्याय तक पहुँचते-पहुँचते पूरी तरह विलगित हो जाता है। उसकी जगह उभर आता है, यह विश्वास कि एक बेहतर समाज के लिए सबको समभाव से देखते हुए निष्पक्ष इंसाफ दिलाने के लिए उसने जो सपने देखे हैं, जो कदम आगे बढ़ाए हैं, वो पीछे नहीं हटाएगी। चाहे इसके लिए अपने पति की अवहेलना ही क्यों न करनी पड़े, अपना दाम्पत्य ही दाँव पर क्यों न लगाना पड़े! यानी, इस कथा यात्रा की परिणति तक पहुँचते-पहुँचते दूसरे

का मुँह निहारनेवाली, दूसरों से सहारा पाने की कामना करनेवाली सारंग, स्वयं दूसरी स्त्रियों को सम्बल देने की बात कहती है। तभी रंजीत के यह ताना देने पर कि प्रधान बनकर तुम रामराज लाना चहाती हो? उसका जवाब बेहद सन्तुति, सीमित और उसके दृढ़ निश्चिय को सिद्ध करता है। वह मुस्कुराकर जवाब देती है, 'रामराज्य लेकर हम क्या करेंगे। सीता की कथा सुनी तो है। धरती में ही समाना होता तो यह जद्दोजहद क्यों? अपने चलते कोई अन्याय न हो। जान की कीमत देकर इतनी सी बात, छोटा सा संकल्प करके निभाने की इच्छा है बस।'

सारंग के अलावा इस कृति में जिस एक अन्य स्त्री पात्र का चरित्र विलक्षण और लीक को तोड़ता हुआ नजर आता है, वह है कलावती चाची का। यह कलावती ही थी, जो डोरिया को दंगल में धूल चटाकर अपने अपमान का बदला लेने की सारंग की चाहत को पूरा करने के लिए कैलासी सिंह के पुरुषत्व को जगाती है और इसके लिए अपनी अधेड़ देह भी कैलासी के सामने धर देती है। यहाँ इस प्रसंग की चर्चा करना इसलिए भी जरूरी है, क्योंकि इसे लेकर कुछ समीक्षकों ने लेखिका पर एक्स्ट्रा लिबर्टी लेने का या उपन्यास में चटकारे लगाने का आरोप लगाया है। सवाल यहाँ उस प्रसंग या लेखिका का नहीं बल्कि समीक्षकों की दृष्टि ही दूषित और संकीर्ण होगी तो अपने बच्चे को स्तनपान करानेवाली स्त्री में भी अश्लीलता खोज लेंगे। ऐसे में कोई प्रसंग क्यों आया है, उसे कैसा ट्रीटमेंट दिया गया है और उसका मुख्य कथानक में क्या महत्त्व है, इन बिन्दुओं पर भी विचार करना बेहद जरूरी है। यहाँ ठहरकर सोचने की बात यह है कि उस प्रसंग में कहीं भी लेखिका ने रति क्रिया का रसमय वर्णन नहीं किया है। बड़ी ही शालीनता के साथ प्रतीकात्मक रूप में उस सम्वेदनशील प्रसंग का लेखिका ने भावपूर्ण और खूबसूरत शब्दचित्र खींचा है। खूससूरत इसलिए कि वहाँ कैलासी सिंह की मानसिक झिझक और स्वस्थ होने के बाद भी शारीरिक अक्षमता को देखकर कलावती के मन में काम भावना नहीं बल्कि दया भावना जागती है। वह उसे अपना शरीर, केवल भोगने के लिए नहीं बल्कि उसके भीतर की चेतना को संकेन्द्रित कर सामर्थ्य पहचानने के लिए देती है। यही वजह रहती है कि रति क्रिया के बाद कैलासी सिंह की आँखों में काम सन्तुष्टि नहीं बल्कि आभार के आँसू छलक आते हैं। कह सकते हैं कि वहाँ पर स्त्री पुरुष के शरीर, अपनी आदिम भूख को मिटाने के लिए नहीं वरन कैलासी की रगो में जीवन तत्त्व का संचार करने के लिए मिलते हैं। इस प्रसंग के बाद सारंग को इस बारे में बताते हुए कलावती का यह कहना ही 'सात जन्म के पुण्य कमाए मैंने कि मरता हुआ आदमी जिन्दा हो गया। सारंग इससे बड़ा सुख क्या होगा! इतना जबर संतोष!'–इस घटना के निहितार्थ को स्पष्ट करता है। यह प्रसंग इस कृति का महत्त्वपूर्ण बिन्दु इस लिहाज से कहा जा सकता है क्योंकि इसके बाद जब कैलासी, डोरिया को दंगल में पटकनी देता है, तभी से रंजीत का सारंग से वैचारिक स्तर पर आन्तरिक विकर्षण शुरू हो जाता है। कलावती की भूमिका यहीं नहीं खत्म हो जाती

बल्कि वह कई बार सारंग का सहारा देती है। कथा के अन्त में भी गाँव की स्त्रियों को जुटाने, सारंग के पक्ष में उन्हें करने में भी वह आगे रहती है।

लेकिन केवल सारंग, कलावती के सुदृढ़ चरित्र और अपराजेय संघर्ष के आधार पर इस उपन्यास को स्त्री की संघर्ष कथा कहकर सीमित नहीं किया जाना चाहिए। क्योंकि इसमें लेखिका ने ऐसे यादगार पुरुष पात्र भी रचे हैं, जो हमारे समय की जटिल विसंगतियों से जूझते दिखते हैं। इस नजरिए से इसकी लेखिका मैत्रेयी पुष्पा पर लगा, स्त्रीवादी लेखिका का तमगा भी पूर्वग्रहजनित लगने लगता है। इसमें रंजीत, भँवर, श्रीधर, गजानन बाबा के साथ ही कैलासी सिंह जैसे अपनी तरह के कई अनोखे चरित्र गढ़कर लेखिका ने यह भी प्रमाणित कर दिया है कि समाज कोई भी हो, उसमें रहनेवाला हर पुरुष हमेशा स्त्री विरोधी या उस पर अत्याचार करनेवाला, उसका शोषण करनेवाला नहीं होता। हालाँकि यहाँ पर सारंग के पति रंजीत के व्यवहार में आनेवाले बदलावों को लेकर सवाल उठाया जा सकता है। वह एक नहीं कई बार सारंग पर अपना मालिकाना हक जताने की कोशिश करता है, उसे अपशब्द कहता है, उसे मानसिक त्रास देता है और उस पर हाथ भी छोड़ता है। जबकि वह एम.एस.सी. पास युवक है। यहाँ यह नहीं भूला जाना चाहिए कि इतना पढ़ा-लिखा होने के बावजूद व्यवस्था में मौजूद पक्षपात और भ्रष्टाचार के चलते उसे कोई नौकरी नहीं मिल पाती है। गाँव में रहकर वहाँ के स्वार्थी, कम पढ़े-लिखे लेकिन ताकतवर लोगों के बीच रहते हुए वह न चाहते हुए भी 'पीयर प्रेशर' का शिकार हो जाता है। उसकी कुंठा और बेबसी को गाँव के प्रधान, उसके भाई और दूसरे सम्पन्न लोग किस तरह औजार के रूप में प्रयोग करते हैं, इसका उदाहरण कई जगह देखा जा सकता है। उपन्यास में कई जगह ऐसे प्रसंग मौजूद हैं, जब रंजीत अपनी बेबसी, सारंग से अपने प्रेम और भ्रष्ट व्यवहार के प्रति आक्रोश को व्यक्त करता है। लेकिन आगे चलकर वह अनैतिक व्यवस्था के उस दुष्चक्र में फँसकर, अपनी पत्नी, बेटे के साथ गलत व्यवहार करने लगता है, जिसकी धुरी विरूपता के चाक पर स्थित होती है। एक ओर रंजीत बड़ी शान से कहता है, 'मैं मानता हूँ कि हमारे यहाँ कुर्सी पर बैठा आदमी राज करता है। घोड़े पर सवार नहीं। वीर और विद्वानों के जमाने गए। हम किस तरह किसी से कम हैं? हम पूरी साइंस पढ़कर आए हैं। हमें ज्ञान है हम किसान को राजा बनाएँगे।' तो वही रंजीत आगे चलकर फत्ते सिंह का सिखाया पट्टू से कहता है-'सारंग मैं तुम्हारे हाथ जोड़ता हूँ। अब तो हमें माफ कर दो। मैं क्या हूँ। डरपोक हूँ। हिम्मत वाला हूँ या लड़ाकू हूँ। मुझे कुछ याद नहीं, मेरे बच्चे पर रहम खाओ सारंग। अपनी बहन चन्दन को निछावर मत करो।' तो दूसरी ओर वह उसी सारंग को बेरहमी से पीटता और गालियाँ भी देता है। हालाँकि सारंग और श्रीधर के प्रति रंजीत का दुर्व्यवहार उसके कुंठित मन की प्रतिक्रिया से ही जन्मता है लेकिन कई बार इसकी प्रतिक्रिया और उसकी ओछी भाषा यह सोचने पर विवश करती है कि क्या वह सचमुच साइन्स में पोस्ट ग्रेजुएट, समझदार, भावुक और चेतना सम्पन्न व्यक्ति है? यह सही

है कि इनसान कई बार अपने आसपास की परिस्थितियों की प्रतिक्रिया के स्वरूप अनपेक्षित व्यवहार कर देता है लेकिन फिर भी उसकी प्रतिक्रिया कभी ऐसी सम्वेदनशून्य नहीं होती कि उसकी चेतना पर प्रश्न चिह्न उठाने लगे। यह सवाल उठना इसलिए भी स्वाभाविक है क्योंकि रंजीत से कम पढ़ी-लिखी होने, उससे ज्यादा मानसिक अन्तर्द्वंद्व सहने, सामाजिक त्रास और शारीरिक यन्त्रणा सहने के बावजूद सारंग के मन में अपने पति के लिए करुणा ही करती है। बाबा जब रंजीत को पीटते हैं तो उसे बचाने के लिए वह उसके शरीर को अपने शरीर से ढँक लेती है। जब रंजीत शराब पीकर कै करने लगता है तो वह चन्दन से किवाड़ बंद करने के लिए कहती है ताकि कोई गाँववाला रंजीत को इस दयनीय दशा में न देख ले। यानी, बाहरी तौर पर भले ही वह रंजीत से गुस्सा रहे लेकिन भीतरी तौर पर वह उसका हित चाहती है, उसकी भावनाओं का खयाल रखती है। लेकिन रंजीत का मूल चरित्र उपन्यास के अन्तिम अध्याय में उभरकर आता है, जब वह शराब के नशे में धुत थानसिंह, कुँवरपाल, सुलेमान सिंह और प्रधान को मार-धकेलकर अपने घर के दरवाजे पर पहुँचता है। अपना सिर किवाड़ पर टिका देता है। गहनता से देखा जाए तो इस पूरे उपन्यास में रंजीत का संघर्ष कई मायने में सारंग से भी जटिल है और बहुस्तरीय है। वह यह जानते हुए भी कि क्या सही है और क्या गलत है अनैतिक रास्ते पर चलने को मजबूर हो जाता है। जब भी वह सारंग या चन्दन पर हाथ उठाता है तो वास्तव में वह अपने भीतर की कुंठा और अपने वजूद की निरर्थकता और विवशता पर चोट करता है। लेकिन विडम्बना यह है कि उसकी इस मानसिक स्थिति को भीतरी तौर पर सारंग के सिवाय कोई और नहीं समझता। यही वजह है कि जब उसका मोहभंग हो जाता है और उसके भीतर की चेतना उसे धिक्कारती है तो वह अपने अन्तिम आसरे के साथ सारंग के द्वार से ही सिर टिका लेता है। उसे कहीं न कहीं यह यकीन होता है कि उसकी सारंग उसे सहारा जरूर देगी।

उपन्यास में मौजूद दूसरे पुरुष पात्रों में श्रीधर का चरित्र चाणक्य जैसा है, जो अपने विक्रमादित्य (सारंग) को सपने दिखाता है, उसके भीतर की ताकत को जगाता है। जब-जब वह कमजोर होती है तो अपने कन्धे का सहारा देता है। उसके आँसुओं का मोल समझता है और उसे सिंहासन तक जाने का मार्ग प्रशस्त कराता है। इसी तरह भँवर का चरित्र भी सारंग को कठिन समय में सम्बल होनेवाला है। घर के भीतर ही भाई जैसी ताकत देनेवाला भँवर और एक वट वृक्ष का सहारा देनेवाले बाबा गजाधर, सारंग की संघर्ष यात्रा के मील के पत्थर जैसे हैं। कहना गलत न होगा कि कथा को परिणति तक पहुँचाने में अगर सारंग का आत्मसंकल्प सबसे महत्त्वपूर्ण था तो इन तीनों को प्रोत्साहन और उसके साथ खड़े होना भी कम महत्त्वपूर्ण नहीं है।

लोक जीवन के विविध रंगों और छवियों की दृष्टि से जब हम मूल्यांकित करते हैं इस उपन्यास को तो देख सकते हैं कि इस मामले में भी यह भरपूर समृद्ध कृति है। जिस ग्रामीण परिवेश और अंचल को आधार बनाकर इसका ताना-बाना बुना गया है,

वहाँ की भाषा-शैली और वहाँ के लोकरंग की अनेक छवियाँ इसमें उजागर हुई हैं। शुरुआती अध्यायों में ही लोकगीतों के प्रति ग्रामीण समुदाय में लगाव, उसमें रमने की चाहत साफतौर पर महसूस की जा सकती है। पहले अध्याय में चन्दा की कथा को लोकगीत शक्ल में खेरापतिन दादी सुनाती हैं–

तीजन चरचा चन्दना की चल रही जी
एजी कोई सच्ची है सहर में सोर
सिर बदनामी चन्दना बेटी ले रही है जी...।

तो खयालीराम दादू का चिकाड़े पर चलती ताँत के साथ राग अलापना–

अरी लाज मेरी रखियो तू सारदे माय
कथा राजा पिरथन की सुनाऊँ मेरी माय
जो औंखा रानी मंझा की मैं बरनूँ मोरी माय...।

ग्राम्य जीवन के लोकरंग से सराबोर कर देता है। ऐसे कई प्रसंग इस कृति में मौजूद है। यहाँ यह भी ध्यान देनेवाली बात है कि लोक गीत-संगीत का उस समय तक ग्रामीण आँचलिक जीवन में बेहद महत्त्व था। मिसाल के तौर पर ख्याल दादू के गायन से पहले चरणसिंह बोहरे का यह कहना ध्यान देने योग्य है, 'धरम-करम और ढोला-आल्हा में पार्टीबंदी नहीं चलती। ये सब गाँव की विरासत में आते हैं, ये सबके हैं। कलाकार और कला को भूलनेवाले पाप के भागी होते हैं।' इसके बाद एक-दूसरे के धुर विरोधी ग्रामीण सभी एक ही जगह एकत्रित होकर इस लोक गायन का आनन्द लेते हैं। यहाँ पर मैनेजर पांडेय और ज्ञानरंजन के वक्तव्य भी इस बात की पुष्टि करते हैं।

'चाक की कथा एक स्तर पर गद्य में चलती है और इसके साथ दूसरे स्तर पर लोकगीतों में।' (मैनेजर पांडेय)

'जिस लोक जीवन से हमारी रचनात्मक धारा काफी पहले विमुख हो चुकी थी। उसकी अनेक परतें मैत्रेयी पुष्पा ने खोल दी हैं। मैत्रेयी पुष्पा को उनकी मामूली लेकिन जबरदस्त स्त्रियों के कारण याद किया जाएगा।' (ज्ञानरंजन) इस बात में सन्देह नहीं चाक के पहले भी हिन्दी जगत में ग्रामीणी पृष्ठभूमि पर, वहाँ की राजनीति, वहाँ के लोगों के जीवन के खटराग और लोकरंग में पगी परम्पराओं पर कई क्लासिक रचनाएँ आ चुकी थीं। इस तरह की कृतियों में राग दरबारी, आधा गाँव, मैला आँचल और गोदान का नाम सबसे पहले जेहन में आता है। पर अगर हम गहनता से देखें तो पाएँगे कि चाक ने उसी पृष्ठभूमि पर उसी ग्रामीण जीवन के कठोर यथार्थ को व्यक्त करने के लिए कई संदर्भों में सर्वथा नई जमीन तोड़ी है। अगर हम तुलना करें गोदान में धनिया-होरी के अन्तर्द्वंद्व और अस्तित्व के लिए संघर्ष की, चाक के रंजीत-सारंग से, तो कुछ ऐसी सच्चाइयाँ अपने तहों से बाहर अपने को छटपटाती हैं, जिनका अस्तित्व स्वतन्त्रता पूर्व के भारतीय ग्रामीण समाज में था ही नहीं। अतरपुर में सारंग का रेशम को न्याय दिलाने के लिए शुरू हुआ संघर्ष व्यष्टि से समष्टि की ओर गतिशील दिखता है। अगर

ऐसा न होता तो वह स्वयं को समझा-बुझाकर शान्त कर सकती थी। अपना खुशहाल दाम्पत्य जीवन जी सकती थी। लेकिन उसके भीतर की चेतना उसे शान्त बैठने नहीं देती। उसे यह बोध हो जाता है कि जो अन्याय रेशम के साथ हुआ, वही कल उसके बेटे चन्दन या फिर किसी दूसरी स्त्री के साथ भी हो सकता है। इसके चलते तमाम तरह के दबावों और प्रतिकूलताओं के बावजूद वह अपने भीतर के उद्वेलन को, उस परिवेश और उस गाँव समाज के संघर्ष का प्रश्न बना लेती है और प्रधान पद के लिए परचा भरने से भी नहीं हिचकती है। इसी तरह रागदरबारी में ग्रामीण जन-जीवन में धँसी कुत्सित राजनीति को व्यंग्यात्मक चित्रण को तो क्लासिक ढंग से प्रस्तुत किया गया है। लेकिन उस बदहाल विसंगतियों में भी परिस्थिति को बदलने के लिए सारंग जैसा भयानक संघर्ष करता कोई नजर नहीं आता। यहाँ इन दोनों माइलस्टोन कृतियों से तुलना का अर्थ यह कतई नहीं समझना चाहिए कि किसी पूर्वग्रह से ग्रसित होकर या योजनाबद्ध होकर इन्हें कमतर आँकने का प्रयास किया जा रहा है। पर यह जरूर है कि चाक उस समय जितना रेखांकित किया जाना चाहिए था, उतना नहीं किया गया। निष्पक्ष होकर इसकी समीक्षा करने पर इस उपन्यास को भले ही क्लासिक न माना जाए लेकिन कई मायनों में उस परम्परा को आगे बढ़ानेवाला जरूर माना जा सकता है।

अगर केवल मैत्रेयी पुष्पा की अब तक की रचनात्मकता का ही मूल्यांकन किया जाए तो बगैर किसी ऊहापोह के यह कहा जा सकता है कि चाक में उनके भीतर की रचनाशीलता ने अपने उत्कर्ष की सीमाओं को स्पर्श किया है। यहाँ पर उनकी संकीर्ण स्त्रीवादी लेखिका की छवि भी पूरी तरह ध्वस्त होती नजर आती है। इसे पढ़ने के बाद यह बात पूरे भरोसे से कही जा सकती है कि लेखिका ने जितने श्रम पात्रों, स्थितियों और व्यक्तियों के बहुआयामों को पकड़ने में सफलता हासिल की है, वह इसके बाद की उनकी किसी रचना में नजर नहीं आती। यह जरूर है कि अपनी आत्मकथाओं के दोनों खंडों में उन्होंने कई सचाइयों को पूरे साहस से कहा है कि लेकिन फिर भी उनमें एक रचनाकार के सरोकार और उसका रचनात्मक ध्येय नजर नहीं आता। यह कहना भी अत्युक्ति नहीं समझना चाहिए कि अगर मैत्रेयी केवल चाक ही लिख लेती तो भी उनकी छवि एक सशक्त उपन्यासकार के ही रूप में हिन्दी जगत में हमेशा के लिए बन जाती।

इस बात में सन्देह नहीं कि इस औपन्यासिक कृति का कैनवस अत्यन्त विस्तृत है। इसे पढ़ते हुए यह अहसास कई बार होता है कि जैसे इसके कथानक, बेशुमार पात्रों, अनेक स्तरों पर सबके अपने-अपने स्वार्थ और उद्देश्यों के लिए किए जाने वो संघर्षों को सँभालने और सभी को बराबर स्वर देने की कोशिश में लेखिका आन्तरिक बहाव के वशीभूत होकर लिखती चली गई हैं। इसी वजह से कृति का आयतन जरूरत से ज्यादा बढ़ गया है। कुल सत्रह अध्यायों में विभाजित इस उपन्यास के कुछ अध्यायों के कई प्रसंग अनावश्यक विस्तारित किए हुए लगते हैं। कई प्रसंग तो ऐसे हैं, जिनका

न तो मुख्य कथानक में कोई महत्त्व नजर आता है और न ही वो कोई समानान्तर विमर्श या बिन्दु को उठाते हैं। अच्छा होता कि कृति रचने के बाद लेखिका एक निष्पक्ष सम्पादक की तरह इसका सम्पादन भी कर देती तो निश्चित ही कृति और भी यादगार और प्रभावी बन सकती थी।

इसके अलावा एक अन्य बात जो इस कृति में अखरती है, वो है–श्रीधर और सारंग के अंतरंग क्षण का प्रसंग। कैलासी और कलावती के लगभग ऐसे ही प्रसंग को लेखिका ने जिस तरह से कलात्मक बना दिया था, इस प्रसंग में वह थोड़ा–सा चूक गई हैं। यहाँ सारंग के हाव–भाव कुछ ऐसे लगते हैं, जिनमें श्रीधर के प्रति समर्पण कम और रंजीत के प्रति मन में भरा गुस्सा ज्यादा नजर आता है शायद यह भाव भी कहीं छिपा हो सकता है कि जिस तरह के रिश्ते का शक रंजीत ने अपने मन में पाल रखा है, उसे मूर्त रूप देने में क्या हर्ज है? श्रीधर की तरफ से भी ऐसा कुछ नहीं लगता कि वह सारंग के प्रति अपने प्रेम–भाव को पूर्णता देना चाहता है। यानी, यह प्रसंग अगर न भी होता तो भी कथा प्रवाह में कोई विशेष प्रभाव नहीं पड़ता। श्रीधर और सारंग के मन में एक–दूसरे के लिए कैसी भावनाएँ थीं, यह पहले भी कई बार साबित हो चुका था, उसके लिए ऐसी अंतरंगता होना जरूरी नहीं लगता। लेकिन फिर भी इतने सारे पात्रों, एक साथ सँभालनेवाली अन्तर्कथाओं और उनके अन्तर्सम्बन्धों को गुम्फित करने के लिए लेखिका के द्वारा किए गए श्रम लगन और धैर्य की जितनी भी तारीफ की जाए कम है। कई बार ऐसा भी लगता है जैसे इस उपन्यास में घटित हुई एक–एक घटना की लेखिका स्वयं साक्षी रही हैं।

नारी को भयमुक्त बनाता है : चाक

मनोज शर्मा

'मैं मुक्त करती हूँ तुम्हें
मेरे सुन्दर भीषण भय...'

(उपन्यास का आरम्भ/रेड इंडियन कवयित्री 'ज्वॉय हार्जे')

हिन्दी उपन्यास में जो जीवन है,जो समाज है तथा औरत की जो स्थिति है उसे एक ओर सरकाता 'चाक' आता है। यह जो चलने के व्यापार को अचल कहा गया है वही इस उपन्यास का केन्द्रीय मर्म है जिसमें शिद्‌दत से इस जरूरत को उभारा गया है कि 'अपनी कोख का फैसला औरत स्वयं करेगी।' यह बात न तो किसी फैशुनेबल नारीवाद आन्दोलन की तरह है और न ही नीना गुप्ता जैसी फिल्म-अभिनेत्री के प्रभाव में कही गई है। इसी बीहड़ चेतना को रच डालने के लिए लेखिका ने चार सौ पैंतीस पृष्ठ का एक बड़ा उपन्यास यदि हमें सौंपा है तो इसके कुछ कारण हैं।

पहली बात तो यह है कि जो भारत गाँवों में बसता है, वह गाँव आज वही (गाँव) नहीं रह गया है। पंजाब के पिंड को मैंने बेहद नजदीकी से देखा-परखा है। आज, दोआबे में तो अमूमन एक-एक घर के कमाऊ पूत दुबई, अमरीका या कनैडा वगैरह गए हैं। पैसे का फ्लो यदि एक ओर बढ़ा है तो तकनीकीकरण की चौंध दूसरी ओर फैली है। गाँव के पढ़े-लिखे शहर में नौकरी करने को तरजी देते हैं, कुछ दूजे भी चाहते मिलते हैं कि शहर में दुकानदारी की जाए। यहाँ तो ग्रामीण-राजनीति की व्याकरण तक पूरी तरह से बदल चुकी है न तो वे पटवारी-तहसीलदार रहे हैं तथा न ही वे सरपंच-नम्बरदार। अतरपुर के इस समाज को देखकर लगता है कि अभी कुछ बचा है! ऐसी जगहों को क्या सफारियों की तर्ज पर बचा लिए जाने की आवश्यकता है? पंजाब का जट्ट अब वैसा हूड़मत नहीं, जिस दिन बड़े किसान को निर्यात वगैरह की खुली छूट मिली उसी रोज पंजाब के आतंकवाद का रुख बदल गया। इस उपन्यास को भारतीय गाँवों के तुलनात्मक अध्ययन के संदर्भ में भी उठाना चाहिए।

अतरपुर.के ही बहाने से मैत्रेयी जी ने जो एक और महत्त्वपूर्ण बात की है, वह

है 'नए किसान की परिकल्पना।' चूँकि मैं एक ऐसी संस्था में कार्यरत हूँ जो इसी उद्देश्य के प्रति समर्पित है, अत: मुझे निजी तौर पर रंजीत नामक केन्द्रीय पात्र के एम.एस.सी. (एग्रीकल्चर) कर लेने के उपरान्त, एक खास मकसद से गाँव में खेती करने व विशेषकर पृष्ठ 193 पर दिए गए रंजीत के भाषण को पढ़ते हुए लगने लगा कि लेखिका कृषि एवं ग्रामीण विकास की अवधारणा को विकसित और पुष्ट करने का काम भी कर रही हैं। सूदखोरों के चंगुल से भू-पुत्र को बचा लेने को, किसानी में अनुभव तथा तकनीक के सुमेल को, जिस तरह से स्थापित किया गया है वह सराहनीय है।

'चाक' की विषय-वस्तु को लेकर बहुत कुछ चर्चा में है। जहाँ एक ओर नारीवादी-फ्रेम में भगवतीचरण वर्मा की 'रेखा' या 'नदी के द्वीप' की नायिका या 'मुझे चाँद चाहिए' की 'वर्षा वशिष्ठ' के साथ 'सारंग नैनी' की तुलनात्मकता बिठाई जा रही है वही ग्रामीण-पृष्ठभूमि में लिखे गए महान उपन्यास (जैसे गोदान, मैला आँचल, राग दरबारी) के बरक्स इस उपन्यास के गाँव व वहाँ के सामन्त-संस्कार को पकड़ने के जतन उभर रहे हैं। प्रमुखत: यह तथ्य उभर रहा है (बन रहा है) कि सारंग (नायिका) के जरिए एक ऐसी दृढ़ औरत का चरित्र स्थापित किया गया है जिसके कारण उपन्यास में एक द्वन्द्व की स्थिति निरन्तर विद्यमान रहती है। और जोड़ना चाहूँगा कि लेखिका को न केवल स्त्री-मन की गहरी समझ है बल्कि वह पुरुष-मानसिकता को भी गहराई से जानती-पहचानती है तथा इसे स्थापित करने का बल भी रखती है। 'चाक' में एक-से-एक पुरुष मानसिकताएँ भरी पड़ी हैं : रंजीत जैसा पाले बदलने वाला पति है तो डोरिया जैसा खलनायक है। थानसिंह जैसा हैडमास्टर है तो गाँव का काँइयाँ प्रधान है। गजाधरसिंह सा ससुर है और दलवीर जैसा जेठ है। गुरुकुल का लम्पट अध्यापक, कैलासी सिंह तथा श्रीधर...इन मानसिकताओं को बेहिचक आपसे भिड़ा डालती है लेखिका!

मैत्रेयी जी ने ठीक यहीं नारी मन के वैविध्य को पूरी ईमानदारी से रचते हुए रेशम नामक महिला से विषय को उठाया है, इसके उपरान्त गुरुकुल में दबाकर रखी जाती लड़कियों के ज्वार लेते देह-संसार को, गाँव की बूढ़ी खेरापतिन व उसकी कहानियों को, कलावती चाची को तथा नायिका सारंग नैनी को इस तरह से फ्रेम दिया है कि एक ओर प्रेम की तानाशाही उभरती है, दूसरी ओर स्त्री-मन पर्तें खोलता है, तीसरी ओर बदला लेने का स्रोत उपस्थित होता है, चौथी ओर गाँव के व शहर के बीच टँगी औरत का सच रेखांकित होता है, पाँचवीं ओर परम्परा का वह रूप खुलता है जहाँ बेवा लड़की की चूड़ियाँ दाग दी जाती हैं, छठी ओर नारी मन एक नॉस्टेलजिया थमाता है तथा ऐसे ही सातवीं, आठवीं, नवीं दिशाएँ स्थापित होती चली जाती हैं। ये वो सन्दर्भ हैं जहाँ आज जम्मू के समाज को भी सोचना जरूरी है। हमारे ग्रामीण माहौल में औरत की क्या स्थिति है? क्या स्थानीय दलित-समाज तक में भी नारी सर्वाधिक दलित नहीं है? कुछेक जनजातियों में क्या औरत खरीदी-बेची नहीं जाती है? कृषक-समाज में घर

की सुआनी (नारी) ढोर-डंगरों की तरह रहते-रहते शहर के ब्यूटीपार्लर से निकली औरतों की तुलना में कहाँ है? हैरानी है कि इसका समाजशास्त्रीय अध्ययन हमारे लेखक/पत्रकार नहीं कर पा रहे हैं। रामशरण जोशी अपनी एक समीक्षा (हंस) में हाँ यह मानते हैं कि 'चाक' शहरीकृत पाठकों के लिए 'संदर्भहीन' कृति है वहीं अपने जम्मू जैसे शहर के लिए मुझे इसकी प्रासंगिकता कुछ अधिक ही नजर आती है। 'चाक' की कथा के विविध आयामों में जो तीज-त्यौहार उभरते हैं, वे इस पृष्ठभूमि में भी हैं, करवा का व्रत करती औरतें आसपास की ही प्रतीत होती हैं, यहीं कलावती चाची जैसे ठेठ औरत चरित्र तलाशे जा सकते हैं और यदि सारंग नैनी के द्वन्द्व को समूची औरत जाति का द्वन्द्व मान लिया जाए तो पृष्ठ 196 पर घर के प्रति आस्था रखनेवाली एक औरत (सारंग) का जो अन्तर्मन उद्‌घाटित होता है वह कितना संदर्भानुकूल बन जाता है...आप बेहतर जान सकते हैं। प्रासंगिक है कि सारंग न केवल परपुरुष (गाँव के स्कूल मास्टर) से प्रेम करती है बल्कि उससे संभोग (पृष्ठ 323-324) भी करती है। पति के साथ सम्बन्धों में दरार आती है, फिर भी वह ऐसा सोचती मिलती है-''हे भगवन! ऐसे ही रखना मेरा संसार। मुझे कोई जरूरत नहीं काँटों में उलझने की, लांछन सहने की बदनामी कराने की...।''

दलित-साहित्य का जिस समय बहुत शोर चल रहा है उसी समय में 'चाक' गाँव की राजनीति के साथ-साथ जाति-समस्या को यूँ उघाड़ता है कि दूसरे कई सच सामने खड़े हो लेते हैं। यथा पृष्ठ 208 पर आया यह संवाद द्रष्टव्य है : 'विसुनदेवा झूठा। जाति का खटीक है। बनता है पंडित। पंडित न बने तो भिक्षा-दक्षिणा कैसे पाए? कोई-कोई रोजगार भी बिना जाति के नहीं चलता।' यदि हाँ जातिगत वे मसले हैं जहाँ दलितों में भी ऊँच-नीच की श्रेणियाँ हैं तथा इनके अन्तर्विरोध हैं माने दलित भी सवर्णों के उपनाम रखने को अभिशप्त हैं तो दूसरी ओर शरीकों की लड़ाइयाँ और मुकद्‌दमेबाजी है, सूदखोर तन्त्र एवं बनिया दिमाग की पैंतरेबाजी है, शहर की तरफ हो रहा पलायन है, पंचायत में घुसे निजी स्वार्थ स्कूल के नाम पर सरकारी मशीनरी का दुरुपयोग, अर्थव्यवस्था का समझ न पड़नेवाला चक्कर वगैरह है। एक संवाद को यहीं अंडरलाईन करना बनता है। गजाधरसिंह कहते हैं, ''हिसाब-किताब समझना तेरे बस का नहीं, अगर यह सब तुझे-मुझे आता तो गाँव को भवानीदास (साहूकार) की जरूरत न पड़ती। हम डटकर कर्ज बाँट रहे होते। तू कितना कुछ छिपा रहा है, जैसे मैं छिपा रहा हूँ बहुत-सी बातें...जाटों के सिर सोहनेवाली आनबान की पगड़ी गिरी जा रही है। बनिया नंगा कर रहा है हमें...बिल्कुल फिरंगियों की तरह...।''

यहीं मैत्रेयी जी से एक बात जानना चाहता हूँ किली गुरुकुल में संस्कृत पढ़ी-लिखी सारंग एक जाट कन्या है, फिर जाट पत्नी है ...उसकी विद्रोही मन तो उद्‌घाटित होता है किन्तु संस्कृत के विद्यार्थी का जो एक सर्वमान्य सॉफ्ट इमेज हम लेकर चलते हैं...सारंग वैसी क्यूँ नहीं है? गाँव में बच्चों का नाटक तैयार कराते हुए (जो एकलव्य पर आधारित है) उसका यही ज्ञान-संस्कार उभरता भी है। और विवाहेतर सम्बन्धों की

स्थापना के साथ उन्होंने जिस तरह से बड़े भू-स्वामियों, बड़ी बिरादरियों को ध्वस्त किया है, वहाँ उनकी स्थापना पर अतरपुर में (जो गाँव वास्तव में है वहाँ पर) या उसके आसपास के क्षेत्र-विशेष में कैसी आपत्तियाँ उठी है? कई पुस्तक-समीक्षक इस उपन्यास को नैतिकता के लिए (पहलवान-चाची प्रसंग), विवाह-संस्था के लिए (कोख का अधिकार) खतरा मानते हैं तथा सारंग की बहुआयामी लड़ाई को जाटिनी का चरित्र ही मान बैठते हैं वहाँ लेखिका इन लोगों की परेशानी हटाने के लिए क्या जोड़ना चाहेंगी? रेशम, गुलकन्दी व सारंग के जरिए लेखिका ने जिस स्वाधीनता की चाहत को उभार दिया है, दर-हकीकत वह, किसी भी तरह के चौंकाऊपने से परे, नएपने की ऐसी चाहत है जिसका अधिकार नैसर्गिक बनता है।

इस वृद्ध/बहुआयामी कथा के साथ-साथ भाषा एवं शैली का सचेत तथा सजग रूप रच डालने के लिए भी मैं लेखिका को बधाई देता हूँ। ठेठ मुहावरों व लोकोक्तियों सहित यहाँ एक ऐसी आँचलिकता है जो बहुत देर के बाद न केवल लौटी है बल्कि स्थापित भी हुई है। बहुत से शब्द मुझे पंजाब की आँचलिकता में भी इन्हीं तेवरों सहित मिलते हैं। निस्संदेह यह एक मेहनत भरा काम है जिसका उदाहरण विरल है।

'चाक' : स्त्री की अपनी पहचान का संकल्पपत्र

भारती एस. कुमार

औरत की 'इमेज' की कई अन्दरूनी परतों को खोलता हुआ मैत्रेयी पुष्पा का नवीनतम बहुचर्चित उपन्यास 'चाक' आज के सन्दर्भों में कुछ नए सामाजिक प्रतिमान स्थापित करता है। मैत्रेयी पुष्पा नारी-उत्थान को समकालीन राजनीतिक-सामाजिक परिवेश में नए अर्थ और रूप में ढालने की कोशिश में लगी हैं जिसमें मौजूदा नारीवादी आन्दोलनों की प्रमुख धाराओं से निकनेवाले सवालों को भी समेटने की चेष्टा है। उनकी एक कहानी पर फिल्म बनी थी 'वसुमति की चिट्ठी', जिसमें लेखिका ने वसुमति नामक एक ऐसी औरत का चित्रण किया जो औरत की अपनी इच्छा और अपने निर्णय के अधिकार में विश्वास करती हो।

'चाक' घूमता है तो मिट्टी को नए-नए रूप में ढालता जाता है-अतरपुर गाँव में भी सारंग को नए रूप में ढाल रहा है-समय चक्र-जिसका कुम्हार श्रीधर मास्टर है। उस गाँव का सदियों पुराना सामन्ती परिवेश एवं दमनचक्र उपस्थित कर रहा है-सारंग में उन तमाम अन्यायों एवं शोषण के विरुद्ध खड़े होने का संकल्प, 'चाक' में लेखिका ने लीक से हटकर ग्रामीण सारंग के रूप में एक ऐसी महिला की छवि उभारी है, जिसमें विरोध करने की ताकत है। अन्याय को पहचानने, उसके विरुद्ध लड़ने और अपने निर्णय पर अडिग रहने की समर्थता है और इरादा है। स्त्री की परम्परागत छवि-घर, पति और बच्चों से हटकर अपनी देह, अपनी कोख और अपनी इच्छा पर अधिकार की अवधारणा को गाँव के विभिन्न स्त्री चरित्रों और कथा सूत्रों में पिरोकर विकसित किया गया है।

अतरपुर (हाथरस, उत्तरप्रदेश) गाँव जाट किसानों का गाँव है जहाँ ऊँच-नीच, जात-पाँत, छुआछूत, अशिक्षा, अंधविश्वास का बोलबाला है ... परन्तु आजादी के बाद के आधुनिकीकरण के प्रयासों के प्रभाव से भी अछूता नहीं। इसलिए अन्तरविरोधों का संघर्ष भी जारी है। जाट परिवार के सारंग के जीवन, चरित्र और संघर्ष को केन्द्र में रखकर ही लेखिका ने चाक का ताना-बाना बुना है। समूचे उपन्यास में औरत की व्यथा के विभिन्न रूप और उससे मुक्त होने की छटपटाहट बार-बार सामने आती है। कई बार लगता है कि अपनी ही कथा है, छोटी कौम से लेकर बड़ी जाति तक की औरतों की

एक सी दशा, एक से बन्धन, एक से फँसाव, परिवार नहीं सन्तान का मोह इनको जीने की हिम्मत देता रहता है। कचहरी-कानून इनके लिए भी है, लेकिन वहाँ तक इनका जाना? चली भी जाएँ तो हर ओर से हमलावर घेरने लगते हैं!' "अरे हम स्त्रियाँ इस तरह हवन करते रहेंगे अपनी देहों का? हमें मारकर ही इनकी आन-बान का झंडा फहरेगी? कैसे लोग हैं ये? इनके पास अपना कुछ भी नहीं? घर-बार की खुशी, शान-शौकत हमारे घूँघट के नाम लिख दी है।"

सारंग अपने पति रंजीत, श्वसुर गजाधर सिंह और बेटे चन्दन के साथ एक सुखी जिन्दगी यानी घर-परिवार और बच्चे में रमी हुई इज्जतदार जिन्दगी जी रही है। पति रंजीत एक पढ़ा-लिखा बेरोजगार है, जिसने अन्ततः अपनी शिक्षा का उपयोग खेती-बारी में करने का निर्णय लिया। ईमानदार एवं कर्मठ परन्तु यथा इच्छा पद एवं सम्मान न पाने के कारण हीन भावना से ग्रसित, ससुर एक रिटायर्ड फौजी-जो ईमानदारी, न्याय व सच्चाई जैसी मूल्यों की खतिर सब कुछ त्यागने को तैयार। भँवर सारंग का चचेरा देवर-पढ़ा-लिखा व जागरूक, सारंग का कट्टर हिमायती एवं भक्त। सारंग को अपने पति पर प्यार भी है, गुमान भी और विश्वास भी। रंजीत भी सारंग के सौन्दर्य, बुद्धिमत्ता, पढ़ाई-लिखाई, साहस के आगे नतमस्तक है। गाँव में एक पढ़ी-लिखी, समझदार और जुझारू महिला के रूप में छवि है सारंग की, जिसे पति के विरुद्ध बन्दूक उठाने में भी हिचकिचाहट नहीं।

कथा की शुरुआत रेशम की मौत के बाद सारंग की प्रतिक्रिया से है। रेशम सारंग की फुफेरी बहन थी जिसे उसके ससुरालवालों ने मार डाला। इस मौत के पीछे की पृष्ठभूमि भी आज की 'औरत के अपनी देह पर अधिकार' की लड़ाई का एक पहलू ही है। पति की असामयिक मौत के बाद कमसिन विधवा रेशम अपनी शारीरिक, मानसिक इच्छाओं को मारकर जीना नहीं चाहती बल्कि माँ बनने का सुख भोगना चाहती है। उसका गर्भ धारण एक चुनौती थी। उसके परिवार और समाज के लिए। नतीजा हुआ एक साजिश के तहत रेशम की मौत जिसका मुख्य सूत्रधार था-डोरिया, रेशम का जेठ।

यहीं से शुरू हुई सारंग की लड़ाई। रंजीत भी इस लड़ाई में शिद्दत से शामिल होता है पर जैसे-जैसे समय बीतता है, विपक्षी चालें मजबूत होती जातीं हैं, उसका हौसला पस्त होने लगता है। रंजीत का टूटना और बेटे चन्दन को दुश्मन के वार से बचाने के लिए आगरा भेजना सारंग के लिए एक बड़ा हादसा है। बेटे के मोह ने उसे हिला तो दिया, परन्तु एक नए निश्चय से उसने लड़ाई जारी रखने की ठान ली। पहलवान कैलासी सिंह को बुलवाना और डोरिया को अखाड़े में परास्त करवाना एक ऐसी ही कोशिश थी। कलावती चाची के द्वारा कैलासी सिंह की मर्दानगी को जगाने का प्रयास सामाजिक बहस-अच्छे-बुरे और पाप-पुण्य के सवाल का हिस्सा रहेगा-किन्तु इस प्रसंग को बहुत ही औचित्य के साथ स्थापित किया गया है जो खटकता नहीं।

कथा का दूसरा हिस्सा है सारंग का अपने पति पर से विश्वास का टूटना और गाँव के नए मास्टर श्रीधर खटीक से मन उलझना। मास्टर में वह सब है जिसकी सारंग को तलाश है–अन्याय से लड़ने की शक्ति और सच्चाई के पक्ष में खड़ा होने का निश्चय। मास्टर ने सारंग के दुख को उसकी आँखों में 'घूँघट के भीतर ही पढ़ लिया था।' जिसमें रेशम की मौत का बदला और चन्दन का गाँव से आगरा भेजने का संताप दहक रहा था। श्रीधर मास्टर का कर्मठ व्यक्तित्व और निस्वार्थ सेवा–भाव यूँ तो गाँव के हर व्यक्ति को आकर्षित करता है पर सारंग के लिए मास्टर वह कुम्हार है जिसकी चाक पर होगा नई सारंग का निर्माण। उसके सपनों को हकीकत में बदलने का सहारा बना मास्टर जिसमें सारंग वो सब पाती है जिसे अपने पति में नहीं पाती। और इसलिए झुकती जाती है श्रीधर की ओर।

मास्टर और पति रंजीत के बीच डोलता सारंग का मन पति परायणता और प्रेम के बीच के संघर्ष का मुद्दा है जिसका जीवन्त चित्रण मैत्रेयी पुष्पा ने किया है। एक भरे–पूरे परिवार के 'मोह' से बँधी औरत के लिए पति के अलावा अन्य किसी से प्रेम करना कहाँ तक उचित है यह सवाल सारंग के मन में उठी हलचल और अन्य घटनाओं के जरिए उठाया गया है। सारंग की 'अपनी इच्छाओं को पीस डालने की कोशिश' का नाकाम होना और मास्टर के प्रति समर्पण की स्थिति में पहुँचना सामाजिक मापदंड के विरुद्ध है। परन्तु औरत की अपनी जिन्दगी की सार्थकता और पुरुष में अपने स्पर्श से नई चेतना एवं ऊर्जा फूँकने की समर्थता का अहसास सारंग के स्त्रीत्व को नया अर्थ देता है। यह अहसास सारंग में भी नई ताकत पैदा करता है जिसके बल पर वह समाज में खड़ी होने और लड़ने की इच्छाशक्ति पुनर्जीवित करती है।

'मैं ही नहीं जान पा रही कि जो कुछ उनके साथ हुआ, वह उसकी भरपाई थी या मेरी अधूरी–पूरी इच्छा? दबी–घुटी लालसा या वर्जित फल चखने–जाँचने की जिद? मेरा ही फैसला था कहीं श्रीधर को देने के लिए मेरे पास था ही क्या? हरी–भरी देह जो एक दिन सूख जाएगी, मुरझा जाएगी मुझ पर भी किसी का पहरा न होगा तब। क्योंकि वह ताकत तब खतम हो चुकेगी। जो अपने ससंर्ग से किसी की रगों में हौसले का तूफान उतार दे। देह पर अधिकार के इन सवालों की एक और परत खोली है मनोहर की बहू के विवरण ने। नपुंसक पति के कारण देह की आग सहती, नंगी नाचती मनोहर की बहू जिसे चुड़ैल करार दिया गया–आज के गाँवों की एक नंगी सच्चाई है।' 'यदि अपने औरतपन के लिए औरत लड़ने लगे तो वह चुड़ैल' श्रीधर मास्टर की इस मुखर टिप्पणी ने स्त्री को 'अपने पर अधिकार' का रास्ता दिखाया है 'यही प्रताड़ना देखकर तुम्हारे ही बीच से कोई मंझर उठेगी सारंग, जो अपनी मर्जी से अपना बच्चा पैदा करेगी–उसकी कोख का फैसला करनेवाला न कोई राजा होगा न मालिक और न कोई देवता। नल की तरह जन्म लेने वाला प्यारा सा बच्चा सिर्फ अपनी माँ को पहचानेगा। किसी राजा पिरथम को नहीं।'

बच्चे की पहचान माँ से नारी मुक्ति संघर्ष के इस आयाम को गाँव के परिवेश में पिरोने और पहुँचने की कोशिश है।

इस कथा का तीसरा अध्याय है रंजीत का धीरे-धीरे आज के तन्त्र में फँसते जाना, प्रधान फत्ते सिंह के कुचक्र में धँसते जाना और अपने आदर्शों और मूल्यों से अलग होना। प्रधान बनने के लालच ने रंजीत को घर और अच्छे-बुरे की पहचान से भी वंचित कर दिया। श्रीधर मास्टर से स्कूल की बिल्डिंग के फंड के झूठे कागजातों पर दस्तखत कराने की प्रधान की कोशिश में रंजीत का भागीदार बनना और सारंग को भी उस चाल में फँसाना जैसी घटना ने पत्नी का मन पति से फेर दिया। गुलकन्दी और विशुनदेव की प्रेमकथा के दुखद अन्त के बीच गाँव में चुनाव का माहौल आया। उपन्यास के चरम अंश के सारंग का अपने पति रंजीत की इच्छा के विरुद्ध प्रधान के पद पर उम्मीदवारी का पर्चा भरना और प्रधान फत्ते सिंह एवं अन्य लोगों की हवा शंट करना आज के महिला सशक्तिकरण के सन्दर्भ में प्रासंगिक है। भँवर, श्रीधर मास्टर और ससुर गजाधर सिंह का सारंग को अपना उम्मीदवार बनाना एक नया दुस्साहसी कदम था। उस पर भी ससुर द्वारा सारंग के प्रेम को स्वीकृति यह कहते हुए देना, 'हम तो कहते हैं कि मान लो प्रेम के बहू का उससे तब क्या तलवार से काट सकते हो उस डोर को? कि गोली दागकर खतम कर सकते हो? बैर में काम आनेवाली चीजें प्यार पर वार नहीं कर पाएँगी।' 'नादान तू (रंजीत) खुद बहू के काबिल बन। ऐसा उचक्कापन करेगा तो कौन सी औरत गले लगा लेगी।' 'आज तू रंजीत का रूप हो गई मेरे लिए, उसमें जो उम्मीदें लगाई थी, सपने देखे थे, तू पूरे कर रही है आग पर चलकर।' श्रीधर मास्टर सारंग को प्रधान के पद पर खड़े होने की हिम्मत बँधाते हुए कहते हैं, 'किसी शिकंजे से आजाद होना गुनाह नहीं सारंग। इसलिए तुममें जो योग्यता है उसको बेकार न जाने दो।'

उपन्यास के अन्त में सारंग की उम्मीदवारी को गाँव की औरतों द्वारा भरपूर समर्थन देना स्त्री-जागरूकता की कथा है। यह जन दावेदारी जो आज के चुनावों में छिटपुट रूप से, विशेषतः राजस्थान में उपन्यास में यह मिली। उपन्यास का सबसे कमजोर पक्ष है, कथा को एक सकारात्मक प्रेरणादायक मोड़ पर पहुँचाकर जल्दबाजी में समाप्त कर दिया जाना। पता नहीं, यह उपन्यास की मोटी होती हुई जिल्द की बाध्यता थी या लेखिका की कोई अपनी विवशता, जिसने उपन्यास को अचानक समाप्त कर दिया था। एक 'चरित्रहीन कहलाई' जानेवाली औरत सार्वजनिक जीवन में उच्चतम पद पर पहुँचे, यह आज की बदलती हुई सामाजिक परिभाषाओं का बदलता हुआ रूप नहीं? क्या औरत का अपने तन और मन पर एवं जीने की इच्छा पर अधिकार का साहित्य के जरिए सामाजिक 'एडजस्टमेंट' का प्रयास नहीं। निश्चय ही, एक नया अध्याय जुड़ेगा इस कथा के माध्यम से-नारी चेतना के विकास में।

बदलाव की दो गतियों का उपन्यास

राजेन्द्र चन्द्रकान्त राय

अरस्तु ने स्त्री की परिभाषा यह कहकर दी कि औरत कुछ गुणवत्ताओं की कमियों के कारण ही एक स्त्री बनती है। हमें स्त्री के स्वभाव से यह समझना चाहिए कि प्राकृतिक रूप में उसमें कुछ कमियाँ हैं। वह एक प्रासंगिक जीव है। वह आदमी एक अतिरिक्त हड्डी से निर्मित है। अत: मानवता का स्वरूप पुरुष है और, पुरुष स्त्री को स्त्री के लिए परिभाषित नहीं करता, बल्कि पुरुष से सम्बन्धित ही परिभाषित करता है। वह स्त्री को स्वायत्त व्यक्ति नहीं मानता। यहाँ तक कहा जाता है कि स्त्री अपने बारे में नहीं सोच सकती और वही बन सकती है, जैसा पुरुष उसको आदेश देगा। इसका अर्थ यह है कि वह अनिवार्यत: पुरुष के लिए भोग की एक वस्तु है और इसके अलावा कुछ भी नहीं। वह पुरुष के सन्दर्भ में ही परिभाषित और विभेदित की जाती है। वह आनुषंगिक है, अनिवार्य के बदल नैमित्तिक है,गौण है। पुरुष आत्म है, विषयी है। वह पूर्ण है, जबकि औरत बस 'अन्या' है।

मैत्रेयी पुष्पा के उपन्यास 'चाक' में स्त्रियों के विविध रूप हैं। एक पूरा संसार है स्त्रियों का, जहाँ वे स्त्री-मनोविज्ञान की भिन्न-भिन्न स्थितियों का प्रतिनिधित्व कर रही हैं। अरस्तु को झुठलाने के प्रयत्नों में व्यस्त हैं और उसकी पुष्टि में निरत भी। थोड़ा झुठलाती और थोड़ा पुष्ट करती तीसरी भूमिका में भी वे हैं। नितान्त सहज और स्वाभाविक गति से परिचालित। मैत्रेयी पुष्पा ने उन्हें पहले अपने मानस में घड़ा फिर उनकी भूमिकाएँ निश्चित कीं और तब उपन्यास रचा, ऐसा कहीं भी प्रतिभासित नहीं होता। उपन्यास की एक और भी उपलब्धि है कि स्त्री को पुरुष की प्रतिद्वन्द्विता में नियोजित रूप से पेश करने का प्रयास नहीं किया गया। स्त्री पात्र सहज रूप में ही अपना कार्य-व्यापार करते हैं।

रेशम ने विधवा होने के बाजवूद गर्भ धारण किया और उन सामाजिक वर्जनाओं के सामने तनकर खड़ी हो गई जो उसके इर्द-गिर्द तान दी गई थीं। एक दृढ़ता और आत्म-सजगता से रेशम ने यद्यपि सामना किया परन्तु वर्जना के पारिवारिक-सांस्थानिक षड्यन्त्रों ने उसके प्राण ले ही लिए।

उसकी हत्या कर दी गई, वह भी इस कुशल कला के साथ कि दुर्घटना लगे। रेशम की ममेरी बहन और उपन्यास की नायिका सारंग इस हत्या से विचलित हुई और उसने अपने पति को उकसाया कि वह इस अन्याय का विरोध करे। पढ़ा-लिखा जो खेती के आधुनिक तरीके से करने के लिए सन्नद्ध है-अपने अन्दर तमाम तरह की प्राचीन मान्यताएँ लिए थाने में रिपोर्ट करने और अदालतों के जरिए न्याय पाने की कोशिश में लग जाता है।

उपन्यास में दो गतियाँ हैं-एक वैयक्तिक बदलाव की गति और दूसरी सामाजिक बदलाव की। दोनों गतियाँ अपने तमाम अन्तर्विरोधों के बावजूद जारी हैं, इस प्रतिरोधात्मक बल के साथ कि न गाँव में बदलाव के प्रति कोई उत्सुकता और बेचैनी है और न ही ग्रामजनों में।

सारंग का निकष व्यापक है, उसमें तरह-तरह के अतिक्रमण हैं जो एक 'सरल औरत' के ग्राफ से बार-बार बाहर निकलते हुए दिखाई देते हैं। वह पढ़े-लिखे किन्तु इसी कारण थोड़ा कायर पति की प्रेरक शक्ति भी है और बाद में उसके पारम्परिक पौरुषेय-आचार और कायरता के कारण धीरे-धीरे विमुख होती जाती है। उसकी यह विमुखता इसी के समान्तर श्रीधर नायक अध्यापक के प्रति आकर्षण में भी तबदील होती रहती है। जो पति रंजीत में नहीं है, ये तत्त्व उसे श्रीधर में दिखाई देते हैं। रेशम की तरह सारंग में भी बनी हुई लकीरों को तोड़ने का जज्बा है। इसी कारण वह श्रीधर के प्रति आकर्षण फिर प्रेम और बाद में समर्पण तक की यात्राएँ तय कर लेती है।

उपन्यास में स्त्रियों के समान्तर पुरुषों का संसार अपने अलग संकटों से जूझता हुआ चलता है। गाँव प्रधान की अपनी राजनैतिक शैलियाँ हैं, वे क्रोध को पी चुके हैं-अतिरेक की सीमा तक सहिष्णुता बरतते हैं पर दबा-दबाकर रखे गए क्रोध का विस्फोट तब होता है जब उनके खिलाफ सारंग का नामांकन पत्र दाखिल हो जाता है। सहिष्णुता यहाँ आकर फट जाती है। हर प्रसाद सेन गाँव से भागकर बम्बई जा बसा है, वहाँ उसने अज्ञात विधियों से ढेर सारा रुपया अर्जित कर लिया है। पहनावा बदल चुका है, खानपान में भी तब्दीली आ चुकी है। बाहर की सारी दुनिया उसने नोच-नोचकर ठीक-ठीक कर ली है, पर कुण्ठाएँ नहीं फेंक पाया। गुलकन्दी के गैर जाति में प्रेम-विवाह कर लेने पर वह इतना विचलित है, इतना बेचैन है, बहन की शादी कुल-खानदान में न हो पाने की आशंका उस पर इस कदर हावी है कि वह कोई उपाय न देखकर गुलकन्दी सहित तीन लोगों को जला-मारता है।

सारंग के ससुर पुरानी पीढ़ी के होकर भी अधिक तार्किक और खुले ख्यालों के हैं-वे सारंग के पर-पुरुष प्रेम के प्रति भी उदार ही हैं। उन्हीं के कारण सारंग की शक्ति बनी रहती है।

गाँव प्रधान का स्वार्थ पूरा न होने पर उसके इशारे पर रंजित श्रीधर को पीटकर मरणासन्न अवस्था तक पहुँचा देते हैं। श्रीधर उन्हें पहचाने हुए हैं, कुछ अबोध विद्यार्थी

भी यह बात मानते हैं किन्तु श्रीधर के निर्देश के कारण कोई रंजीत का नाम नहीं लेता। श्रीधर की देखभाल और इलाज का जिम्मा सारंग ही उठाती है और आहत-प्रेमी के प्रति करुणार्द्र सारंग उसे समर्पण कर शक्ति दान का उपकार भी करती है। बदले में पाती है रंजीत की घोर प्रताड़ना, अपमान और घृणा। यहीं से सारंग का रेशम के प्रति हत्यारों के प्रति उमड़ने वाला विरोध विद्रोह में बदलना शुरू होता है। रंजीत भी उसे हत्यारों में शामिल दिखाई देता है और श्रीधर तथा ससुर की प्रेरणा से वह पुरुष-सत्तात्मक समाज की धराशायी करने के लिए ग्राम प्रधान के चुनाव में उम्मीदवार बन जाती है। यहाँ वह राजनैतिक व्यवस्थाओं को पुरुषों की शक्ति का प्रतीक मानकर प्रतिरोध के लिए तनी हुई स्त्री के रूप में अपना कायाकल्प करती हुई प्रतीत होती है।

वह सारंग, जो उपन्यास के आरम्भ में रेशम के प्रति हुए अन्याय के प्रतिकार के लिए एक पुरुष (पति) से बार-बार याचना आग्रह करती है-विभिन्न विपरीत परिस्थितियों से गुजरती हुई अन्ततः खुद ही पुरुष-सत्ता का प्रतिरोध करने संघर्ष की मुद्रा में आ जाती है। स्त्री का यह जुझारूपन ही उपन्यास का अभीष्ट भी है।

मैत्रेयी पुष्पा ने अपनी उपन्यास कथा के लिए जिस समाज को चुना है उसकी जीवन-शैली, समाजशास्त्र और द्वन्द्वों की उन्हें गहरी जानकारी है। कथाओं और अन्तर्कथाओं में पिरोई गई उपन्यास गाथा कहीं भी बाधित नहीं होती और एक कथा रस निरन्तर बना रहता है। बस, कहीं-कहीं कुछेक घटनाएँ और चित्रण सहजता खो बैठे हैं। इनके धागे पुष्पा जी की अँगुलियों में होने के कारण वे आरोपित भी लगते हैं। जैसे श्रीधर के लिए 'एकलव्य' नाटक के संवाद लिखने का कलात्मक कौशल अचानक सारंग में आ जाना, जबकि चतुर और थोड़ा तेज-तर्रार होने के बावजूद उसमें कला और साहित्य की ऐसी चेतना कहीं आंशिक रूप से भी नहीं मिलती। इसी तरह कलावती चाची का कुंठित कैलासी सिंह को कामसूत्रीय शैली में पुन्सत्ववान बनाना और कहना-"चल लुच्ची। हम जाहिनी तो जेब में बिछिया धरे फिरती है। मन आया ता के पहर लिए।"

भाषा के स्तर पर उपन्यास 'स्पोकन लैंग्वेज' का उपन्यास है, जो उपन्यास को यथार्थपरक और प्रभावी बनाता है। स्थानीय देशज शब्दों और लोकभाषा के प्रयोगों ने भी उपन्यास को ताकत दी है। स्त्रियों के आपसी बातचीत के बेबाक ढंग, निन्दाएँ और दूसरी स्त्री के चरित्र के छिद्रान्वेषण के प्रति गहरी उत्सुकता तथा भाषा का विषयानुकूल विन्यास उपन्यास में रोचकता का सृजन करता चलता है।

बावजूद इसके 'चाक' लेखकों के रचना जगत में स्त्रियों के संसार के हस्तक्षेप की बानगी है। 'चाक' यह भी महसूस कराता है कि पुरुष रचनाकारों के पास स्त्री पात्रों तक पहुँचने के लेखकीय औजार मैत्रेयी पुष्पा के बनिस्बत कम पैने हैं।

आत्मकथ्य

आतिरा वी.

मैत्रेयी के उपन्यास 'चाक' की नायिका सारंग जैसी सशक्त नारी अन्य किसी भी उपन्यास में नहीं है। इस बात में कोई तर्क नहीं। सारंग के व्यक्तित्व को सशक्त बनाने में श्रीधर मास्टर की भूमिका सराहनीय है। मैत्रेयी जी के पति मेरे आदर भाव का कारण सारंग है। शायद मैत्रेयी जी से ज्यादा सारंग का व्यक्तित्व ही मुझे प्रभावित किया था। इसका एक कारण यह है कि मैत्रेयीजी ने जिस भाषिक शक्ति से सारंग के चरित्र को उजागर किया था वह काफी प्रभावशाली रही। इसलिए वह मेरे जैसी कई पाठकों को प्रभावित करने में सफल हुई। लेकिन मुझ पर इतना असर छोड़ने का एक और कारण यह है कि मेरी और सारंग की जिन्दगी की समानता।

एम.ए. के बाद मैंने एम.फिल किया। मैत्रेयी जी के 'चाक' और 'विजन' उपन्यासों पर मैंने एम. फिल किया था। 'चाक' पढ़ने पर मुझे लगा इसका 'सारंग' मैं और रंजीत सिंह मेरे पति हैं। मेरे पति कुछ दोस्तों के चंगुल में थे। उनके कुछ दोस्तों को अन्य स्त्रियों के बारे में बुरी टिप्पणी करने का शौक था। उन लोगों की नजरों में उनकी पत्नियों को छोड़कर बाकी सभी स्त्रियाँ बुरी थीं। उनके बीच बैठकर मेरे पति को भी यह कहने लगा कि उनकी पत्नी भी वैसे ही है। परिणाम यह हुआ कि मेरे हर काम पर उनकी नजर रखने लगे। वे मुझ पर शक करने लगे। कोई भी मुझे फोन किया तो उन्हें लगता कि वह मेरा कोई रहस्य प्रेमी है। फिर उस बात को लेकर गालियाँ देने लगते हैं। उनका प्यार, शक में बदल गया था। ऐसे करने में दोस्तों की सहायता भी मिलती थी। उनके इस व्यवहार के कारण मैं किसी के फोन आने पर डर जाती थी। उनकी इस बीमारी का दुष्परिणाम मुझे एम.फिल करते समय सबसे ज्यादा सहना पड़ा। मैं जहाँ एम.फिल कर रही थी वहाँ तक पहुँचने के लिए मुझे दो घंटे ट्रेन में बैठना पड़ता था। मेरे शाम को वापस पहुँचने तक वे कोई न कोई बहाना बनाकर मुझे कई बार फोन करने थे। दूसरों के सामने अच्छा दिखाने के लिए वे मुझे एम. फिल छोड़ने को नहीं कहते थे। क्योंकि अन्य लोगों के सामने वे सबसे अच्छा व्यक्ति हैं। मानसिक पीड़ा क्या होती है, वह मैंने अच्छी तरह जान लिया। मेरे पति के बारे में मैं किसी से भी नहीं कहती

थी। क्योंकि मुझे मालूम था कि मेरी नियति पर आँसू बहाने के सिवा वे कुछ नहीं कर सकते हैं। मुझे किसी की हमदर्दी नहीं चाहिए थी। जो कुछ करना है मुझे ही करना होगा।

इन समस्याओं के बीच ही मैंने 'चाक' पढ़ा था। तब मुझे उस उपन्यास के बारे में कुछ शंकाएँ दूर करनी थी। मैंने मैत्रेयीजी से फोन पर बात की। मैत्रेयी जी ने मेरी शंकाएँ दूर कर दीं। मैंने मैत्रेयी जी से मेरी परेशानियाँ बता दीं। क्योंकि मुझे विश्वास था कि मेरी समस्याओं के लिए कोई न कोई समाधान मैत्रेयीजी दे सकती हैं। मैत्रेयी जी ने कहा कि एक गाँव की औरत (सारंग) इतना कुछ कर सकती है तो शहर में रहनेवाली तुम जैसी पढ़ी-लिखी औरत क्या नहीं कर सकती। तुम्हारी समस्याओं का सामना तुमको ही करनी पड़ेगी। तुम खुद इसका समाधान ढूँढ़ सकती हो। सारंग के उदाहरण देकर मैत्रेयी जी ने मुझे बहुत साहस दिया। एक और शंका मैंने उनसे पूछा कि सारंग और श्रीधर का सम्बन्ध क्या समाज मानेंगे। मैत्रेयी जी ने कहा कि क्या बलात्कार, भ्रूणहत्या यह सब समाज मान रहे हैं? उससे बुरी बात तो नहीं है यह सम्बन्ध। श्रीधर ही सारंग को आगे बढ़ने में मदद करते हैं। ऐसे पुरुषों को, यानी स्त्रियों के बलात्कार करने के बदले उनकी सहायता करनेवालों को स्त्रियाँ नहीं मानेंगी तो और कौन मानेंगे। मुझे लगा मैत्रेयी जी ने ठीक ही कहा है। जहाँ तक शारीरिक सम्बन्ध की बात है (श्रीधर-सारंग के), पत्नी को समझने की कोशिश न करनेवाले, उसको पीड़ा देनेवाले पति को इच्छा न होने पर भी शरीर समर्पित करने से कितना अच्छा है अपने मन की भावनाओं को समझने वाले पुरुष को शरीर समर्पित करना।

मैंने भी हिम्मत बाँध ली। पति के शक का सामना करने का साहस मुझमें पैदा हुआ। मैंने उनसे कहा कि मैं उस तरह की स्त्री नहीं हूँ जिस तरह आप सोचते हैं। अगर आप मुझ पर विश्वास नहीं करते तो मुझे छोड़ सकते हैं ताकि मैं आराम से रहूँ। लेकिन मुझे पूरा विश्वास था कि वे मुझे नहीं छोड़ेंगे क्योंकि तब वे मुझे पीड़ा नहीं दे सकेंगे।

अगर मेरे एम.फिल. थीसीस पढ़ते वक्त किसी को यह लगे कि उसमें मेरी भाषा पुरुषों के प्रति इतनी कटु हो गई है तो वह मेरा दोष नहीं है। पुरुष वर्ग मुझे क्षमा कीजिए क्योंकि आपके वर्ग के मेरे पति ने ही मुझसे ऐसे करवाए हैं।

मैं सारे पुरुष वर्ग को अपने विरुद्ध नहीं देखती। पुरुषों में कुछ लोग ऐसे भी हैं जो स्त्रियों को आगे बढ़ने की प्रेरणा देते हैं। सारंग के जीवन में भी दो पुरुष आए-एक उसके पति रंजीत जो उसके साथ रहकर भी उसको नहीं समझ पाए, दूसरा श्रीधर जो उसकी भावनाओं को पूरी तरह समझ चुके।

मेरे जीवन में भी श्रीधर जैसा एक पुरुष आया। मेरा उनसे परिचय होने पर मुझे लगा कि यही मेरा श्रीधर है। जिस तरह श्रीधर सारंग के साथ दिया उसी तरह उन्होंने भी मेरे बुरे समय में मुझे सँभाला। पुरुष-स्त्री के बीच की मित्रता को सिर्फ शारीरिक सम्बन्ध के तौर पर देखनेवालों को यह मित्रता नहीं पच पाएगा। लेकिन उन्होंने मेरी

भावनाओं को समझा। मेरे शोध के बारे में, पुस्तकों के बारे में उन्होंने बहुत दिलचस्पी से पूछा, जबकि मेरे पति को अभी तक मेरा शोध विषय भी नहीं मालूम। उस आदमी ने मुझसे धीरज धरने का कार्य किया। मेरा ध्यान शोध पर केन्द्रित करने का उपदेश दिया। वे जहाँ भी जाते हैं। मेरे काम आने वाली किताबें ढूँढ़-ढूँढ़कर खरीद लाते हैं। श्रीधर की तरह मेरे व्यक्तित्व को दृढ़ बनाने में उन्होंने बहुत प्रयत्न किया।

हमारे सम्बन्ध जानने पर मेरे पति ने रंजीत से भी बुरी तरह व्यवहार किया। शारीरिक से ज्यादा मानसिक रूप से हमें पीड़ाएँ दीं। मेरे पति की गालियाँ सुनकर भी उन्होंने कुछ नहीं कहा क्योंकि वे जानते थे कि अगर वे कुछ बोलेंगे तो मेरे पति मुझे तंग करेंगे। एक दिन मैंने पति से कहा–"तुम जितना हो सके कर लो। लेकिन एक बार सोचो कि मैंने ऐसा क्यों किया। क्योंकि जो तुम मेरे लिए नहीं कर पाए वह सब उन्होंने किया। तुम सिर्फ मेरे शरीर को जानते हो। फिर मुझे तंग करने की कोशिश की तो जरूर मैं तलाक के लिए अर्जी दूँगी और यही कहूँगी कि मैं बुरी औरत हूँ। मैं मेरे पति को बचाना चाहती हूँ।" मैंने उनसे कहा कि ऐसा कहने पर मुझे कुछ नहीं होनेवाला है। क्योंकि तुमने पहले ही मेरे बारे में कई बुरी बातें कह चुके हो। समाज के सामने तुम्हारी इज्जत चली जाएगी।

ऐसा कहने पर मेरे पति को शायद लगा कि मैं ऐसे करूँगी। इसलिए वे थोड़े से बदल गए। बाद में अपने दोस्तों का असली चेहरा भी वे जान गए। अब मुझ पर शक करना, गाली देना छोड़ दिया है। लेकिन मुझे समझने में वे अब भी असफल हैं। मेरे दोस्त तो हैं न मुझे आगे बढ़ाने के लिए। इससे बढ़कर क्या चाहिए?

'चाक' के प्रति विरोध जतानेवालों से मैं पूछना चाहती हूँ कि उसमें ऐसा क्या है जो किसी की जिन्दगी में नहीं हुए होंगे। मेरी जिन्दगी में यह सब हुआ है। मुझे यकीन है कि और भी कई स्त्रियों के जीवन में ऐसा हुआ होगा। शायद इससे भी ज्यादा। लेकिन अपनी इज्जत और समाज में प्रतिष्ठा कायम रखने के लिए वे लोग खुलकर नहीं बताते। मैत्रेयी जी ने यह सब उपन्यास में दर्शाया, अपने किए हुए कार्यों पर अपराधबोध के कारण शायद उनका विरोध करते हैं। 'चाक' बिल्कुल सफल उपन्यास है क्योंकि वह जीवन का दस्तावेज है।

स्त्री की निगाह और चाक

विजय बहादुर सिंह

मैत्रेयी पुष्पा मेरी उम्मीदों की लेखिका हैं। इसलिए मेरी प्रिय लेखिका भी हैं। उन्हें बृहत्तर हिन्दी पाठक वर्ग का समर्थन भी मिल रहा है। हिन्दी आलोचना में काम करनेवाले लोग उनकी रचनाओं से संवाद रत रहते हैं। इसलिए उन्हें ले कर मेरा भरोसा और विश्वास सघन और सुदृढ़ हो जाता है।

एक आलोचना का काम तयशुदा या कहिए रेडीमेड शास्त्र या साहित्य विधान से किसी सर्जक को सीमित करना नहीं है, उसका काम अन्धी वकालत करना भी नहीं। उसका काम लेखक द्वारा रचे और रेखांकित किए गए मूल्य की सामाजिक गतिशीलता के सन्दर्भ में जाँच परख करना है। दूसरा काम उसकी कलात्मक निर्मितियों के रहस्य के सौन्दर्य को पकड़ना और उनसे विदग्ध समाज का परिचय करना है। आलोचक सिर्फ रसिक या आस्वादक नहीं होता, वह मूल्य विमर्शक होता है। लेखक द्वारा देखे गए सपने की संगति पर संवाद या विवाद करता है।

मैत्रेयी को पढ़ते हुए मैं इसलिए भी मुग्ध होता रहा कि उनकी कथाओं की आधार भूमि ग्रामांचल की है। वही ग्रामांचल जिसके लिए प्रेमचन्द और रेणु जाने जाते हैं। चूँकि मैंने अपना ग्यारह बारह साल का बचपन गाँव में गुजारा इसलिए मैत्रेयी को समझने में मुझे आसानी रही। जोकि मैत्रेयी का गाँव ममेरा अपना गाँव नहीं है, पर वह मेरे देखे हुए, जिए हुए गाँव से इतना भिन्न और पराया नहीं है कि मैं यह कहने की गुंजाइश पा सकूँ कि मैत्रेयी एक कथा लेखिका के रूप में गप्पे हाँक रही हैं। हुआ बल्कि यह कि वे जरूरत से ज्यादा वास्तविकताओं का बयान कर सकी हैं। इन वास्तविकताओं का सम्बन्ध स्त्री की स्वाधीनता से है, सो भी सबसे ज्यादा उसकी आर्थिक स्वाधीनता से है। उनके इदन्नमम की मन्दा अपनी इसी स्वाधीनता के लिए संघर्षरत है।

इसी उपन्यास में मैत्रेयी ने बेहद हिम्मत से काम लेते हुए मन्दाकिनी जैसे मूल या प्रधान स्त्री चरित्रों के साथ–साथ कुसमा जैसी स्त्रियों को खड़ा किया है।

अपने अगले उपन्यास 'चाक' में वे फिर दोगुने साहस के साथ उतरती हैं और सारंग जैसे अति विवादास्पद चरित्र का सृजन करती हैं। यह काम और काम सम्बन्ध,

जिस पर फैसला और पहल करने का काम कल तक पुरुष करता आ रहा था, मैत्रेयी ने अपने उपन्यासों में उस प्रक्रिया को उल्टा घुमा दिया। मन्दा तो अपने प्रेमी को लगभग अपने संघर्ष के लिए अस्वीकार ही कर देती है किन्तु सारंग अपने प्रिय श्रीधर के लिए स्वतन्त्र और साहसपूर्ण फैसले लेती है। मैत्रेयी का कहना सिर्फ यह है कि स्त्री को भी मानवी के रूप में देखा जाए, न कि स्त्री–विरोधी समाजशास्त्र और विधिशास्त्र की निगाह से। अपने सभी उपन्यासों में मैत्रेयी इस स्त्री विरोधी विधि विधान और शास्त्र की चालाकियों और बदमाशियों को नंगा करती हैं,सो भी तर्कपूर्ण ढंग से।

अपने लेखन की मार्फत इससे भी बड़ा जो काम वे करती हैं वह है स्त्री को स्त्री की निगाह से देखने का।

नागार्जुन कहा करते थे कि बगैर स्त्री हुए स्त्री को फील करना असम्भव है। वह जितनी दिखती है उससे कई गुना ज्यादा तो अवगुण्ठन में छिपी रहती है। कभी–कभी तो वह जिन्दगी भर अपना असली मन नहीं खोलती या फिर वह सहज स्वाभाविक स्त्री ही नहीं बचती। मैत्रेयी हों या कृष्णा सोबती ये हमारी जानकारी में ऐसी स्त्रियों को ले आती हैं, जो कल तक संस्कृति के रक्षण के नाम पर सजा सँवार कर परोसी जाती रही हैं।

मैं नहीं मानता कि ये बड़ी प्रतिभाएँ किसी प्रतिशोध में ऐसा कर रही हैं, बल्कि समकालीन स्त्री को नई निगाह से देखे जाने का आग्रह कर रही हैं।

मैत्रेयी ने इस नई स्त्री या कहें असली स्त्री को देखने के लिए एक ऐसे चरित्र की निर्मिति की है, जिसे वे खेरापतिन दादी नाम से जिस–तिस उपन्यास में याद करती हैं। मैत्रेयी की मानें तो यह महज कल्पना नहीं है। हजारों बरस से पुरुष वर्चस्वी व्यवस्था से आँख मिचौली करता दिमाग है। मैत्रेयी तभी तो दादी कहती हैं खेरापतिन को और लिखती हैं–खेरापतिन दादी गायिकाओं की कमांडर अपनी बात को गीतों में सब की बात बनाकर प्रश्न करती हैं ताकि स्त्रियाँ भेद खोल देने के इलजाम में सीधे पकड़ी न जाएँ। आत्मकथा ''गुड़िया भीतर गुड़िया'' में वे आगे के वाक्य लिखती हैं –सिकुर्रा की स्त्रियाँ न मीरा हैं न महादेवी, वे चन्दना और कलारिन गीत–कथाओं की स्त्रियाँ–जो न अदृश्य के आलम्बन रच पाईं न ईश्वर की अदृश्य सत्ता का सहारा लिया। मामूली औरतें मामूली इच्छाओं के लिए कभी कत्ल हुईं तो कभी परित्याग मिला। खेरापतिन दादी ने मेरे भीतर ये कथाएँ उतार दीं और कहा–ये कथा कहानी नहीं हैं गाँव भीतर घर भीतर के जंगलों में खुलने वाली वे सच्चियाँ हैं जिन्हें बैयर ही जानती है। मैत्रेयी कृतज्ञता में डूबती हुई लिखती हैं–पात्र,भाषा, लय, ध्वनि और संवाद...मैं खेरापतिन और कलावती की कर्जदार हुई। यह सिर्फ एक लेखक की कृतज्ञता नहीं है।

मैत्रेयी पर यह तोहमत भी लगाई जाती है कि उन्हें लिखना नहीं आता। यानी कि वे कला व्यापार से अपरिचित हैं। साहित्य की सूक्ष्मताओं के भेद नहीं जानतीं।

उनके लेखन में स्वच्छता और परिष्कृति के बदले मटमैलापन है। पर मैत्रेयी अपने

इस मटमैलेपन से किसी ग्रन्थि की शिकार कभी हुई हों, मेरे देखने में नहीं आया। बल्कि वे अपने बेहद पोटेंशियल यथार्थ के लिए तेजोदीप्त रहती हैं। यथार्थ के हत्यारों पर बरसती हुई वे कहती हैं–उफ, मेरी कलम बागी और बहशियाना...सतियों की परम्परा ध्वस्त हो जाएगी। वे यह भी ऐतिहासिक कथन करने से झिझकती नहीं–शहरी स्त्रियों से पहले ग्रामीण औरत को अपनी गुलामी का अहसास हुआ...मुझे पक्की तरह पता है कि गुलामी के प्रति अहसास ही प्रतिरोध का आगाज है और मैंने अगर सारंग नैनी की कथा लिखी तो उन लोक गीतों को शामिल करूँगी जिनमें कभी वह अपनी अभिव्यक्ति प्रार्थना की तरह पेश करती है तो कभी दया पाने के लिए इजहार जताती है।

मैत्रेयी के बारे में जब कभी दिल्ली या मुम्बई में लोग मुझे घेरने की नीयत से पूछते हैं कि मैत्रेयी के लेखन में कला कितनी है? जवाब में हर बार मुझे यही कहना पड़ता है कि मैत्रेयी का असली मकसद कला का संरक्षण नहीं बल्कि कला के उपकरणों की यत्किंचित मदद से जीवन और उसकी गतिशील नैतिक मर्यादाओं की पुनः सृष्टि करना है। हो सकता है इसमें वे प्रेमचन्द की तरह कला की बारीकियों की परवाह न करती हों। पर जीवन की बारीकियों और पुरुष वर्चस्वी समाज की चालाकियों और बदमाशियों को तो बखूबी पकड़ती और उजागर करती ही हैं। मैं उन सब को बिचकाने के लिए यह कहने पर उतरता हूँ कि हममें से बहुतों को इस बात की महारत हासिल है कि कैसे लिखना है? मैत्रेयी इस अर्थ में विरली हैं कि उन्हें यह मालूम है कि हमारे जमाने में लिखना क्या है। वे इसी वैचारिकी को दर्ज करना अपना कर्त्तव्य मानती हैं। एक लेखक की पहचान अगर किसी समाज में होती है तो उसकी कला की बारीकियों से नहीं बल्कि उस के द्वारा अनुभव और कथाओं में रची गई जीवन की उन सच्चाइयों से होती है जिन्हें सभ्यता और समाज के रौब-दाब ने हर बार झुठलाने की साजिशें की हैं।

कभी मुक्तिबोध ने लिखा था कि आज का लेखक अनुभूत वास्तवों को लिखने से कतराता है। उनका वाक्य है–अनुभूत वास्तवों का आज जितना अनादर है, उतना पहले कभी नहीं था "तो वह अनुभूत यथार्थ से दूर निकलकर किसी और के यथार्थ से कहानियाँ और उपन्यास गढ़ना चाहता है–क्योंकि उसमें सोशल कौन्शियेंस–मानवीय अन्तरात्मा–मानवीय विवेक चेतना की हलचल मचानेवाली पीड़ा नहीं है, क्योंकि वह जरूरत से ज्यादा समझदार हो गया है और समझदारी का यह तकाजा है कि जिस दुनिया में हम रहते हैं उसमें समझौता करें।" मुक्तिबोध ने ये बातें बीसवीं सदी के छठे दशक में महसूस की थीं, आज हम इक्कीसवीं सदी के दूसरे दशक में हैं। हमारी सरकारें बड़ी हिम्मत और बेशर्मी से वह सब कर रही हैं, जिससे पिछले दशकों में करनेवाली सरकारों और समाजों को दस बार क्या हजारों बार सोचना पड़ता था। लेखक ने भी बहुत दूर तक इन लोकविरोधी सरकारों से समझौता करने की कला सीख ली है।

विचार और विचारधारा लेखक की राजनीति और पक्षधरता के नाम पर उसने पिछले दिनों प्रायः जो लेखन किया है,वह किसी के लिए भी असुविधाकारी नहीं माना गया।

अपवाद स्वरूप मैत्रेयी जैसों का लेखन इस सन्दर्भ में काफी विवादपूर्ण माना गया। सरकारों से कहीं अधिक लेखों और आलोचकों की एक बिरादरी ने मैत्रेयी को साहित्यिक के साथ ही सामाजिक अपराधी तक करार देने की कुचेष्टा की। उन्हें कलंकित क़रने का अभियान चलाया। यह अलग बात है कि उनके ये प्रयास व्यर्थ और बेमानी से साबित होते चले गए। मैत्रेयी को पाठकों का एक विशाल समूह मिला और मिलता चला गया।

वे सब जो उन्हें अकेलेपन की सजा देना चाहते थे खुद अप्रासंगिक और अकेले होते चले गए। कारण यही कि मैत्रेयी ने न तो अनुभूत यथार्थ कभी झुठलाना चाहा न अपने पाठकों को कला के नाम पर जीवन और समय की वास्तविक सच्चाइयों से विमुख करने की कोशिश की। उन्होंने वे समझौते भी नहीं किए जो आज हमारे जमाने के लेखकों की चतुराइयाँ बन चुके हैं कि सच्चाइयाँ खुद डरी और सहमी हुई हैं। यह मैत्रेयी जैसों कि उपस्थिति है कि सच्चाइयों का सौन्दर्य और उनके प्रति हमारा भरोसा बरकरार है। इसके लिए मैं उन्हें बार-बार शुभकामनाएँ देना चाहता हूँ। उनको उस ईमान और साहस के प्रति नत मस्तक होना चाहता हूँ कि जो इन दिनों दुर्लभ होता जा रहा है। वे हमारे समय में अगर हैं तो लेखक का सच और उसका ईमान सुरक्षित है। वह विरल विरासत सुरक्षित है जिसमें प्रेमचन्द, रेणु, निराला और नागार्जुन जैसे लोग पहले से अपने तेज और आप के साथ मौजूद हैं।

मैत्रेयी आधुनिक हिन्दी कथा साहित्य की तसलीमा नसरीन हैं। पुरुष वर्चस्वी सामाजिक विधानों और मूल्यों के बीच सदियों से पिसती एवं दंडित की जाती स्त्री के जीवन के उन सारे प्रश्नों को मैत्रेयी ने उठाया है जिनसे पुरुष वर्चस्ववाद को चुनौतियाँ मिलती हैं और सामाजिक अत्याचारों तथा अतिवादिता की नंगई और हिंस्रता उजागर होती है। वे हमारे समय की एक प्रचंड बौद्धिक उपस्थिति हैं जिनके उपन्यास और कहानियाँ परम्परागत सामाजिकता के छद्म आदर्शों को कठघरे में खड़ा करते हैं।

प्रेमचन्द ने ग्रामकथा लिखते हुए किसानों को नायिकत्व प्रदान किया था। मैत्रेयी के यहाँ किसान-बहुएँ उनकी जगह ले चुकी हैं और इस बहाने हिन्दी उपन्यास अपनी परिपूर्णता की ओर बढ़ता दिखाई दे रहा है। मैत्रेयी एक समझौताविहीन लेखिका हैं और जानती हैं कि उन्हें क्या लिखना है जबकि अधिकांश गूढ़ कलावाद के नाम पर जीवन के अनुभवों को कला के अनुभवों के नाम पर कुर्बान करने पर-उतारू हैं।

●●●